올바른 습관이 명품 자녀를 만든다
명품 공부습관 **87**가지

HUAIXIGUAN-JIUZHENGHAIZIXUEXIHUAIXIGUAN87FA
ZUOZHE：QINYU
copyright ⓒ 2005 by BEIJINGXUEDUOWENHUAJIAOLIUZHONGXIN
All rights reserved.

Korean Translation Copyright ⓒ by Book Publishing-CHUNGEORAM
Korean edition is published by arrangement with
 BEIJINGXUEDUOWENHUAJIAOLIUZHONGXIN
through EntersKorea Co.,Ltd, Seoul.

이 책의 한국어판 저작권은 (주)엔터스코리아를 통한
중국의 BEIJINGXUEDUOWENHUAJIAOLIUZHONGXIN 와의 계약으로
도서출판 청어람이 소유합니다.
신 저작권법에 의하여 한국 내에서 보호를 받는 저작물이므로
무단 전재와 무단 복제를 금합니다.

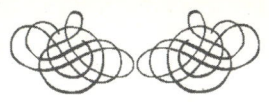

Luxury Study habit

명품 공부습관 87가지
'올바른 습관이 명품 자녀를 만든다'

도서출판
청어람

들어가는 말

　일상생활을 하다 보면 자연스럽게 습관이 생긴다. 이것은 한 사람의 일생에서 평탄과 굴곡, 성공과 실패, 낙관과 비관, 득의와 실의를 결정하는 중요한 관건이 된다.
　습관은 사람의 행동에 커다란 영향을 미친다. 습관은 행동의 누적이자 정형으로 사람의 성격을 비롯해 인생의 중요한 요소들을 결정한다. 좋은 습관은 우리를 밝은 미래로 인도하고 나쁜 습관은 어두운 심연으로 이끈다. 때문에 나쁜 습관은 반드시 고쳐져야 한다. 특히 아이의 나쁜 습관은 반드시 고쳐 주고 올바르게 이끌어 좋은 습관으로 변화시켜야 한다.
　러시아의 한 교육가는 이렇게 말했다. "좋은 습관은 사람의 신경에 있는 자본과 같다. 이 자본은 계속해서 늘어나 사람은 일생을 통해 그 이자를 받게 된다. 나쁜 습관은 도덕적으로 깨끗이 갚을 수 없는 빚이다. 이 빚은 계속해서 늘어나는 이자로 사람을 괴롭히고 그의 가장 좋은 계획을 방해하며 도덕적으로 파산하는 지경에 이르게 한다." 이 얼마나 적절한 표현인가.

　이 책은 우리를 깊이 반성하게 만드는 생동감 있는 이야기로 구성되어 있다. 이야기마다 나쁜 습관이 불러온 결과에 대한 대책이 나와 있다. 비슷한 상황에 처했을 때, 이를 참고로 문제를 해결하기 바란다. 책을 읽다 보면 우리의 바람이 이러한 대책에 포함되어 있다는 사실을 발견하게 될 것이다. '경청', '교류', '이해'는 아이에게 밝은 집안 분위기를 만들어주고 심신의 자유를 주는 것이지 아이를 제멋대로 내버려 두는 것이 아니다.

　우리가 이 책을 통해 당신에게 강조하고 싶은 바는 이상적인 가정교육에는 부모의 진심뿐 아니라 인내심과 지혜도 필요하다는 사실이다. 만약 당신이 단순하고 직접적인 방법으로 아이의 나쁜 습관을 고치려 한다면 그다지 큰 효과를 거두지 못할 것이다. 아니, 전혀 효과를 얻지 못할 수도 있다. 과연 큰 효과를 거두려면 어떻게 해야 할까? 교육은 절대 학교가 '혼자 떠맡아야 할 일'이 아니다. 당신은 정작 꼭 필요한 가정교육은 무시하면서 학교 교육에만 너무 많은 기대를 걸고 있지는 않은가.

　이 책이 아이의 나쁜 습관을 고쳐 주는 데 곤란을 겪고 있는 당신에게 조금이나마 도움이 될 수 있기를 바란다.

Contents

제1장 모든 것이 다 하찮고 오직 공부 만이 고상하다 / 9
- 심리적 오류 고쳐주기

제2장 나쁜 공부 습관은 무형의 함정이다 / 69
- 공부할 때 보이는 나쁜 습관을 직시하라

제3장 조그만 일이라고 가볍게 여기면
　　　　　더 큰 문제가 발생한다 / 127
- 태도가 학식을 결정한다.

제4장 공부를 위해 해야 할 일 / 183
- 적은 노력으로 큰 효과를 거두는 것이 성공의 지름길이다.

제5장 정세에 따라 유리하게 이끌고
　　　　　　　인물에 맞게 교육하라 / 237
- 공부라는 보루를 자신에게 유리한 무기로 공격하라

제6장 목표를 확립하고 주동적으로 행동하라 / 297
- 머리를 잘 써야 좋은 성적이 나온다

Luxury
study habit 01
모든 것이 다 하찮고 오직 공부 만이 고상하다

심리적 오류 고쳐주기

습관 1 노력하지 않고 얻으려는 우리 아이 나쁜 습관 고쳐 주기

우연을 필연이나 이치에 맞는 일로 여기면 당신 자신만 후회하게 된다. 간혹 명석한 두뇌를 가진 많은 사람들이 우연을 기다리며 일하지 않고 결과를 얻으려는 우매함을 보이기도 했다.

옛날 어느 지역에 쌀을 훔쳐 먹기 좋아하는 원숭이가 있었다. 농부는 이런 특성을 이용해서 원숭이를 잡을 수 있는 묘안을 생각해 냈다. 농부는 조롱박 모양의 목이 가는 병 안에 쌀을 넣어 큰 나무에 매달아 놓고 조용히 기다렸다. 저녁이 되자 원숭이 한 마리가 나무 아래로 왔다. 원숭이는 병 안에 있는 쌀을 보고는 기뻐하며 손을

모든 것이 다 하찮고 오직 공부만이 고상하다

넣어 쌀을 한 움큼 쥐었다. 이 병의 특징은 손을 넣기는 쉽지만, 쥐고 있던 것을 놓지 않고는 손을 빼기 어렵다는 것이었다. 욕심 많은 원숭이는 손에 잡은 쌀을 절대 놓지 않았다. 그렇게 손을 빼지 못한 원숭이는 병 옆에 스스로를 묶어 두는 꼴이 되고 말았다. 다음날 아침이 되어 농부에게 잡힐 때까지도 원숭이는 쌀을 쥔 손을 펴지 않았다.

사실 원숭이가 쌀을 훔쳐 먹는 것과 같이 노력하지 않고 얻으려는 행동은 사람들에게서도 자주 볼 수 있다. 학교에서 시험을 볼 때 커닝하는 아이를 보고 '저 자식은 커닝을 해서 좋은 성적을 받는데, 나라고 못할 게 뭐 있어'라고 생각하는 아이가 있다. 커닝은 나쁜 습관이다. 만약 당신의 아이가 커닝을 해서 좋은 성적을 받았다면 아이가 그 습관을 버릴 수 있도록 지도해야 한다. 노력 없이 무언가를 얻으려고 하면 반드시 그 대가를 치르게 된다는 것을 인식시켜야 한다.

아이가 커닝을 하지 못하게 하라.

사람의 명예란 매우 귀중한 것이다. 그런데 어떻게 고작 시험 점수에 그것을 팔아 버릴 수 있겠는가? 커닝은 큰 대가를 치러야 하는 가치 없는 일이다!

지금부터 부모들에게 몇 가지 제안을 하겠다.

1. 적당히 의심하라.

당신의 아이를 믿지 말라는 것이 아니다. 당신이 정말로 책임감 있는 부모라면 평소 공부를 게을리 했던 아이가 성적이 올랐다고 그저 좋아만 할 것이 아니라, 아이와 대화를 가져보는 것이 중요하다.

2. 칭찬을 아끼지 말라.

아이의 성적이 엉망이어도 최대한 감정을 자제하고 침묵을 지켜라. 그리고 아이에게 "물론 시험을 잘 보진 못했지만 네가 커닝을 하지 않았다는 사실만으로도 엄마는 너무 기쁘고 네가 자랑스럽단다. 그럼 이번 시험에 대해 얘기해 볼까?"라고 말해라. 성적이 좋지 않은 원인을 분석해 보는 일도 꼭 필요하다.

3. 완곡한 어투로 꾸짖어라.

평소에 아이가 작은 이익을 탐하고 요행을 바란다면 이에 대해 꾸짖어야 하는데에는 완곡한 방법이 가장 좋다. 예를 들어 "이번 너의 작문도 네가 쓴 것이 아니구나. 엄마는 네가 우리가 여행 간 일을 친구들에게 말해 주고 그것을 글로 쓴 줄 알았어! 그리고 엄마는 그동안 네가 글을 잘 쓴다고 생각했어."와 처럼 완곡하지만 잘못된 점은 정확히 짚어주어야 한다.

4. 명확한 태도를 취하라.

아이에게 "네가 커닝을 하다니, 정말 실망스럽고 마음이 아프구나"라고 말하라.

습관 2 자기 재능을 믿고 남을 깔보는 우리 아이 나쁜 습관 고쳐주기

우리는 너무 자주 "당연히 내가", "내가 맞아", "내가 생각하기에는", "내가 보기에는", "내 생각에는"이라는 말을 한다. 그러나 독불장군식으로 자신만이 항상 옳고 남의 의견은 모두 틀리다고 생각해서는 안 된다. 그런 언어 습관은 스스로를 독단적으로 만들 수 있기 때문이다.

어쩌면 당신은 자신의 자녀에게 매우 만족해 하고 있을지도 모른다. 아이가 피아노를 능숙하게 연주하고, 성적이 뛰어나고, 외국어를 잘한다면 부모로서 무척이나 자랑스러울 것이다. 그러나 당신은 아이가 거만해질수록 또래 아이들 사이에서 점점 외로워진다는 사실을 알고 있는가? 어쩌면 당신은 이렇게 말할지도 모른다. "에이, 그게 무슨 상관이에요. 성적이 좋고 특기도 있으니까 다른 아이들이 질투하는 것도 당연하지요." 당신의 추측이 정확하길 바란다. 하지만 자기의 실력을 남 앞에서 뽐내고 우쭐거리며 다른 사람을 깔보는 것은 남에게 상처를 줄 뿐 아니라 자기 자신도 상처를 입게 된다. 더 무서운 것은 그 결과 우리가 상상조차 할 수 없다는 데 있다.

경호는 잊지 못할 경험을 한 적이 있다.
두 척의 파견 전함이 계속되는 기상 악화 속에 바다를 항해하고

있었다. 경호는 전함에 타고 있었다. 그는 어두워질 무렵 당직을 서게 됐는데 짙은 안개가 깔려 한 치 앞도 볼 수가 없었다. 그래서 함장도 모든 움직임을 주시하고 있었다. 어두워진 지 얼마 되지 않아서 갑판에 있던 선원이 말했다. "뱃머리 우현 쪽에 불빛이 있습니다!" "움직임이 있는가?!" 함장이 소리쳤다. 선원이 대답했다. "움직이지 않습니다, 함장님." 그것은 경호가 탄 배와 그 배가 부딪힐 수 있다는 위험 신호였다. 함장이 신호병에게 소리쳤다. "저 배와 우리 배가 부딪힐 수 있으니 항행 방향을 20도 전환하라고 신호를 보내라!" 신호가 돌아왔다. "그쪽이 방향을 돌리시오." 그러자 함장이 직접 말했다. "함장이다, 오버. 20도 방향 전환하라." 상대방이 대답했다. "나는 2급 선원이다, 20도 전환하라." 함장은 화가 잔뜩 나서 불같이 성질을 내며 말했다. "우리는 군함이다. 항로를 20도 전환하라, 오버." 깜빡이는 불빛이 되돌아왔다. "여기는 등대다." 그래서 어쩔 수 없이 전함이 방향을 돌렸다.

이 이야기는 얼핏 들으면 우습지만 그 안에 깊은 의미를 담고 있다. 사실 우리가 흔히 보게 되는 교만한 사람들은 다른 사람이 자신 앞에서 복종하는 것을 당연하게 생각한다. 이야기 속의 군함이 등대에게 항로를 바꾸라고 명령한 것처럼 말이다. 이 얼마나 우스운 일인가. 자신의 교만함을 뽐내다가 결국에는 변화시킬 수 없는 절대적인 진리에 부딪혀 어쩔 수 없이 자신을 변화시키는 것, 이 과정은 또 얼마나 피동적인가! 자신을 대단하다 여기는 사람들은 칠흑 같은 어둠

속을 걷는 것과 같다. 그들은 어둠 속에 있기 때문에 자기와 다른 사람의 실력을 대략적으로만 짐작할 수 있다.

어쩌면 당신은 이렇게 말할지도 모른다. "우리 아이는 사람들과 잘 어울리지 못하고 고집이 좀 셀 뿐이지 어리석은 것은 아니에요. 그 애가 수학을 얼마나 잘하는지 선생님도 자기가 가르쳐 본 아이들 중에 제일 잘한다고 할 정도라니까요." 그러나 당신이 모르고 있는 사실이 있다. 돈과 인격 사이에 관계가 없는 것처럼 좋은 성품과 성적 사이에도 등호를 표시할 수 없다.

물론 마치 가격표를 붙이는 것처럼 어떤 아이는 오만하고 어떤 아이는 그렇지 않다고 판단할 수 없다. 그것은 독단이다. 모든 아이는 개방성을 지닌 존재로 쉬지 않고 흘러가는 물처럼 지세의 높고 낮음에 따라 매순간 변한다. 또 이러한 변화는 순식간에 일어난다.

나는 부모들에게 다음과 같은 제안을 하고 싶다.

1. 기록하라.

아이의 잘한 점과 잘못한 점을 기록하라. 내용은 성적에 국한하지 말고 넓게 잡아라.

2. 적당히 '찬물을 끼얹어라.'

아이를 무조건 공격하라는 것이 아니다. 칭찬해 주는 동시에 아직 부족한 점을 지적하라는 뜻이다. "완벽한 사람은 없어. 그렇기 때문에 완벽해지기 위해 부단히 노력해야 되는 거야"라고 말해 줘라.

3. 아이와 인류의 존재에 대해 대화하라.

이 말은 매우 거창해 보이지만 인간의 자만심을 없애는 유일한 방법은 광활한 우주 안에서 자신은 보잘것없는 존재라는 사실을 끊임없이 되새기는 것이다.

4. 완곡한 어투로 꾸짖어라.

아이의 부족한 점을 지적하거나 당신의 태도를 나타낼 때 반드시 강한 어투를 사용할 필요는 없다.

습관 3 우리 아이 마음속의 '실패증후군' 고쳐주기

실패했을 때 기가 꺾여 어깨를 축 늘어뜨린 채로 다니는 아이들이 있다. 이러한 감정은 아이의 학업과 생활에 당연히 영향을 미친다. 부모들은 아이가 자신감을 가지고 마음속의 그늘을 없앨 수 있도록 늘 격려해 주어야 한다.

초등학교 6학년인 미연이는 곧 졸업을 앞두고 있다. 그런데 학년이 올라갈수록 성적이 계속 떨어졌다. 4학년이 된 이후 미연이는 공부에 완전히 흥미를 잃었다. 부모님과 선생님이 꾸짖어도 보고 좋은 말로 타일러도 봤지만 아이의 마음을 움직일 수가 없었다. 어떻게 돼도 상관없다는 듯이 미연이는 성적에 무감각했다.

미연이의 아빠는 "지금 우리가 가장 걱정하는 것은 아이의 성적이 아니라 태도에요. 평소 성적이 나빠 선생님께 꾸지람을 들을 때 초조해 하거나 부끄러워하는 기색이 전혀 없어요. 또 가끔 성적이

올라 칭찬을 해 줘도 기뻐하기는커녕 그저 무기력한 모습만 보일 뿐이에요"라고 말한다.

한 심리학자는 미연이의 증상을 '실패증후군'이라고 이름 붙였다. 실패증후군은 능력과 상관없이 심리상의 문제로 노력하지 않음으로써 실패하게 되는 경우를 말한다.

그렇다면 아이들의 이런 '실패증후군'은 어떻게 생겨난 것일까? 원인은 크게 세 가지가 있다.

첫째, 계속해서 실패했던 경험이 아이에게 자신은 영원히 실패에서 벗어날 수 없다고 느끼게 만든다. 대부분의 아이들이 막 학교에 들어갔을 때에는 학교생활에 매우 적극적으로 임한다. 그러나 계속해서 목표에 도달하지 못하게 되면 좌절을 경험하고 자신이 아무것도 할 수 없다고 느낀다. 또한 어떤 노력을 해도 자신의 운명을 바꿀 수 없다고 여긴다. 이런 상태가 지속되면 점점 무기력해지고 노력하는 것 자체를 포기하게 되는 것이다.

둘째, 성공과 실패에 대한 잘못된 정의도 '실패증후군'을 유발시킬 수 있다. '실패증후군'이 있는 아이는 그렇지 않은 아이와 명확한 차이를 보인다. 실패증후군이 있는 아이는 자신의 성공에 숙명이 관여한다고 생각한다. 즉 어떤 일의 성패는 자신이 결정하거나 변화시킬 수 있는 것이 아니라 자신이 통제할 수 없는 외부적인 요인에 의해 결정된다고 믿는 것이다.

셋째, 부모나 선생님의 나쁜 평가다. 때때로 아이에게 이렇게 말하는 부모도 있다. "이것도 성적이라고 받아 온 거야? 부모 체면을 구겨도 유분수지", "옆집 재석이 좀 봐. 넌 왜 걔처럼 못하니?" 부모들은 쉽게 이러한 말을 내뱉지만 이는 아이들의 기를 죽이는 말이다. 아이들은 단순해서 어른들의 말을 무조건 믿어 버리는 경향이 있다. 부모가 아이에게 바보 같다고 하면 아이는 그 말을 곧이곧대로 믿고 자신이 멍청하다고 생각하는 것이다.

결국 부모나 선생님의 평가가 아이의 자존심에 크게 상처를 주고, 아이가 자신감을 잃고 자신의 가치에 대해 의심하게 만든다.

아이가 '실패증후군'을 극복할 수 있도록 도와주는 중요한 방법은 아이에게 성공을 경험하게 해 주는 것이다.

1. 아이가 어려움을 해결할 수 있도록 도와줘라.

아이는 공부하는 데 많은 어려움이 있을 것이다. 예를 들어 학습이란, 지식을 차곡차곡 쌓아 가는 것이므로 현재 배우고 있는 것 이외에도 전에 배웠던 것들을 다시 공부해야 한다. 따라서 부모는 아이가 예전에 공부한 내용을 잊어버리지 않도록 도와줘야 한다.

2. 아이가 쉽게 성공할 수 있는 환경을 만들어 줘라.

만약 아이에게 단시간 내에 모든 과목을 잘하라고 요구한다면 너무 힘들고 괴로워서 도망치려고만 할 것이다. 그러므로 아이가 흥미를 가질 수 있는 과목을 찾아 집중적으로 공부

시키는 것도 한 방법이 될 수 있다. 거기에서 돌파구를 찾으면 아이는 성공의 기쁨을 맛보고, 자신의 능력에 대한 자신감도 갖게 될 것이다.

3. 작은 것부터 시작하게 하라.

성적이 나쁜 아이를 한순간에 우등생으로 만들 수는 없다. 하나의 큰 목표를 실현하기 쉬운 작은 목표로 나누고, 아이가 그것을 달성하면 칭찬해 주어라. 그러면 아이는 성공의 기쁨을 맛보고 자신감을 얻어 결국 큰 목표를 달성할 수 있다.

4. 원인의 유형을 적극적으로 파악하라.

성적이 비슷해도 아이들마다 '기대치'가 다르다. 저마다 과거의 성공과 실패에 대한 원인을 다르게 이해하고 해석하기 때문이다. 능력이 부족해서 실패했거나, 너무 어려운 목표를 세워서 실패했다면 비교적 기대치가 낮고, 쉽게 포기하게 된다. 그러나 노력이 부족해서 실패했다면 다음에는 더 많이 노력하겠다고 다짐한다. 그러므로 아이에게 자신의 능력에 따라 성공할 수 있고, 노력하면 실패하지 않는다는 사실을 가르쳐 줌으로써 공부에 대한 흥미를 유발시키고 학업에 대한 동기를 제공할 수 있다. 그렇게 하면 아이는 자신감을 가지고 학업에 임하고, 결국 성적도 좋아질 것이다.

5. 아이가 자신의 가치를 느낄 수 있게 해 줘라.

'실패증후군'을 앓고 있는 아이들은 부모나 선생님이 자신과 행동의 결과를 동일시한다고 생각한다. 아이들은 자신의 가치가 완전히 자신의 행동에 달려 있다고 믿는다. 그들은 학업 성적이 좋고, 성공한 사람만이 가치 있다고 생각한다. 그래서 성적이 나쁜 자신은 가치가 없다고 여긴다. 요컨대 아이로 하여금 자신의 가치를 높게 측정하도록 만드는 것은 아이의 성장에 매우 중요한 요소이다.

6. 아이의 착한 성품에 대해 칭찬해 줘라.

아이의 착한 성품에 대해 칭찬하는 것은, 부모가 아이를 소중히 여기는 것이 단지 성적 때문만은 아니라는 사실을 간접적으로 보여 주는 행위이다. 성적이 나빠도 다른 장점이 있고 그들만의 가치가 있기 때문에 사랑하는 것이다. 이때 사랑의 표현은 바로 칭찬이다. 칭찬을 받은 아이는 자신에 대해 긍정적인 태도를 갖고 더 나은 자신이 되기 위해 노력할 것이다.

7. 아이에 대한 기대치를 낮추지 마라.

아이가 여러 번 실패하면 부모들은 아이에 대한 기대치를 낮춘다. 그런데 부모의 기대치는 아이의 자신감과 성공에 직접적인 영향을 미친다. 부모의 낮은 기대치는 아이의 능력을 믿지 않는다는 간접적인 표시이다. 반대로 높은 기대치는 부모가 아이를 믿고 있다는 간접적인 표시라 할 수 있다. 그러므로 높은 기대치를 유지하는 것은 아이에게 신뢰감과 책임감을 심어 줄 수 있는 가장 효과적인 방법이다.

8. 아이의 취미를 존중하라.

많은 부모들은 조급한 마음에 성적이 나쁜 아이를 공부에만 묶어 두고 '취미'를 즐길 시간과 권리를 완전히 빼앗아

버린다. 그러나 그들이 모르는 사실이 있다. 바로 취미 활동이 오히려 아이가 성공할 수 있는 길을 열어 주고, 재능을 발휘할 수 있는 영역을 넓혀 주는 동시에 부모의 사랑을 표현하는 길이란 사실 말이다. 취미 활동을 할 수 있게 해 주면 아이는 부모가 자신을 사랑하며 자신에 대한 기대를 저버리지 않았다고 생각할 것이다. 이는 두말할 필요도 없이 아이를 격려하는 최선의 방법이다.

9. 아이의 능력을 제대로 평가하라.

아이에 대한 부모의 평가는 아이의 자존심과 자신감에 매우 큰 영향을 미친다. 아이를 제대로 평가해야만이 아이가 '습관성 무기력'에 빠지는 것을 막을 수 있다.

"넌 정말 구제 불능이야, 너 혹시 바보 아니니?"와 같은 말로 아이에게 상처를 주지 마라. 그런 말을 들으면 아이는 분명 자신감을 잃게 될 것이다. 자신감을 저하시키는 말로 아이의 학업과 능력을 평가해서는 안 된다.

부모는 아이의 학업을 평가할 때 결과만 중시할 것이 아니라 학습 과정에 더 많은 관심을 기울여야 한다. 또 보편적인 기준보다는 아이에게 적합한 독자적인 기준을 적용해야 한다.

습관 4 자만하는 우리 아이 나쁜 습관 고쳐주기

자만하는 아이는 자기도 모르는 사이에 자신과 외부 세계에 보이지 않는 벽을 쌓는다. 외부와의 벽이 생기면 아이는

편협하고, 이기적이며 안하무인으로 변하여 우물 안 개구리처럼 더 넓은 세계를 보지 못하게 된다.

예쁘고 영리해서 사람들의 귀여움을 독차지하는 주현이는 대기업 사장인 아빠와 의사인 엄마 사이에서 유복하게 자랐다. 주현이는 집에서는 엄마아빠의 '보물' 이었기에 원하는 것이면 무엇이든 가질 수 있었고 학교에서는 성적이 좋아서 선생님의 '애제자' 였으며 친구들 사이에서는 예쁜 얼굴 때문에 '백설공주' 라고 불렸다. 좋은 가정환경과 부모의 사랑, 선생님과 친구들의 칭찬에 천부적인 기질까지 갖춘 주현이는 날이 갈수록 득의양양해졌다. '나는 다른 사람보다 뛰어나.' 주현이는 항상 이렇게 생각했다. 엄마아빠도 똑똑하고 예쁜 딸을 자랑스러워하며 다른 사람들 앞에서 주현이를 자랑하느라 바빴다. 이 모든 것들이 주현이를 거만한 아이로 만들어 버렸다. 집에서는 조금만 자기 뜻대로 되지 않으면 엄마아빠에게 화를 냈고 학교에서는 성적이 좋다고 우쭐거리며 선생님 말씀도 우습게 여겼다. 또 자신의 장점과 다른 사람의 단점을 비교하며 항상 남을 무시했다.

주현이는 잘난 체하고 자만하는 아이의 전형이다. 요즘 형제 없이 홀로 자라는 아이들은 대부분 쉽게 자만한다. 도대체 무엇이 아이들을 이토록 거만하게 만드는 것일까?

1. 어른들의 영향

어떤 부모는 자신의 조건이 좋다는 이유로 항상 득의양양하여 안하무인의 태도로 다른 사람을 무시하곤 한다. 그들은 동료의 단점이나 실수에 대해 말하기를 좋아하는데, 아이가 그것을 듣고 배워 자신의 장점만 보고 남의 단점을 비웃게 되는 것이다.

2. 좋은 가정환경

보다 편안한 가정환경에서 부모의 지나친 관심을 받고 자란 아이는 허영심 많은 사람으로 자랄 우려가 있다. 가령 예쁜 옷을 자주 입는 아이는 헌옷을 입는 아이를 보면 무시하고 비웃으며 그 앞에서 자신을 뽐내곤 한다.

3. 과도한 칭찬

어른이 뚜렷한 이유 없이 감정적으로 칭찬을 해 주면 아이가 다른 사람들이 자기보다 못하다고 생각하여 남을 무시할 수 있다. 자만하는 아이는 자기 주위에 보이지 않는 '벽'을 쌓아 외부와의 경계선을 만들고 자신을 그 안에 가두는 셈이다. 그들은 원대한 이상이나 지향점 없이 눈앞의 것에만 연연하여 더 넓은 세계를 보지 못하고 '우물 안 개구리'가 되고 만다. 자만하는 아이들은 친구들과도 잘 어울리지 못하는데, 다른 친구들을 평등한 시선으로 보지 않고 항상 자신이 그들보다 수준이 높다고 생각하며 그들을 지휘하려 하기 때문이다.

자만하는 아이들은 정서가 불안정해서 사람들의 주목을 받지 못하면 크게 상심한다. 또 실패나 좌절에 부딪혔을 때 자만은 비관, 자기 비하, 자학, 자포자기 등으로 변하여 자신의 모든 것을 부정하고 자신을 다른 사람보다 못하다고 생각하게 만든다.

아이에게 자만하고 잘난 체하는 버릇이 생겼을 때 부모는 어떻게 해야 할까?

우선 아이가 자기 자신을 정확하게 평가하도록 도와줘야 한다. 잘난 체하는 습관은 자기 자신을 과대평가하여 자신이 어느 누구보다 뛰어나다고 생각하는 데서 비롯된다. 그래서 자신의 단점은 보지 못한 채 장점만을 보고 자신의 장점과 남의 단점을 비교한다. 그러므로 부모는 아이가 자기 자신을 정확하게 평가하여 자신의 장점과 단점을 모두 볼 수 있게 인내심을 가지고 지도해야 한다. 아이가 나쁜 습관을 고칠 수 있도록 격려하고, 친구를 사귈 때는 어떻게 해야 하는지 등을 가르쳐 주는 것이 좋다.

칭찬을 할 때는 감정을 적당히 조절하여 아이가 자만하지 않도록 해주어야 한다.

또한 아이에게 물질적인 상을 주기보다는 정신적인 격려를 해 주는 것이 좋다. 사실 대부분의 아이들은 칭찬만 들어도 심리적 만족을 얻는다. 그러나 지나친 물질적 보상을 받으면 자만하여 더 발전하려고 노력하지 않게 된다. 그러므로 아이가 과도한 물질적 보상을 받아 기형적인 만족감을 얻고, 과장된 말이나 감탄하는 눈빛에 둘러싸여 그것에 만족하여 노력을 게을리 하지 않도록 해야 한다. 좋은 조건은 부모가 만들어 주는 것이고, 사실 자신은 다른 친구들과 똑같으며 별로 특별한 것이 없다는 것을 알려 주어야 한다. 또 아이의 심리 상태와 행동을 잘 관찰해서 아이가 자만에 빠지지 않도록 교육해야 한다.

가장 중요한 것은 부모가 솔선수범하여 아이에게 모범을 보여야 한다는 것이다. 부모는 아이의 가장 좋은 선생님이고 아이의 가장 직접적인 본보기이므로 부모의 영향력은 매우 크다. 부모는 아이의 고상한 인격의 본보기가 되어 겸손하게 행동하고 아이가 나쁜 영향을 받지 않도록 아이 앞에서 언행을 조심해야 한다.

습관 5 의지력 약한 우리 아이 나쁜 습관 고쳐주기

때때로 좌절감은 사람에게 어려움을 극복할 수 있는 용기와 힘을 준다. 그러나 아이가 좌절감에 빠졌을 때 부모가 바르게 인도하지 못하면 의지력 형성에 영향을 주어 아이가 자라서 복잡한 사회생활에 적응하지 못하고 자기 비하, 우울증, 염세주의에 빠질 수도 있다.

엄마는 걱정스런 눈길로 지연이를 바라보며 이렇게 물었다.
"지연아, 너 왜 그러니? 빨리 엄마한테 말해 봐. 도대체 왜 그래?"
어떤 엄마가 아이가 중학교에 입학한 지 한 달도 되지 않아 자살하고 싶어한다는 사실을 알고 덤덤할 수 있을까.
지연이는 외동딸이다. 중학교 교장 선생님인 아빠와 의사인 엄

마는 지연이의 일거수일투족에 관심을 갖고 할아버지 할머니는 지연이를 신주단지 모시듯 했다. 지연이는 원하는 것이면 무엇이든 가질 수 있는 가정에서 자랐다.

  지연이는 남에게 지기 싫어하는 성격이라 누구보다 열심히 공부했고 초등학교에 다니는 내내 거의 모든 시험에서 최우수상을 받았다. 친척, 친구들 모두 지연이를 칭찬하지 않는 사람이 없었으며 같은 반 친구들도 내심 지연이와 친하게 지내고 싶어했다. 지연이는 남에게 지는 것을 싫어해서 시험 때면 항상 1등을 하고 싶어했다. 5학년 때 한번은 몸이 좋지 않아서 5등을 한 적이 있었다. 누구도 생각하지 못한 일이었다. 그러니 지연이 자신은 오죽했겠는가. 결국 지연이는 성적표를 받은 날 울음을 터트리고 말았다. 하지만 졸업시험에서는 성적이 매우 잘 나와서 가볍게 명문 중학교에 입학할 수 있었다.

  그 학교는 지연이가 꿈에 그리던 곳이었다. 입학 후 잠깐의 적응기간이 지나자 친구들은 모두 공부에 전념하기 시작했다. 이때 지연이는 주위 친구들이 하나같이 뛰어난 것을 보고 그동안의 우월감이 한순간에 사라지는 것만 같았다. 자신은 풀지 못하는 문제를 많은 친구들이 고민도 하지 않고 단숨에 풀어 버렸고 선생님의 눈길이 지연이에게 머무는 시간도 점차 줄어들었다. 개학 후 한 달이 조금 안 돼서 반장을 뽑았는데 명단에는 지연이의 이름이 없었다. 영어 시간에 단어 시험을 보면 반밖에 맞추지 못했고 국어 시간에는 대답할 수 있는 기회를 겨우 얻었지만 틀린 답을 말하고 말았다.

  이 모든 일들이 지연이에게는 너무 낯설었고, 지연이는 결국 자괴감에 빠졌다. 더 이상 부모님의 얼굴을 볼 면목이 없다고 느낀 지연이는 밤이 늦도록 집에 들어가지 않았으나 지연이를 찾아나선 부모님의 손에 이끌려 집으로 돌아갔다.

지연이의 이야기는 우리의 교육 방식을 다시 한 번 생각해 보게 한다. 자신의 아이가 최고가 되길 바라는 희망과 관심에 부모들은 아이의 요구를 무조건적으로 들어주기도 한다. 이렇게 쉽게 물질적인 풍요를 누리는 아이들은 고통과 어려움, 좌절이 무엇인지 모르게 된다. 사실 아이들은 언젠가 부모의 곁을 떠나 사회로 나가서 현실에 부딪혀야 한다. 그러므로 부모는 아이의 건강한 성장을 위해서 미리 어려움과 좌절을 접하여 여러 환경에 적응할 수 있는 능력을 키워 주어야 한다. 그러면 아이는 어렸을 때부터 의지력이 생겨 사회에 나가서도 쉽게 적응할 수 있을 것이다.

고금을 막론하고 대업을 이룬 사람들은 모두 의지가 강했다. 그러므로 아이를 큰 인물로 키우고 싶다면 부모는 어렸을 때부터 의지력을 길러 주어 아이의 성장을 위한 기초를 튼튼히 닦아 주어야 한다. 의지력을 키우는 데는 오랜 노력이 필요한데 아이의 발전 단계에 맞춰 구체적으로 지도해야 한다. 아래 몇 가지 방법부터 시작해 보기를 제안한다.

1. 생활의 어려움을 경험하게 하라.

모든 일을 부모가 도맡아서 해 주면 아이는 생활의 어려움을 경험해 볼 기회를 잃게 된다. 그러므로 가정에서 아이가 할 수 있는 적당한 일을 만들어 준다. 예를 들면 화분을 돌보게 하여 매일 물과 비료를 주고 변화를 관찰하게 한다. 정성 어린 보살핌 속에 화사하고 아름다운 꽃봉오리가 피면 아이는 무슨 일이든 반드시 노력이 필요하다는 사실을 배우게 될 것이다.

2. 일을 잘할 수 있도록 격려하라.

아이들은 목적성과 계획성이 부족하여 일을 할 때 중도에 포기하기 쉽다. 그렇기 때문에 부모는 아이가 어떤 일을 끝까지 해내면 반드시 칭찬을 해 주어야 한다. 대부분의 부모들은 아이가 일을 하다가 중도에 포기하고 다른 일을 하면 그 '하다 만 일'을 처리하느라 분주하다. 그러나 부모는 절대 아이에게 끌려 다녀서는 안 된다. 반드시 하던 일을 다 마치고 난 후에 다른 일을 하도록 지도해야 한다. 이것은 아이의 의지력을 키우는 효과적인 방법 중 하나이다. 아이들은 환경에 영향을 받는다. 그래서 작은 어려움도 극복하지 못하고 목표를 금세 포기해 버린다. 이런 습관을 고쳐 주려면 아이가 어떤 결과를 얻었을 때 칭찬해 주고 어려움을 이겨 내도록 도와주며 일을 끝까지 마칠 수 있도록 격려를 아끼지 말아야 한다.

3. 모범을 보여라.

부모가 어떤 어려움도 두려워하지 않는다면 아이도 그 모습을 본받아 점차 의지력이 강해질 것이다. 반대로 부모가 끈기가 없어 어려움을 만나면 피하고 매사에 근면하지 못하다면 아이도 절대 의지력 강한 사람이 될 수 없다.

4. 좌절에 대응하는 법을 가르쳐라.

아이에게 좌절에 대응하는 방법을 알려 줘라. 예를 들어 "비록 이번에 1등은 못했지만 저번보다 수학 점수가 높구나", "넌 춤은 못 추지만 그림은 잘 그리잖아. 그러니까 노력하면 사생대회에 참가할 수 있을 거야"와 같이 스스로 어려움을 극복할 수 있도록 반드시 칭찬하고 격려해 주어야 한다. 이렇게 하면 아이는 성공의 기쁨을 맛보게 되고 어려움을 극복할 자신감도 얻는다. 아이가 혼자 극복할 수 없을 때는 적절히 도와주어 지나친 긴장으로 건강을 해치는 일이 없도록 해야 한다.

5. 운동을 통해 의지력을 키워 줘라.

운동은 아이의 신체 건강과 정상적인 성장은 물론 의지력 강화에도 도움이 된다. 아이와 함께 등산을 하는 것은 매우 좋은 정신 단련 방법이다. 아이가 걷다 지쳐서 중간에 주저앉아 버릴 수도 있다. 이때 부모는 "우리 군대놀이 해 보자. 누가 먼저 목적지에 도착하는지 겨뤄 볼까?"라고 말함으로써 아이가 계속 걸어나갈 의지가 생기도록 도움을 줄 수 있다. 아이는 군인 정신을 배우는 동시에 계속해서 걸어나갈 의지가 생길 것이다.

6. 의지력이 강했던 위인들의 이야기를 들려주어라.

에디슨은 어렸을 때 학교에서 이상한 질문을 자주 해서 퇴학을 당했다. 화학 실험을 하다가 눈에 화상을 입은 적도 있었다. 이렇듯 그는 어린 시절에 수많은 좌절과 역경을 겪었지만 굳은 정신력과 강한 의지로 어려움을 극복해 냈고 결국 역사에 길이 남는 위대한 발명가가 되었다. 이와 같은 위인들의 이야기가 아이에게 큰 도움이 될 수 있다.

습관 6 자제력이 부족한 우리 아이 나쁜 습관 고쳐주기

자제력이 없는 사람은 언제 무엇을 해야 하는지, 자신의 감정이나 행동도 어떻게 다스려야 하는지 모른다. 마치 사공 없는 배처럼 그들은 인생의 항로를 잡는 데 어려움을 겪는다.

자제력이 있는 사람은 독립심이 강하고 주관이 뚜렷해서 주변 환경이나 사람들에 의해 좌지우지 되지 않는다. 무언가를 이루고자 하는 사람은 반드시 강한 자제력을 갖춰야만 한다.

자제력을 키우는 것은 결코 아이 혼자만의 일이 아니다. 부모가 어려서부터 제대로 가르쳐야 하는 것이다.

"우리 아들은 올해 열네 살인데 자제력이 눈곱만큼도 없어서, 무슨 일이든 처음부터 끝까지 하는 법이 없어요. 책을 볼 때도 몇 장 보지도 않고 금방 내팽개쳐 버리고, 진득하게 앉아 공부도 못하고 금세 TV를 보러 가요. 이를 어쩌죠?" 이처럼 많은 부모들이 자제력이 없는 아이 때문에 골치를 썩고 있다. 자제력 부족은 아이들의 생활과 학업뿐만 아니라 그들 앞날의 발전에도 분명 큰 영향을 끼칠 것이다.

초등학교 3학년인 현주는 중간고사가 코앞이라 열심히 공부를 해야 하지만 자신을 제대로 통제하지 못한다. 처음 몇 문제를 풀 때는 열심이지만 30분도 못 되어 물을 마시고 간식을 먹고 화장실에 가느라 수도 없이 자리에서 일어난다. 다른 면에서도 마찬가지다. 춤추는 것을 아주 좋아하지만 선생님이 가르쳐 준 후 혼자 연습할 때면 세 번을 넘기지 못하고 금세 동작을 대충대충 해 버린다. 이 때문에 선생님께 항상 꾸지람을 들어서 현주도 고민하고 있다. 마치 보이지 않는 힘이 자신이 해야 할 일을 하지 못하게 막고 있는 것만 같았다. 나쁜 습관을 바로잡지 못한 현주는 오랫동안 한자리에 앉아 있지 못했다. 이러한 것은 자연스럽게 성적에 영향을 미치지 않을 수 없었다. 현주는 시험 성적이 나올 때마다 자신의 초라한 점수에 상심했고, 심지어 어떤 때는 크게 울어 버리기도 했다. 그러고는 '이제부터 정말 열심히 해야지' 하고 굳게 마음먹었다가도, 금세 그 다짐을 잊고 똑같은 일을 반복했다.

요즘 아이들의 자제력 부족 현상은 보편화된 문제이다. 대부분의 부모들이 자제력은 아이들 스스로 통제할 수 있는 것이고, 아이들이 중요한 시기에 자신을 통제하지 못하는 이유는 온전히 그들이 '원하지 않고 노력하지 않아서'라고 잘못 알고 있다. 사실 이것은 순전히 아이들이 억울한 누명을 쓴 것이다. 아이들의 자제력 부족에는 여러 가지 원인이 있다. 예를 들면, 외부의 유혹이 너무 많을 수도 있고, 어려서부터 일을 시작하면 끝을 맺는 습관을 들이지 못했거나, 노력이 부족하거나, 선천적인 면도 있다. 그런데 아이들의 자제력이 부족한 데는 부모들에게 피할 수 없는 책임이 있는 것 또한 사실이다. 어떤 부모는 아이가 조금 힘들어하는 것도 가만히 보지를 못한다. 더우면 더울세라 추우면 추울세라 살뜰히 보살펴 주어 아이가 힘들어하지 않도록 한다. 어떤 부모는 아이를 돌볼 겨를이 없을 정도로 바빠 아이와 함께 놀아 주거나 대화하지 못한다. 이렇게 오래도록 계속되는 긴장 분위기는 아이가 어떤 일을 편안하게 하지 못하게 만들고, 결국에는 새로운 변화에 뒤처지게 만든다.

자제력이 부족한 아이의 나쁜 습관은 여러 가지 요인이 오랜 시간에 걸쳐 쌓인 결과이기 때문에 고치는 데에도 상당한 시간이 필요하다. 그래서 부모들에게 아래 몇 가지 방법을 제안한다.

1. 장기적인 목표를 구체화시켜 아이들의 가능성을 높여라.

심리학 연구에 따르면 사람들은 단기적이고 구체적이며 명확한 것을 받아들이기는 쉽지만, 장기적이고 추상적이며 모호한 것을 받아들이기는 어렵다고 한다. 아이들의 미래와 발전이라는 측면에서 볼 때 학업은 물론 중요한 일이지만, 아이들에게는 멀고 추상적인 일일 뿐이다. 반면, TV를 보고 간식을 먹는 일은 매우 명확한 유혹이라 즉시 만족을 주기 때문에 뿌리치지 못한다. 따라서 부모들은 장기적인 목표를 구체화시켜 아이들의 가능성을 높여 주어야 한다.

2. 방해되는 요소들을 제거하라.

아이가 마음먹고 어떤 일을 할 때 부모는 함부로 흐름을 끊거나 다른 일을 시키지 말아야 한다. 그러나 일정 부분을 마쳤을 때는 잠시 쉬도록 해 주어야 한다. 아이의 학업이 너무 무미건조해지지 않도록 그 일을 마친 것에 대한 보상으로 맛있는 음식을 주거나, 놀게 하거나, 노래를 듣게 하거나, 운동을 하게 한다.

3. 아이가 집중력 있게 일할 수 있도록 하라.

부모들은 아이가 평소에 하는 행동에 주의를 기울여 아이가 어떤 일을 마치지 못할 때 끝을 맺을 수 있도록 격려해 주어야 한다. 아이가 집짓기 놀이를 할 때나 그림을 그릴 때 모든 장난감과 도구들을 몽땅 아이 앞에 놓아서 아이의 주의력을 분산시키지 말아야 한다.

4. 풍부한 경험과 흥미를 키워 주어라.

아이가 관심을 가지는 일 중 한 가지를 골라서 끝까지 하도록 시킨다. 아이들은 경험이 부족하기 때문에 흥미를 느끼는 물건이 제한되어 있다. 그러므로 새로운 물건들을 최대한 많이 접할 수 있게 해 주어 아이의 흥미를 유발시켜야 한다. 흥미는 아이들로 하여금 어떤 일을 끝까지 해내도록 하는 가장 좋은 선생님이기 때문이다.

5. 아이의 좋은 친구가 되어 주어라.

잦은 칭찬과 열린 대화로 부모의 사랑을 표현하는 것은 자신이 사랑받고 있다는 느낌을 주어 아이에게 적극성을 심어 줄 수 있다. 만약 부모가 아이가 열심히 한 일에 대해 한 귀로 듣고 한 귀로 흘려버린다면 아이는 실망하여 그 일을 포기해 버릴 것이다.

습관 7 지나치게 의존하는 우리 아이 나쁜 습관 고쳐주기

요즘 대부분의 가정에는 아이가 하나라서 할아버지 할머니를 비롯해 몇 대에 걸친 가족들의 관심과 애정이 그 아이에게 집중된다. 그래서 어떤 아이는 밥을 한 숟가락씩 떠먹여 주지 않으면 혼자 밥을 먹지 않고 옆에서 재워 주지 않으면 울며불며 잠을 자지 않는다. 친구와 놀 때도 항상 부모가 옆에 있어 주길 바란다. 또 아침에 일어났을 때 이불을 개고 밥을 먹은 후 설거지를 하는 것은 자신의 일이 아니라고 생각한다. 준비물 없이 학교에 갔을 때도 부모가 챙겨 주지 않았다고 원망한다. 만약 아이가 이런 행동을 하면 지나치게 의존하는 것이 아닌지 의심해 보아야 한다. 의존성이 강한 아이들은 대부분 책임감이 부족하고 어려움을 만나면 부모가 대신 처리해 주기를 바란다. 이런 의존적인 심리는 아이의 성장에 좋지 않은 영향을 미친다.

영수는 어떤 사람이 보아도 굉장히 뛰어난 아이였다. 초등학교 때부터 고등학교 때까지 단 한 번도 1등을 놓쳐 본 적이 없다. 그래서 영수는 매번 시험이 끝나면 선생님께 "2등은 누구예요?"라고 물었다. 자신이 1등이란 것을 확신하고 있었기 때문이다.

부모는 영수가 공부에만 집중할 수 있도록 공부 외의 일은 모두 대신해 주었다. 밥을 먹을 때 숟가락으로 밥을 떠서 영수 손에 쥐어 주었고 더러워진 옷을 빠는 것도 당연히 엄마 차지였다. 노트를 다 쓰면 엄마가 새로 사다 주었다. 영수는 이미 '밥이 오면 입을 벌리고, 옷이 오면 손을 뻗는' 생활에 익숙해졌고 때로는 자신의 이런 생활을 친구들에게 자랑하기까지 했다. 영수는 보통 아이들이 열일곱 살쯤 되면 으레 하는 빨래나 밥 짓기처럼 기본적인 일조차 하지 못했다.

영수는 대입시험을 치렀고 시에서 1등, 전국에서 2등이라는 우수한 성적으로 서울의 모 대학에 입학했다. 그곳은 영수가 꿈에도 그리던 학교였다. 이 소식에 가족들은 모두 기뻐하며 영수를 칭찬했다. 영수는 설레는 마음으로 서울로 왔다. 그러나 대학 생활이 시작된 지 얼마 지나지 않아 곧 어려움이 시작됐다. 영수는 밥을 해 먹을 줄도, 빨래를 할 줄도, 수업이 있는 교실을 찾을 줄도 몰랐다. 심지어 친구들과 어울릴 줄도 몰랐다. 물론 착한 친구들은 계속해서 영수를 도와줬지만, 생활에 적응하는 일까지 도와주지는 못했다. 이것은 영수에게 너무나 큰 시련이었다. 영수는 어쩔 수 없이 휴학을 했고 학교에서도 영수의 사정을 듣고 동의해 주었다.

다음해에 학교에서 복학 통지서가 날아왔다. 통지서를 받은 영수는 조금도 기쁘지 않았다. 오히려 두려운 마음이 들기 시작했다. 다시 부모 곁을 떠나야 한다는 것이 겁났고 학교 생활에 또 적응하지 못할까 봐 걱정이 되었다.

영수의 사례는 우리의 행동을 다시금 돌아보게 만든다. 자기도 모르는 사이에 아이가 충분히 할 수 있는 일까지 도맡아 하지는 않았는가? 아이를 위한다는 핑계로 아이의 생활력을 키워 주는 데 소홀하지는 않았는가? 한 유명한 교육가는 이렇게 말했다. "아이가 혼자 할 수 있는 일은 스스로 하도록 하고 혼자 생각할 수 있는 문제는 스스로 생각하도록 해야 한다." 이 말은 아이를 교육하는 데 있어 가장 정확하고 의미 있는 말이다. 지나치게 의존하는 아이의 나쁜 습관을 고쳐 주려면 아래 방법부터 시작해 보기를 제안한다.

혼자 할 수 있는 일은 최대한 스스로 해결할 수 있도록 교육하라. 가정교육의 목적은 아이를 편하게 생활하도록 해 주는 것이 아니라 아이가 여러 방면에서 능력을 발휘할 수 있도록 도와주는 데 있다. 부모는 어려서부터 아이에게 자립심과 자주성을 심어 주어야 한다. 일상생활부터 시작하여 아이가 스스로 할 수 있는 일에서는 과감히 손을 떼야 한다.

아이의 자립심을 길러 주려면 아이의 나이와 수준에 맞춰서 교육해야 한다. 그러나 너무 큰 기대를 해서는 안 된다. 그렇지 않으면 아이는 두려움과 자괴감에 빠질 수 있다. 그렇다고 기대를 너무 하지 않으면 아이의 흥미를 유발시킬 수 없다. 유아기에는 생리적 발달에 따라 신체적 능력이 증대되고 자주성도 발전하기 시작하며 독립심 역시 커진다. 이때가 바로 아이에게 좋은 습관을 형성하게 할 수 있는 적기이다. 이때 부모는 아이에게 적당한 임무를 주어 스스로 일을 해결하도록 지시해야 한다. 아이는 자신의 손으로 많은 일들을 해결했을 때 자신감과 책임감이 생겨 부모에 대한 의존성도 낮아진다.

아이에게 이미 의존성이 생겼다면 반드시 고쳐 주어야 한다. 우선 아이의 의존성이 어떻게 생기게 되었는지 그 원인을 파악하고 이를 기초로 적당한 방법으로 고쳐 주는 것이 중요하다. 예를 들어 많은 아이들이 매일 아침 일어날 때 부모를 힘들게 한다. 부모가 계속 깨워 줬던 아이는 지각을 하면 도리어 제때 깨우지 않았다며 부모를 원망한다. 이런 상황에 지친 한 아빠가 딸에게 말했다. "학교에 가는 것은 네 일이야. 저녁에 잠자기 전에 자명종을 잘 맞춰 놓고 아침에 스스로 일어나야 한다. 아무도 널 깨워 주지 않아. 지각을 한다해도 네 책임이다." 다음날 자명종이 울리자 딸은 곧바로 일어났다. 이 아버지는 자신의 딸에 대해 잘 알고 있었고, 적절한 방법을 사용하여 아이의 의존성을 쉽게 고쳤다. 한번 써 볼 만한 방법이다.

습관 8 주관이 없는 우리 아이 나쁜 습관 고쳐주기

자신감이 부족한 것과 주관이 뚜렷하지 않은 것은 밀접한 관련이 있다. 우유부단하여 결정을 잘하지 못하는 아이의 나쁜 습관을 고치는 가장 좋은 방법은 자신감을 키워 주는 것이다.

많은 부모들이 아이를 꾸짖을 때 습관적으로 이런 말을 한다. "왜 엄마 말을 안 듣니?", "이렇게 해야 돼", "네 말이 맞니, 엄마 말이 맞니?" 심지어 어떤 부모는 매를 들어 가면서까지 자신의 의견을 강요한다. 이런 부모들은 부모는 권위적이어야 하고 항상 옳으며 아이는 반드시 부모에게 복종해야 한다고 생각한다. 이렇게 단순하고 폭력적으로 생각을 강요하면 주관이 뚜렷하고 판단력 있는 아이들은 부모가 자신을 불공정하게 대하고 있다고 느낀다. 겉으로는 부모에게 대항하지 못하지만 마음속으로는 불만을 느끼는 것이다. 소심하고 유약한 아이를 이렇게 절대적이고 권위적인 방식으로 가르치려 하면 아이는 점점 우유부단해질 뿐이다.

열한 살인 철수, 그의 아빠는 군인이라 자주 집을 비우고 엄마도 바빠서 철수를 돌볼 시간이 거의 없었다. 그래서 철수는 할아버지 할머니와 함께 생활했다. 할아버지 할머니는 철수에게 관심을 가지고 정성으로 돌봐 주셨다. 철수는 밖에 나가서 친구들과 놀려면 반드시 할머니 할아버지의 허락을 받아야 했다. 집 안에서 TV를 보든 밖에 나가 놀든 할아버지는 항상 걱정을 하셨다. 매일 어떤 옷을 입혀야 할지 결정하는 것은 할머니의 몫이었다. 모든 일이 다 잘 짜여 있기 때문에 철수는 아무것도 신경 쓸 필요가 없었다. 심지어 숙제를 하다가 무엇을 먼저 해야 할지 결정하지 못할 때도 할아버지께 물어보면 문제는 곧 해결됐다.

철수는 운동을 좋아하지 않았는데, 가끔 또래 친구들과 운동을 할 때는 다른 아이들의 '꽁무니만 쫓아' 다녔다. 운동뿐 아니라 공부를 하거나 다른 일을 할 때도 마찬가지다. 다른 아이들을 따라 공부하고 다른 아이들이 무엇을 하면 그것을 보고 따라했다. 만약 같이 놀 친구가 없으면 그저 그 자리에 가만히 서서 누군가가 올 때까지 기다렸다. 할아버지 할머니는 철수가 이렇게 친구들을 '따라 하기만' 한다는 사실을 발견하고는 아이가 주관이 없고 자신감이 부족한 것을 걱정하기 시작했다.

주관이 없는 사람은 대부분 자신감이 부족하여 누군가 하는 대로 따라서 하고 대세를 좇으며 안전만을 추구한다. 아이가 우유부단하여 결정하지 못하는 것은 천성적인 이유도 있지만 환경적인 영향이 더 크다. 어떤 부모들은 아이가 억울함을 당할까 봐 걱정스런 마음에 줄곧 아이를 대신해서 문제를 해결해 주거나 아이의 일에 지나치게 간섭한다. 하지만 그것은 오히려 아이가 독립적으로 일할 수 있는 기회를 뺏는 것이다. 그래서 그렇게 자란 아이는 혼자 결정해야 하는 상황에 부딪혔을 때 어떻게 해야 할지 몰라 다른 사람의 도움을 구하게 된다. 또 어떤 부모들은 아이가 훌륭한 인물이 되길 바라는 마음에 지나친 기대를 하여 아이에게 쉽게 만족하지 못하고 계속 꾸짖기만 한다. 게다가 아이가 혼자 해결할 수 없는 일도 도와주지 않아, 아이가 성공을 경험하지 못하고 실패의 고통만을 느끼도록 만든다. 이러면 아이는 점점 자신감을 잃고 일이 잘못될까 봐 더더욱 자신의 생각을 말하지 못하게 된다.

　이렇듯 아이의 주관이나 결단력은 천성적인 것이 아니다. 아이가 성공을 체험하고 자신감을 키워 가는 과정 중에 자신의 행동에 책임질 수 있도록 부모가 가르쳐야 하는 것이다.

　그렇다면 어떻게 아이를 주관 있는 사람으로 변화시킬 수 있을까? 아래의 방법부터 실천해 보기를 제안한다.

　1. 풍부한 지식으로 아이의 수준을 올려 주어라.

　아직 어려서 아이의 주관이 완벽하게 형성되지 않았을 때는 판단의 기준이 모호하고 자신을 억제하는 능력이 부족하다. 그래서 옳고 그름을 구별하지 못하고 다른 사람이 하는 것을 무작정 따라 하게 된다. 이때 부모는 아이를 무시해서도 안 되고, 모욕을 주거나 체벌을 해서도 안 된다. 반드시 인내심을 가지고 도와주어 아이 스스로 자신의 행동이 옳은지 그른지를 알 수 있게 해 주어야 한다. 예를 들어 아이가 누군가가 하는 욕설을 듣고 따라 할 때는 그것이 왜 나쁜지 자세히 설명해 주어야 한다. "그건 욕이야. 듣기 싫고 교양 없는 말이니까 따라 하면 안 된다." 또한 아이의 지식을 풍부하게 만들어 각 방면에서 능력을 쌓을 수 있게 도와주고 자신을 충분히 표현할 수 있는 기회를 만들어 주어야 한다. 자기 일은 스스로 하게 하고 결과에 대해서는 충분히 칭찬해 준다. 그러면 점점 스스로에 대한 인식이 높아지고 자신의 역량을 믿게 될 것이다. 자신감이 생기면 옳고 그름을 명확히 구별하는 능력이 생겨 어떤 일을 할 때 자신의 독특한 견해가 생기게 된다. 그렇게 되면 더 이상 다른 사람을 무조건 따라 하지 않을 것이다.

2. 아이가 한 일을 정확하게 평가하라.

아이에게 너무 큰 기대를 하지 말아야 한다. 또한 적당히 칭찬해 주되 비판은 자제한다. 아이가 정말 노력했지만 이루지 못한 일에 대해서는 이해해 주고 이렇게 말해 주어야 한다. "괜찮아, 다음에 더 노력하면 돼. 아빠도 어렸을 때 그랬어." 부모의 정확한 평가는 아이의 심리적 부담을 덜어 주어 아이가 용기를 가지고 자신의 의견을 주장할 수 있게 해 준다. 아이에게 무언가를 요구할 때는 아이의 특성과 능력에 맞게 해야 한다. 자신의 힘으로 할 수 있는 일을 시켜 성공의 경험을 얻고 그것을 통해 스스로를 격려하고 성공의 희열을 느낌으로써 자신감을 얻을 수 있게 해 줘야 한다. 또 아이에게 일을 시킬 때는 구체적이고 명확하게 요구하여 아이가 어떻게 해야 할지 확실히 이해시켜야 한다. 모호하고 추상적인 요구를 하면 아이는 어떻게 해야 할지 몰라 안절부절못하게 된다.

3. 아이 스스로 하게 하라.

아이들은 호기심이 매우 강해서 모든 것을 직접 해보고 싶어한다. 부모는 아이가 옷을 입거나 신발을 신고 탁자를 닦는 등 간단한 임무를 스스로 완성할 수 있도록 지도해야 한다. 아이 혼자 할 수 있는 일은 최대한 간섭하지 말고 충분한 시간을 가지고 생각하여 스스로 해결할 수 있도록 도와줘야 한다. 또 모르는 것이 있으면 성심성의껏 가르쳐 주어 배우며 행동으로 옮길 수 있게 한다. 생활 속 훈련을 통해 의존성을 극복하게 만드는 것이다. 이렇게 하면 아이는 점차 스스로 어떤 일을 할 수 있다고 느끼면서 모든 일에 바로 도전할 것이다. 그런데 주의할 것은 어려운 일에 있어서는 부모가 적당히 도와주어 아이에게 어려움을 극복할 수 있는 방법과 기교를 가르쳐 주어야 한다는 것이다. 이렇게 성공을 경험하게 되면 아이도 점차 자신감과 결단력을 가질 것이다.

4. 활동하면서 아이를 단련시켜라.

결정을 하기 전에는 득과 실을 따져 보고 최선의 선택을 해야 한다. 부모는 일정한 범위 내에서 아이에게 스스로 결정하고 선택할 수 있는 기회를 충분히 주어 자신의 생각대로 일을 할 수 있도록 만들어야 한다. 상점에서 장난감을 살 때 일단 가격의 상한선을 정해 놓은 후 아이 스스로 자기가 좋아하는 모양과 색깔을 선택하도록 한다. 부모는 아이가 스스로 결정할 수 있도록 아이를 방해하지 말아야 한다. 단체 생활에서는 주의만 주고 다른 친구들과 정당한 경쟁을 하도록 격려한다. 이는 아이의 자립심을 키워 줄 수 있는 좋은 방법이다.

습관 9 열등감을 느끼는 우리 아이 나쁜 습관 고쳐주기

사람들은 '부담감이 없으면 원동력도 없다'고 말한다. 그

러나 부모의 기대가 너무 크면 아이들은 심한 부담감을 느끼게 된다. 그래서 물먹은 솜처럼 가라앉아 다시는 앞으로 나가지 못하고 점점 자신감을 잃어 열등감의 나락으로 빠지게 된다.

부모들은 자신의 아이가 남보다 뛰어나서 크게 성공하길 바란다. 이 때문에 고생을 마다하지 않고 열심히 일하는 것이다. 그러나 부모들은 한결같은 마음으로 아이를 위해 고생하면서도 아이의 건강한 성장에 가장 중요한 요소가 무엇인지는 잊어버린다. 어떤 부모는 평소에 아이에게 "넌, 왜 이렇게 바보 같니? 옆집 영희 좀 봐. 얼마나 잘하니" 혹은 "우리 집에 어떻게 너같이 멍청한 애가 나왔는지 모르겠다" 같은 말들을 쉽게 해 버린다. 부모는 충동적으로 이런 말을 하지만 아이에게 부모는 절대적인 권위를 지닌 사람이기 때문에 아이들은 그것을 진실로 여긴다. 그래서 이런 말들이 여러 번 반복되면 세뇌가 되어 아이로 하여금 자신을 완전히 부정하고 열등감을 갖게 만든다.

혜미는 부모님이 모두 대학 교수인 학벌이 좋은 집안에서 태어났다. 또 외동딸이라서 엄마아빠의 기대를 한 몸에 받았다. 부모는 혜미가 자신들과 마찬가지로 학식이 있길, 아니 오히려 더 풍부하길 바랐다. 그래서 엄마아빠는 혜미가 어릴 때부터 철저하게 계획을 세워 놓았다. 혜미는 막 옹알이를 할 때부터 영어를 배우기 시작했다. 서너 살이 되었을 때는 하루 일정이 꽉 차 있을 정도로 바쁜 시간을 보냈다. 아침에 일어나서 노래를 연습하고 오전에는 공부를 하고 오후에는 춤을 배우며 저녁에는 피아노를 배우는 식이었다. 혜미가 뭐든지 잘하기를 바라는 마음만큼 엄마아빠가 혜미에게 거는 기대도 매우 컸다.

혜미는 매우 뛰어나서 유아원에서든 학교에서든 눈에 띄었고 선생님과 친구들도 모두 혜미를 좋아했다. 혜미는 지덕체(知德體) 모든 방면에서 누구에게도 뒤처지지 않았지만 '항상' 1등을 하길 바라는 부모 눈에는 여전히 만족스럽지 못했다. 시험 성적이 기대보다 잘 나와 기뻐하며 집에 돌아갔을 때도 부모는 항상 혜미를 꾸짖었다. "어떻게 이렇게 쉬운 문제를 틀릴 수가 있니? 정말 바보 같구나!" 부모의 평가를 듣고 혜미는 상심하여 고개를 떨어뜨렸다. 초등학교 1학년 때 혜미는 전국 어린이 노래 경연대회에 참가해서 2등을 했다. 무대에서 내려와 기뻐하며 엄마아빠에게 뛰어갔지만 엄마아빠는 차가운 표정을 짓고 있었다. "1등 한 애 좀 봐라. 목소리가 얼마나 예쁘고 표정은 또 얼마나 자연스럽니? 너보다 백배 낫구나. 너무 실망스럽다." 혜미는 서러워서 눈물을 흘리고 말았다. 이러한 잘못된 교육 방식 때문에 혜미는 점점 다른 사람처럼 변해 갔다. 명랑하고 개구지고 똑똑하고 귀여웠던 아이가 혼자 있길 좋아하고 위축되어 부끄러움도 많이 타고 친구들과 어울리지도 않는 아이가 되어 버린 것이다. 수업 시간에 나서서 발표하지도 않고 선생님이 지목을 해도 머뭇거리며 "전 못해요. 전 몰라요"라고만 말했다. 더 이상 자신감이 넘치고 활발하던 혜미가 아니었다.

열등감은 자아의식의 표현이다. 열등감을 느끼는 사람은 종종 실제보다 자신을 낮게 평가하여 자신의 부족한 점만을 보고 장점은 보지 못한다. 또 자신은 다른 사람과 비교조차 되지 않는다고 생각하며 자아실현의 자신감을 상실한다. 혜미는 항상 다른 사람을 비교 대상으로 정해 놓고 자신의 무지와 무능을 원망했다. 열등감은 무거운 짐을 진 것처럼 앞으로 나아갈 원동력을 잃게 만들어 인생의 발전에 큰 지장을 준다.

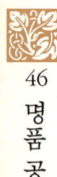

그렇다면 어떻게 아이의 열등감을 고쳐 줄까?

1. 적당히 기대하라.

너무 무리한 요구는 피하고 아이의 실제 능력과 수준에 맞게 적당한 기대를 가져야 한다. 그래야 아이에게 자신감을 길러 줄 수 있다. 아이가 성적을 받아 오면 우선 칭찬하고 격려해 주어 아이가 자신감을 가질 수 있도록 지도한다. 평소 성적이 좋지 않은 아이에게는 관심을 갖고 위로해 주고 잘못된 점을 찾아 교훈으로 삼게 한다. 인내심을 가지고 지도하면 아이의 성적이 차츰 오를 것이고, 그러면 아이도 자신의 발전을 보고 점점 자신감이 생길 것이다.

2. 아이의 어려움과 좌절에 관심을 갖고, 아이가 실패를 정확히 볼 수 있게 도와주어라.

누구나 생활하면서 실패와 좌절을 겪게 된다. 특히 아이들은 자신에 대해 객관적으로 평가하지 못하고 좌절을 받아들이는 능력이 약하기 때문에 어려움 앞에서 쉽게 열등감을 느낄 수 있다. 부모는 아이의 심리 변화를 재빨리 파악하여 아이가 어려움을 극복할 수 있도록 도와주어야 한다.

3. 지식을 늘려 주고 시야를 넓혀 주어라.

토론할 때 어떤 아이는 아주 논리적이고 차분하게 말하는 반면 어떤 아이는 그렇지 못한 것을 자주 볼 수 있다. 아이들 사이에 왜 이렇게 큰 격차가 생기는 것일까? 이것은 아이의 지식 수준이 모두 다르기 때문이다. 아는 게 적은 아이들은 박식하고 경험이 많은 아이들 앞에서 열등감을 느끼기 쉽다. 그렇기 때문에 지식을 쌓고 시야를 넓혀 자신의 능력을 키워야 한다. 이를 위해서는 책을 많이 읽고, 새로운 사물을 많이 접하고, 친구들을 많이 사귀어야 한다. 그러면 새로운 지식과 경험들이 쌓일 것이고 자신도 능력이 있다는 사실을 깨닫게 되면 아이는 열등감에서 벗어날 수 있을 것이다.

4. 아이의 자존심을 존중해 주어라.

아이에게 자신감을 키워 주려면 우선 아이의 자존심부터 존중해 주어야 한다. 어떤 아이는 자존심이 너무 강해서 실수를 하면 그것을 마음속에 계속 쌓아 둔다. 그런데 부모 또한 이를 비웃고 비판하며 때리기까지 한다면 아이는 자존심에 큰 상처를 입어 '자포자기' 하게 되고 앞으로 아무 일도 하지 못하게 될 것이다. 이때 부모는 아이를 이해해 주고 "모든 사람은 실수하게 마련이야. 잘못을 알고 고쳐서 다음번에 똑같은 실수를 하지 않으면 되는 거야"라고 위로해 주어야 한다. 그러면 아이는 소극적인 마음을 털어 버리고 점점 자신감을 되찾게 될 것이다. 열등감은 하루아침에 만들어진 것이 아니기 때문에 그것을 극복하려면 오랜 시간이 걸린다. 부모가 인내심을 가지고 도와준다면 아이도 점차 열등감을 극복하고 자신감을 되찾아 더 건강하게 자랄 수 있을 것이다.

습관 10 '자신을 가두는' 우리 아이 나쁜 습관 고쳐주기

'인간은 사회적 동물이다.' 아이는 곧 가정이라는 울타리에서 벗어나 끝없이 넓은 세계와 마주하게 될 것이다. 외부 환경이 아무리 복잡하고 어려워도 용감하게 맞서야지 자신을 가두어서는 안 된다. '스스로를 가두는 것은 가장 심한 벌 중 하나' 이기 때문이다.

고대 그리스의 유명한 철학자 아리스토텔레스는 "인간은 사회적 동물이다"라고 말했다. 이 말은 사람은 사회와 떨어져서 혼자 살아갈 수 없다는 것을 의미한다. 우리 모두는 다른 사람과의 교제, 즉 사회화 과정을 통해 성숙해진다.

중학교 1학년에 재학 중인 주해는 행실이 바르고 학업 성적이 좋아서 선생님의 사랑을 한 몸에 받았다. 부모도 주해를 신주단지 모시듯 했다. 그런데 주해는 내성적이라서 친구들과 잘 어울리지 못했다.

차분하고 조용한 주해는 친구들과 더 멀어지고 있다는 느낌을 받았다. 선생님과 친구들은 주해가 요즘 들어 이상해졌다고 생각했다. 그도 그럴 것이 주해는 흐린 날이나 비 오는 날에도 해가 쨍쨍

비치는 날처럼 선글라스를 끼고 다니며 항상 긴장된 표정을 짓고 있었다. 모두 그런 주해의 행동을 이해하지 못했다. 주해는 도대체 왜 그러는 것일까?

주해는 요즘 들어 다른 사람과 함께 있으면 자기도 모르게 마음속에 이상한 중압감이 느껴져 심장이 밖으로 튀어나올 것만 같았다. 그래서 다른 사람과의 심리적 교류를 차단하여 마음속의 공포를 없애고 싶은 마음에 짙은 선글라스를 쓴 것이다. 그러나 마음은 여전히 답답하고 긴장됐다. 주해는 몸과 마음이 완전히 지쳐 버렸고 점점 초췌해져 갔으며 성적도 급격하게 떨어졌다. 도대체 무엇이 주해를 이렇게 변하게 만든 것일까?

주해의 부모는 딸의 교육에 매우 엄격했다. 그래서 주해는 어려서부터 외출을 자주 하지 못했다. 또 주해의 부모는 지저분한 것을 싫어해서 친구들이 놀러 와 방을 어지럽히면 불쾌해 하며 다시는 친구들을 집에 데려오지 못하게 했다. 그래서 주해의 친구들은 점점 줄어들었고 주해도 다른 사람과 사귀는 것을 싫어하게 됐다. 부모는 주혜에게 밖은 매우 어지럽고 나쁜 사람도 많으니 항상 조심하라고 당부했고 저녁에는 밖에 나가지 못하게 했다. 어느 날 저녁 주해는 자습을 마치고 혼자 집으로 돌아오다가 골목길에서 남학생 몇 명이 여자 아이를 괴롭히는 것을 보았다. 부모님에게서 들었던 무서운 일이 눈앞에서 벌어진 것이다. 주해는 겁에 질려 집으로 뛰어왔고 며칠 밤을 악몽에 시달렸다. 오랜 시간이 지나서야 공포심은 천천히 사라졌다. 공포는 사라졌지만 그 흔적은 여전히 주해의 마음속에 남아 있었다. 그래서 남자들을 볼 때마다 이상한 두려움이 생겼고 그

후부터 점점 자신을 가두기 시작했다.

　자폐는 사람들이 있는 장소, 특히 낯선 사람이 있는 곳에서 심리적 불안과 공포를 느끼고 이상한 행동을 하는 것이다. 예를 들어 당황하고, 불안해 하고, 얼굴이 붉어지고, 어찌할 바를 모르고, 손발이 차가워지며, 땀을 흘리고, 횡성수설하는 것 등이다. 자폐 경향이 있는 사람은 이러한 감정에서 벗어나기 위해 자신을 가두고 다른 사람과의 교제를 거부하기 시작한다. 자폐가 생기는 데는 주관적인 원인과 객관적인 원인이 있다. 주관적인 원인은 아이가 낯을 가리고 소극적이며 부끄러워하는 성격을 가지고 있어서인데 이는 다른 사람과 교류하는 데 매우 불리하다. 객관적인 원인은 사회와 가정환경 등의 영향으로, 아이가 '남들과 잘 어울리지 못하는' 성격이 된다. 만약 아이가 친구들과 어울리지 않을 때 그대로 방치하거나 되레 그 행동을 부추긴다면 사회성이 부족한 사람으로 자랄 우려가 있다. 그러면 아이는 사회를 경험하기도 전에 사회에 대해 공포를 느끼게 되는데 이것은 아이의 성장에 매우 나쁜 영향을 미친다. 그 밖에 사람들과의 교제 중에 상처를 받아도 자신을 가두는 현상이 나타날 수 있다.
　아이의 이런 자폐적인 성향은 성장에 좋지 않은 영향을 미치기 때문에 반드시 고쳐 주어야 한다.
　1. 사회에 대한 두려움을 없애 주고 사회와 많이 접촉할 수 있도록 격려해 주어라.

아이는 외부 세계와의 접촉을 통해서만 사회인이 될 수 있고, 사회에 적응해야만 사회의 가치관, 행위 규범, 지식 등을 배워 성숙해질 수 있다. 부모는 사회가 너무 복잡하다는 이유로 아이를 자신의 '품' 안에만 감싸고 있어서는 안 된다. 만약 이것이 습관이 되면 아이는 사회를 두려워하게 되고 외부 세계의 압박을 견디지 못해 자폐 경향을 띠기 쉽다. 그러므로 부모는 아이가 사회와 접촉할 수 있는 기회를 최대한 많이 만들어 주어야 한다. 또 그 과정에서 어려움에 부딪혔을 때는 스스로 해결하도록 하여 이런 경험을 통해 성숙해질 수 있도록 해야 한다.

2. 아이의 친구를 받아들여라.

아이가 친구를 사귀는 것은 부모의 품에서 벗어나 처음으로 자신의 길을 가기 시작했다는 의미다. 그런데 부모가 고집스럽게 자신의 틀에 맞춰 아이를 조정하려 한다면 아이의 건강한 성장을 방해하게 될 것이다.

아이들은 자신의 필요에 따라 친구를 선택하는데 아이들이 친구에게서 얻고자 하는 첫 번째 요소는 바로 안정감이다. 부모는 아이가 친구에게 느낀 좋은 점을 발견하지 못하고 아이의 친구를 좋아하지 않을 수도 있다. 하지만 불만감을 가져서는 안 된다. 그렇지 않으면 아이는 상심하게 되고 누구를 따라야 할지 몰라 자신을 가둘 수도 있기 때문이다. 우리는 아이가 친구에 대해 말할 때 주의 깊게 듣고, 아이가 그 친구를 왜 좋아하는지 알아두어야 한다. 또 친구를 집으

로 자주 초대해 아이가 친구를 사귀는 즐거움을 누릴 수 있도록 해 주어야 한다.

3. 교제 중에 생길 수 있는 좌절감을 극복할 수 있도록 도와주어라.

친구를 사귀면서 한번쯤 좌절을 겪는 것은 피할 수 없는 일이다. 그렇지만 아이들은 모두 성격이 다르기 때문에 좌절에 대한 반응도 각기 다르다. 어떤 아이는 성격이 민감하고 자존심이 강해서 다른 사람에게 거절당했을 때 크게 상처받는다. 그래서 다른 사람과의 교제에 두려움이 생겨 점점 위축되기도 한다. 부모는 아이의 정서 변화를 주의 깊게 살피고 아이와 자주 대화하여 친구와의 교제 상황을 잘 파악해야 한다. 문제가 생겼을 때는 합리적이고 효과적인 방법으로 문제를 해결할 수 있게 도와주어 아이가 적극적으로 다른 사람을 사귈 수 있게 해 주어야 한다.

습관 11 질투심 강한 우리 아이 나쁜 습관 고쳐주기

질투는 부정적이며 유해한 심리이다. 그것은 상대방의 감정을 공격하여 친구 사이의 우정을 상하게 하고 인간관계를 깨뜨리는 비극을 초래하기도 한다. 따라서 부모는 아이가 질투심에서 벗어나 넓은 마음을 가질 수 있도록 도와주어야 한다.

질투는 인류의 보편적인 감정이다. 모든 사람들은 질투심을 느끼는데 아이들도 예외가 아니다. 두세 살짜리 아이들이 자기 엄마가 다른 아이를 업어 주려고 하면 소란을 피우며 자기를 업어 달라고 떼쓰는 경우가 있다. 물론 질투는 이해할 수 있는 정상적인 감정이지만 무작정 내버려 두어서는 안 된다. 질투심이 많아지면 외부의 자극을 쉽게 받게 되고 그것이 인격의 일부분으로 변할 수도 있기 때문이다. 또한 지나친 질투심은 앞으로의 발전에 악영향을 끼칠 뿐 아니라 심신의 건강에도 좋지 않다. 중국에서 꽤 유명한 노강(虜剛)이의 이야기를 들어보자.

노강이는 성적이 좋아서 1986년 미국으로 유학을 갔고 박사 자격 시험에서 아이오와(Iowa) 대학 역사상 최고 점수를 받아 모든 사람들을 놀라게 했다.

1991년 11월 1일 오후 미국 아이오와 대학의 물리학과 건물 3층 한 교실에서 몇 명의 교수와 연구생들은 천체물리에 관해 토론을 벌이고 있었다. 3시 30분경, 토론하고 있던 중국 유학생 노강이는 갑자기 주머니에서 권총을 꺼내 자기 지도교수인 걸츠를 쏘았고, 총소리와 동시에 교수는 쓰러졌다. 노강이는 또 태연하게 옆에 있던 스미스 교수를 쏘았다. 스미스 교수 역시 피를 흘리며 쓰러졌다. 그 후 친구 산림화(山林華)를 조준했고 '탕' 하는 총소리가 교실에 울려 퍼졌다. 교실 안에 있던 다른 친구들은 놀라 어쩔 줄 모르고 쳐다만 보고 있었다. 이때 노강이는 홀연히 교실을 빠져나와 학과 사무실로 달려갔고 과주임을 사살했다. 그런 후 행정학과 건물로 가서 부교장을 쏜 뒤 마지막으로 자신의 머리를 쏘아 자살했다.

노강이의 이런 행동은 치밀하게 계획된 것이었다. 그러나 이런 끔찍한 일을 벌인 동기는 믿을 수 없을 만큼 단순했다. 걸츠 교수는 졸업논문 답변 때 고의로 노강이를 곤란에 빠뜨려 박사 학위를 받지 못하게 했다. 산림화를 쏜 것은 1년 늦게 들어온 산림화가 교수의 총애를 받는데다가 자기보다 먼저 박사 학위를 받았기 때문이었다. 가장 받아들일 수 없었던 것은 자신이 너무 받고 싶었던 우수논문상 후보에 산림화가 추천된 것이었다.

이 비통한 사건은 우리를 깊이 반성하게 만든다. 그리스의 한 심리학자는 "질투는 매우 자연스러운 감정으로 모든 아이들에게 이런 심리가 있다. 아이의 질투심은 아주 어렸을 때부터 형성된다. 질투심을 형성하는 원인은 매우 많은데 대부분의 경우 이것은 사람을 고통스럽게 하는 정도에까지 이른다"고 말했다. 물론 질투의 범위도 매우 넓어서 사람이나 일, 사물을 질투하는 것까지도 여기에 포함된다. 유언비어로 남을 헐뜯고 온갖 궁리를 하여 비열한 방법을 쓰는 등 질투의 수단도 매우 다양하다. 이것은 또 어떤 일에 대해 합당한 판단을 하기 어렵게 만든다. 개인이나 집단, 사회를 질투하는 것은 소모적인 감정일 뿐이다. 만약 이런 습관을 고치지 못한다면 성인이 되어서도 다른 사람과 어울리기 힘들 뿐 아니라 생활에서도 심리적인 안정을 찾을 수 없을 것이다. 그렇기 때문에 부모는 아이의 질투심을 반드시 고쳐 주어야 한다. 아래 몇 가지 방법부터 시작해 보기를 제안한다.

1. 질투하는 이유를 찾아내라.

아이가 질투를 하는 이유는 매우 다양한데 그것을 종합해 보면 아이에게 내재된 부정적 요소와 외부 환경의 부정적 요소가 상호 작용한 결과임을 알 수 있다. 예를 들어 경쟁을 하다가 지면 자신을 이긴 친구에게 질투심을 느끼고 선생님이 다른 아이를 칭찬하는 데 질투를 느낀다. 또 가정환경이 좋지 않은 아이는 가정환경이 좋고 경제력이 있는 친구에게 질투를 느낀다. 이렇듯 아이가 질투하는 이유를 알아야만 그것을 고칠 수 있다.

2. 정확히 자신을 인식하도록 도와주어라.

'완벽한 사람은 없다.' 사람에게는 모두 장점과 단점이 있다. 부모는 아이를 제대로 파악하고, 아이가 스스로 자신을 정확하게 인식할 수 있도록 도와줘야 한다. 아이들은 모두 칭찬받기를 좋아한다. 적당한 칭찬은 아이의 자신감을 키워주고 발전하게 만든다. 하지만 잘못된 칭찬은 아이를 거만하게 만들고 정확히 자신을 평가하는 데 방해가 된다. 그래서 다른 사람만 칭찬하고 자신을 칭찬하지 않으면 받아들이지 못하는 것이다. 예를 들어 다른 사람이 어떤 일을 성취하면 아이들은 그것이 자신에 대한 부정과 위협이며 자신의 '체면'을 손상시키는 일이라고 오해하곤 한다. 사실 이것은 주관적인 억측에 불과하다. 한 사람의 성공에는 본인의 노력뿐 아니라 다른 사람의 도움도 필요하기 때문이다. 또한 성공의 영예는 성공한 자의 것이 아니라 그와 함께한 모든 사람의 것이므로 그를 칭찬하고 칭송하는 것은 결코 자신을 해치는 일이 아니다. 그렇기 때문에 부모는 아이가 정확히 자신을 파악할 수 있도록 도와주어야 한다.

3. 문제를 분석하는 능력을 길러 주어라.

아이에게 객관적으로 문제를 보고 분석하는 방법을 가르쳐야 한다. 문제를 분석하는 능력을 키우면 자신뿐 아니라 다른 사람을 정확히 판단하고 이성적인 사고를 하는 데 도움이 된다. 부모는 아이가 '뛰는 놈 위에 나는 놈 있다'는 것과 '세상 그 누구보다 뛰어나고 어디서나 우위를 차지하며 모든 일을 잘하는' 사람은 없다는 것을 느끼도록 해 주어야 한다. 또한 문제를 분석하고 연구하는 습관을 길러 주면 감정이 풍부해지고 마음도 점차 성숙해질 것이다. 이렇게 되면 만약 아이가 누군가에게 질투심을 느끼더라도 이성적인 사고로 그것을 자제할 수 있을 것이다.

4. 넓은 마음을 가지게 해 주어라.

질투심이 강한 아이는 성격상 약점이 있다. 예를 들어 사람들과 교제할 때 중심이 되길 좋아하고 그렇지 못하면 화를 낸다. 또 남에게 감사할 줄 모르고 외부의 영향을 쉽게 받는다. 부모는 최선을 다해 아이의 이런 약점을 고쳐 주어야 한다. 아이 앞에서 성공한 사람에 대해 칭찬할 때는 아이가 겸허하게 남의 장점을 배울 수 있도록 격려한다. 또 자신의 노력으로 다른 사람을 이기고 스스로를 넘어섰을 때는 칭찬해 주어 아이의 질투심이 정당하게 발산되도록 도와주어야 한다. 아이가 실패했을 때에는 아이와 함께 이성적으로 그 원인을 분석해 보아야 한다. 그리고 다시 한 번 도전해 보도록 격려하여 성공할 수 있다는 자신감을 가질 수 있게 도와주어야 한다. 또한 어떤 시련도 이겨 낼 수 있는 용기를 주어 다른 사람의 성공을 진심으로 기뻐하고 불행은 깊이 동정할 수 있는 마음을 길러 준다.

습관 12 인내심 부족한 우리 아이 나쁜 습관 고쳐주기

살다 보면 인내심과 기다림이 필요한 순간이 굉장히 많은데 인내심이 없으면 성공하기 어렵다. 그렇기 때문에 부모는 아이의 인내심을 길러 주기 위해 노력해야 한다.

부모들이 "우리 애는 다른 애들보다 떨어지지는 않는데 인내심이 없어서 무슨 일을 할 때 끝까지 해내질 못해요"라고 걱정하는 말을 자주 들을 수 있다. 어떤 일을 끝까지 해낼 수 있는가 하는 것은 어려운 일에 부딪혔을 때 극복할 수 있느냐 없느냐, 끈기가 있느냐 없느냐에 달려 있다. 즉, 앞으로의 학업과 일의 성패는 의지력에 달려 있는 것이다. 그렇기 때문에 부모들은 어렸을 때부터 아이에게 인내심과 끈기를 길러 주어야 한다.

세연이는 어렸을 때부터 똑똑하고 귀여운 아이였다. 그래서 엄마도 항상 세연이를 칭찬해 주곤 했다. 세연이가 18개월이 되었을 때 엄마는 별 생각 없이 세연이에게 숫자를 가르쳐 주었다. 어느 날 세연이를 데리고 시장에 갔는데 세연이가 벽에 걸린 가격표를 보고는 "일, 이" 하며 혼잣말로 숫자를 읽었다. 세연이는 그림판 위에 써 있던 1, 2, 3이라는 숫자를 기억하고 있었던 것이다. 너무 기뻐 이제부터 세연이에게 제대로 숫자를 가르쳐야겠다고 생각한 엄마는 어느 날 서점에 가서 아이들을 위한 숫자그림판을 하나 샀다. 그림판 뒷면에는 컵, 꽃, 자동차 그림도 그려져 있었다. 세연이는 그것을 보고는 매우 좋아했고 숫자와 그림을 자세히 보고, 만지며 심지어 밥을 먹을 때도 손에서 놓으려 하지 않았다. 세연이는 몇 개를 빼놓고는 숫자와 뒷면에 그려져 있는 컵, 양말, 자동차까지도 거의 익혔다. 엄마의 계속된 노력으로 세연이는 8, 9와 같은 몇 개의 숫자를 더 알게 되었다. 물론 이 두 숫자를 쉽게 기억할 수 있었던 데는 이유가 있다. 8(ba)은 아빠(ba)의 발음과 비슷했고 9(jiu)는 더욱 낯설지 않았다. 왜냐하면 평소에 아빠가 술(jiu)을 마신다는 소리를 자주 들었기 때문이다. 그러나 다른 숫자들은 아무리 가르쳐 줘도 배우려 하지 않았다.

세연이의 호기심은 3일을 가지 못했고, 아무리 노력해도 다른 숫자들을 배우려 하지 않았다. 그림을 보여 줘야 겨우 몇 마디 따라했고, 숫자를 가르치려고 하면 정신을 딴 데에 팔고 화제를 돌리거나 아예 다른 곳으로 가 버렸다.

엄마는 세연이가 집중하지 못하는 것을 걱정하다가 아이가 이 숫자 그림에 싫증을 느낀 것 같다고 생각했다. 그래서 다른 종류의 그림을 사서 새로운 자극을 주어 세연이의 흥미를 끌어 보기로 했다. 하지만 역시 효과가 없어 엄마는 고민에 빠졌다.

   일을 끝까지 하지 못하고 주의력이 산만하며 인내심이 부족한 것은 유아들에게서 흔히 볼 수 있는 특징이다. 이것은 아이들의 성장 과정 중 눈에 띄는 부분이기도 하다. 일반적인 상황에서 어린아이가 집중할 수 있는 시간은 매우 짧은데 기본적으로 길어야 10분 정도이다. 그러므로 부모들은 아이가 인내심이 부족하다고 해서 너무 걱정할 필요는 없다. 그렇다고 아이가 집중하지 못하고 인내심이 없는 것을 무관심하게 내버려 두라는 뜻은 아니다. 반드시 아이의 특징에 맞게 지도해 주어야 한다.

   부모는 아이를 정확하게 지도해야 하는데 아래 몇 가지 방법부터 시작해 보기를 제안한다.

   1. 아이가 많은 것에 흥미를 가질 수 있게 도와주어라.

   어떤 일을 할 때 가장 큰 동기가 되는 것이 바로 흥미이다. 흥미 없이 하는 일은 아무런 효과가 없다. 그러므로 아이가 많은 것에 흥미를 갖게 해 주어야 한다. 아이는 지식과 경험이 부족하여 흥미를 갖는 물건도 제한되어 있다. 따라서 부모는 새로운 사물을 많이 접할 수 있게 하여 아이의 흥미를 키워 주어야 한다. 또한 장난감과 책도 아이의 수준에 맞아야 하는데 너무 어렵거나 너무 쉬우면 아이가 흥미를 잃을 수도 있기 때문에 내용면에서 난이도가 적당해야 한다. 양도 적당해야 하는데 짧은 시간 내에 너무 많은 장난감을 주면

아이의 주의력이 분산되기 쉽기 때문이다.

2. 아이에게 집중력을 가르쳐라.

종이접기, 종이 자르기, 나무 쌓기 등의 놀이에 몰두하는 사이 점점 집중력을 키울 수 있게 한다. 또 그 과정을 통해 생활하면서 겪는 많은 일에는 인내심과 기다림이 필요하다는 것을 알려 주어야 한다. 아이들은 배가 고프면 밥을 먹고 목이 마르면 물을 마시며 어떤 장난감을 갖고 싶으면 바로 사 버린다. 부모는 아이의 요구를 바로 만족시켜 주지 말고 일정한 시간 기다리게 하여 아이의 인내심을 길러 주어야 한다.

3. 아이에게 모범이 되라.

인내심이 없는 아이들의 경우, 이 아이들에 대한 부모의 기대 또한 용두사미인 경우가 많다. 그렇기 때문에 부모는 중도에 포기해 버리는 자신의 습관을 먼저 고쳐야 한다. 어떤 일을 할 때는 지금 하고 있던 일을 다 마친 후에 새로운 일을 시작할 수 있도록 해야 한다. 예를 들어 목욕을 시킨다면 아이가 그리고 있던 그림을 다 그렸는지 검사한 후 목욕을 하게 해야 아이에게 일을 끝까지 하는 습관을 길러 줄 수 있다. 또 부모는 아이와 자주 이야기하고 좋은 친구가 돼 주어야 한다. 아이와 같이 놀아 주면서 "정말 대단하구나", "정말 잘했어", "정말 멋진데? 다음번엔 더 잘할 수 있을 거야"라고 자주 격려하고 칭찬해 주어라. 부모의 이런 말들은 아이가 일을 끝까지 하는 데 원동력이 된다. 바쁘다는 이유로 아이의 친구가 되어 주는 것에 소홀해서는 안 된다.

습관 13 허영심 많은 우리 아이 나쁜 습관 고쳐주기

　사업의 성공을 추구하는 사람, 물질적 풍요를 추구하는 사람, 정신적 만족을 추구하는 사람, 허영을 추구하는 사람 등 모든 사람은 저마다 추구하는 것이 있고 목표 또한 각기 다르다. 허영심이 있는 사람은 항상 다른 사람을 앞지르고 싶어하고 현실과는 동떨어진 허영을 부리면서 점차 자신을 잃어 간다.

　어떤 도시에서 큰 절도사건이 발생한 적이 있었다. 범인은 두 명의 고등학생이었는데 그들은 다른 친구들보다 풍족한 생활을 누리고 싶다는 생각에 빈집에 들어가 꽤 많은 돈을 훔쳤다. 그러고는 4일 동안 가진 돈을 모두 탕진해 버렸다. 그들은 평소 입고 싶었던 브랜드의 옷을 사 입고, 패밀리 레스토랑에서 밥을 먹는 등 극도로 사치스러운 생활을 누렸다.

　범인 중 한 명인 헌수는 농촌에서 태어났다. 어렸을 때 아버지가 돌아가시고 어머니 혼자 가정을 꾸려 갔다. 살림은 넉넉하지 않았지만 엄마는 헌수가 먹고 입는 데 부족함을 느끼지 않게 해 주려고 다른 아이들이 가지고 있는 것은 모두 사 줬다. 엄마는 헌수가 아버지의 사랑도 받지 못하는데 물질적인 면에 있어서까지 다른 애들보다 뒤처지면 너무 가여울 것이라고 생각했다. 그래서 평소에 안 먹고 안 입으며 헌수가 해 달라는 것은 뭐든지 다 해 줬다.

헌수는 친구들 사이에서 항상 당당했고 자신의 환경에 만족감을 느꼈다. 초등학교 때부터 중학교 때까지 성적도 매우 좋았기 때문에 엄마와 선생님 눈에 헌수는 그저 착한 아이일 뿐이었다.

그러나 도시에 있는 고등학교에 진학하면서부터 상황은 변하기 시작했다. 고등학교 친구들은 헌수의 예전 친구들과는 너무도 달랐다. 그들의 부모님은 모두 고소득자로 항상 명품 옷만 입고 최고급 품만 쓰는 등 돈을 물 쓰듯 했다. 상대적으로 헌수는 자신이 굉장히 초라하게 느껴졌고 예전의 우월감은 눈을 씻고 찾아봐도 찾을 수 없었다. 헌수는 점점 불안해졌고 다른 아이들에게 뒤처지는 것이 싫었다. 그래서 매번 집에 와서 엄마에게 많은 돈을 요구했고 친구들과 먹고 입는 것을 비교하며 허영심을 채웠다. 처음에 흔쾌히 돈을 줬지만 나중에는 엄마도 감당할 수 없어 더 이상 돈을 주지 못했다. 헌수는 엄마라는 돈줄이 끊기자 나쁜 생각이 들기 시작했다. "다른 애들에게는 있는데 왜 나한테는 없지? 이건 너무 불공평해." 이런 생각이 들자 헌수는 친구들의 돈을 훔치기 시작했다. 자신의 범죄 행위가 들키지 않자 요행을 바라는 마음이 더욱 커져 이와같은 일을 벌인 것이다.

헌수의 사건을 통해 우리가 배울 수 있는 교훈은 무엇일까? 헌수는 왜 말 잘 듣는 착한 아이에서 범죄자로 전락하게 된 것일까? 자세히 분석해 보면 모두 허영심이 조장한 것이다. 허영심은 표면적인 영광을 추구하는 자아의식이다. 허영심이 많은 사람은 비뚤어진 방식으로 자존심을 표현하고 겉으로 보기 좋고 형식상 영예로운 것만 추구한다. 또 체면을 무엇보다 중시하고 조건과 실현 가능성을 고려하지 않고 허황된 명예만을 추구한다.

아이의 허영심은 주로 가정에서 형성된다. 요즘 대부분의 가정에는 아이가 한 명이기 때문에 부모는 아이의 기를 살려 준다는 이유로 아이가 원하는 것은 뭐든지 다 해 준다. 입는 것, 먹는 것 모두 남보다 뒤처져서는 안 되고 다른 집 아이가 뭘 사면 자기 아이에게도 꼭 사 줘야 한다. 부모의 이런 무의식적인 종용 아래 아이들의 욕망은 무한적으로 커지는 것이다.

허영심이 강한 아이는 성장하면서 많은 문제를 일으킨다. 예를 들어 허영심을 만족시키기 위해 거짓말을 자주 한다거나 정서가 불안정하여 열심히 공부하지 않고 의지력이 부족한 것 등이다. 이렇듯 허영심은 두려워할 만한 나쁜 습관이다.

부모는 모든 수단과 방법을 동원해 아이의 이런 나쁜 습관을 고쳐 주어야 한다.

부모는 한마디 말과 행동으로 아이에게 큰 영향을 미치는 가장 좋은 선생님이다. 그렇기 때문에 아이가 나쁜 것을 따라 하지 않도록 반드시 아이에게 모범을 보여야 한다. 우선 마음을 바르게 잡고 다른 사람과 비교하거나 물질적인 것을 맹목적으로 추구해서는 안 된다. 또 아이에게 물건을 자주 사 주거나 습관적으로 선물을 해서는 안 된다. 이것이 버릇이 되면 아이는 이런 선물을 당연한 것으로 여기고 계속해서 허영심을 키워 나가게 될 것이기 때문이다.

부모는 아이의 심리 변화를 잘 관찰하고 아이가 잘못을 하면 잘 알아들을 수 있게 설명해 주어야 한다. 어떤 부모는 아이의 기를 죽이지 않기 위해서 아이의 요구를 모두 들어준다. 반대로 어떤 부모는 아이에게 고함을 치고 때리기도 한다. 사실 가장 좋은 방법은 아이에게 이치를 설명해 주는 것이다. 자신의 노력으로 성공해야만 다른 사람에게 존중받을 수 있는 것이지 명품을 쓴다고 지위가 높아지는 것은 아니다. 또 자신의 필요에 따라 물건을 사야지 다른 사람과 비교해서 필요하지도 않은 물건을 사는 것은 어리석은 짓이다. 이런 이치들을 아이에게 설명해 주고 이해시켜야 한다. 아이에게 이성적인 소비를 하도록 가르치고 집안의 수입과 지출에 대해 이야기해 주는 것도 좋다. 또 아이가 자신의 노력을 통해 갖고 싶은 것을 얻을 수 있는 기회를 만들어 주는 방법도 있다. 만약 아이의 요구가 합리적인 것이라면 아이에게 기회를 주어 자신의 노력으로 돈을 벌어 필요한 물건을 살 수 있게 해 준다. 예를 들어 집안일을 돕는 것처럼 아이가 할 수 있는 일을 시킨 후 보상을 받게 하라. 일을 해야 얻는 것이 있고 땀을 흘려야만 보답이 있는 것이다. 무조건 부모에게 요구하는 것은 영예롭지 않을 뿐 아니라 통하지도 않는다는 사실을 알려 주어라.

부모는 아이를 객관적으로 평가해야 한다. 아이의 장점을 지나치게 과장하거나 결점을 감추려고만 해서는 안 된다. 규범에 맞는 행동을 했을 때 칭찬해 주되 적당히 해야 한다. 그렇지 않으면 아이는 그것이 자기가 꼭 해야 하는 일이라고 생각하지 않고, 일단 이렇게 하면 칭찬받을 수 있다고 여기게 된다. 이것이 오래되면 아이는 허영심을 기르게 되고 그것은 갈수록 심해질 것이다. 아이의 결점에 대해서는 정확히 지적하여 아이가 원인을 분석하도록 도와주고 그것을 극복할 수 있게 격려해 준다.

습관 14 시험을 두려워하는 우리 아이 나쁜 습관 고쳐주기

아이가 시험을 두려워하는 데는 자기 자신과 부모 모두에게 원인이 있다. 아이에게 자유롭게 발전할 공간을 주고 시험 성적이 그들의 가치를 증명하는 유일한 기준이 아니라는 사실을 이해시켜야 한다. 아이를 존중하고 격려해야만 진정한 인재로 키울 수 있다.

고등학교 2학년인 미혜는 평소 모든 과목에서 90점 이상을 받았다. 하지만 이번 중간고사 수학 시험에서 87점을 받았다. 미혜는 부족한 3점 때문에 엄마에게 심하게 꾸중을 들었다. 미혜는 결국 쪽지를 남기고 가출을 했다. 쪽지에는 이런 글이 적혀 있었다. "이번 시험에서 수학 말고도 두 과목을 더 망쳤어요. 이건 저에게도 너무 큰 충격이에요. 죄송해요······."

이 이야기를 통해 몇 가지를 고민해 볼 수 있다.

1. "시험은 선생님의 특권이 아니고, 시험 점수도 학생의 생명의 근원이 아니다."

《화계·우계(花季·雨季)》의 한 구절이다. 현대 도시 아이들의 생활에 대해 적어 놓은 책으로 현실의 축소판으로, 시험에 대한 자세한 묘사로 시작한다. 어떤 아이들은 시험을 보기 싫어하고 심지어 두려워하기까지 한다.

많은 아이들은 시험 때가 되면 항상 심하게 긴장을 하는데 준비를 덜 해서가 아니라 시험이라는 단어를 듣기만 해도 자연스럽게 그렇게 되는 것이다. 이 책에서는 또한 아이를 이렇게 묘사하고 있다. "두통약을 먹고 있는 안경을 낀 여자 아이가 소영이다. 소영이는 큰 시험이든 작은 시험이든 시험장에만 가면 머리가 어지러워 두통약에서 손을 떼지 못하는데 가장 자신 있는 국어 시험 시간에도 예외가 아니다." 이것은 정말 심각한 문제이다. 아이가 이렇게 시험에 너무 신경을 쓰다 보면 시험을 못 볼까 봐 항상 두려워하게 된다. 그들은 성적으로 자신의 가치를 인정받고 싶어하기 때문에 성적이 약간이라도 떨어지면 신경을 곤두세운다. 부모가 고생스럽게 자신을 학교에 보내 주고 선생님이 자신을 위해 수고하시는 데 대해 보답하려는 마음도 아이가 시험에 신경을 곤두세우는 요인 중 하나이다.

공부를 잘하는 아이들은 전교 1등을 하고 싶어하고 중간 정도 되는 아이는 좀 더 잘해서 앞으로 가려 하고, 별로 못하는 아이들은 조금이라도 더 잘하려고 한다. 이렇듯 많은 아이들이 성적에 목을 매기 때문에 '시험' 소리만 들으면 긴장하는 것이다.

　시험은 어른이 아이를 다스리는 유일한 방법이 아니고, 시험 점수도 학생이 목숨을 걸어야 할 일이 아니다. 어떠한 자료에 따르면 많은 부모들이 아이의 성적이 나쁠 때 종종 매를 든다고 한다. 그들은 자신이 힘들게 키운 자식이 시험을 못 보면 실망스럽고 화가 나서 충동적으로 아이를 때리게 된다고 말한다. 또 아이를 때리지 않으면 인재를 만들 수 없다고 생각하는데 사실 아이와 부모 사이에 부족한 것은 바로 대화이다.

　시험의 목적은 지식에 대해 어느 정도 이해했는지를 검사해 보기 위한 것일 뿐 시험 성적이 아이의 미래의 가능성을 나타내는 것은 아니다. 또 시험 점수는 단지 연습의 결과일 뿐이기 때문에 시험을 못 봤다고 해서 아이를 체벌하는 것은 결코 좋은 방법이 아니다. 시험을 '망치고' 나면 아이의 기분은 어떻겠는가! 만약 부모가 위로해 주지 않는다면 아이는 앞으로의 시험에 자신감을 가지고 임할 수 없을 것이다.

　2. 시험을 즐겁게 여겨 시험의 스트레스에서 벗어나게 하라.

　전문가들이 만여 명의 학생을 상대로 조사를 했다. 그 조사에 따르면 32%의 초·중등생에게서 공부하기를 싫어한다거나 시험 스트레스를 받는 등 심리적인 문제가 발견됐다고 한다. 그중 시험 스트레스는 가장 보편적인 현상으로, 심한 경우 너무 불안해서 아무 일도 하지 못할 정도라고 한다.

아인슈타인의 명언이 있다. "한 사람의 진정한 가치는 그가 자아로부터 어느 정도로 해방되었느냐에 달려 있다." 자아를 중시해야만 모든 일을 중요하게 여길 수 있다. 아이들은 자아보다는 자신의 성적을 더 중시하기 때문에 초조한 마음을 갖게 되고 이로 인해 긴장하여 시험장에서 주눅 들게 되는 것이다.

심리학자들이 결과를 분석해 본 결과 많은 아이들이 시험을 두려워하는 이유는 실패를 두려워하기 때문이라고 한다. 어떤 아이는 심리적 수용 능력이 떨어져서 첫 시험을 망치고 나면 다음 시험도 망칠까 걱정하여 계속해서 실패하는 악순환을 반복한다.

공부는 즐거운 일이고 아이는 살아 움직이는 생명체이기 때문에 그들이 학업과 시험을 통해 즐거움을 찾을 수 있도록 도와주어야 한다.

3. 인생의 매 순간이 시험이다. 아이가 시험을 두려워하지 않도록 도와주어라.

"인생의 매 순간이 시험이다." 학교 시험만이 전부가 아니다. 사회로 나간 후에도 수많은 인생의 시험이 우리를 기다리고 있다. 그렇기 때문에 편안한 마음으로 시험을 대하고 안정된 심리 상태를 유지하여 시험을 두려워하는 마음을 적극적으로 고쳐 나가야 한다.

Luxury study habit 02

나쁜 공부 습관은 무형의 함정이다

공부할 때 보이는 나쁜 습관을 직시하라

습관 15 시력을 떨어뜨리는 우리 아이 나쁜 습관 고쳐주기

잃어버린 신발 한 짝 때문에 속상해 하고 있을 때 두 발이 없는 사람을 만났다고 상상해 보자. 우리가 소홀히 지나치는 것은 평범하지만 가장 소중한 가치를 지니고 있다.

설거지를 하다가 전율을 느낀 한 여성이 있다고 한다. 설거지같이 사소한 일에 전율이라니, 의아할 수도 있다. 그 이유가 궁금하다면 달(Doll)이 쓴 《나는 보고 싶다》를 읽어 보라.

작가는 앞이 보이지 않는 여자인데 시력을 잃은 지 거의 50년이 되어 간다. 그녀는 책에서 이렇게 말했다. "나는 한쪽 눈으로 볼 수 있었지만 그 눈에는 상처가 가득 나 있어서 눈 왼쪽의 작은 부분으

로만 물건을 볼 수 있었어요. 그래서 책을 읽을 때는 책을 눈앞에 갖다 대고 눈동자를 최대한 왼쪽으로 돌려야 했죠."

그러나 그녀는 사람들의 동정을 받거나 자신이 남과 다르게 보이길 원하지 않았다. 어렸을 때 그녀는 아이들과 '땅따먹기' 놀이를 하고 싶었지만 땅에 있는 선을 볼 수 없었다. 그래서 아이들이 집으로 돌아간 후 혼자 엎드려서 땅에 그려진 선을 찾아 그 위치를 기억해 두었다. 다음번에 친구들과 놀 때 그녀는 이미 이 놀이에 있어서 전문가가 되어 있었다. 그녀는 집에서 책 읽는 것을 좋아했는데 매번 큰 글씨로 된 책을 눈썹 가까이까지 갖다 대야 겨우 글씨를 볼 수 있었다. 그러나 그런 열악한 조건에도 불구하고 그녀는 학위를 두 개나 받았다. 하나는 미네소타(Minnesota) 대학의 문학 학사 학위였고, 또 하나는 콜롬비아(Columbia) 대학의 문학 석사 학위였다.

그녀는 미네소타에서 교편을 잡기 시작했고 후에 사우스다코타(South Dakota) 주립대학의 신문방송학과 교수로 초빙됐다. 그녀는 그곳에서 13년 동안 교편을 잡았고 부녀자 모임에서 강의했으며 '서적과 작가' 라는 TV 프로그램도 진행했다. 그녀는 책에서 이렇게 말했다. "나의 마음속 깊은 곳에는 보이지 않는 것에 대한 공포가 깔려 있어요. 이런 생각을 극복하기 위해 나는 즐겁고 시끌벅적한 생활을 선택했죠."

그녀가 52세가 되던 해에 기적이 일어났다. 한 유명한 안과병원에서 그녀에게 성공적인 시술을 했고 그녀는 예전에 볼 수 있었던 것보다 몇십 배는 더 잘 볼 수 있게 된 것이다. 새롭고 눈부신 세계가 그녀의 눈앞에 펼쳐졌고, 지금 그녀는 주방에서 설거지를 할 때도 전율을 느낀다. 그러나 한편으로는 지금 눈앞에 있는 모든 것들이 사라질까 봐 두렵기도 하다. 그녀는 책에 "난 그릇의 세제 방울을 가지고 놀아요. 손을 세제 비누 거품에 넣고 비눗방울을 잡죠. 작은 비눗방울이 터지면 예쁜 색깔이 나타나요"라고 썼다. 또 주방의 개수대에서 창문을 통해 밖을 내다보며 "제비는 검회색 날개를 펴고 눈이 흩날리는 눈밭에 내려앉아요"라고 말한다. 그녀는 비눗방울과 제비의 모습에 도취되어 아래의 구절로 이 책을 마무리했다.

"친애하는 하느님, 천지신명님, 감사합니다."

그녀는 비누 거품 속에 나타난 무지개와 눈밭에 내려앉은 제비를 보고 하느님께 감사하고 하느님을 찬미한다. 그러나 무엇과도 비교할 수 없는 은혜를 누리는 우리 정상인들은 어떤가. 줄곧 오묘한 선경 속에서 살면서도 마치 아무것도 보이지 않는 것처럼 생활하다니 우리가 너무 둔한 것은 아닐까?

그녀의 삶에서 건강한 두 눈보다 중요하고 진귀한 것이 또 어디 있겠는가? 그러나 건강한 두 눈을 가진 우리는 그것이 아무리 써도 없어지지 않는 것이라고 착각하며 그 가치를 무시한다. 문명이 발달함에 따라 우리는 점차 나무와 화초의 중요성을 깨닫게 되었다. 그러나 정작 자신의 건강에 대해서는 아직 눈을 뜨지 못한 듯하다. 안경을 벗어 버릴 수 없는 많은 어른들은 자신의 아이가 자기와 똑같은 길을 갈까 봐 걱정한다. 물론 지금은 안경 디자인이 옷만큼이나 현란하고 다채로운 시대이긴 하지만 정말 걱정스러운 것은 컴퓨터 게임과 TV 프로그램이 우리 아이들의 소중한 시력을 되돌릴 수 없을 만큼 심하게 떨어뜨리고 있다는 사실이다. 눈이 공부에 얼마나 중요한 역할을 하는지는 말할 필요도 없다. 그렇다. 바로 지금이 시력을 저하시키는 아이들의 나쁜 습관을 고쳐 줄 때이다.

눈을 버리는 행동에는 여러 가지가 있다.

예를 들어 너무 자주 밤을 새며 공부를 한다든지, 누워서 혹은 비스듬한 자세로 책을 읽는 것, 그리고 눈을 보호해 주지 않는 스탠드 밑처럼 충분히 밝지 않은 곳에서 오랫동안 책을 보는 것, 오랫동안 컴퓨터 게임을 하는 것 등이 있다.

습관 16 공부와 휴식의 균형을 잃은 우리 아이 나쁜 습관 고쳐주기

생활하면서 부딪치는 어려움 가운데 하나는, 어떤 일을 너무 하고 싶다고 해도 모든 시간과 노력을 그것에만 쏟을 수는 없다는 사실이다. 그렇기 때문에 휴식이 꼭 필요하다.

한 병실에 코가 불편한 두 명의 환자가 동시에 입원했다. A는 검사 결과를 기다리며 만약 자신의 병이 암이라면 바로 돈황석굴과 라싸로 여행을 떠날 것이라고 말했고, B도 좋은 생각이라며 맞장구를 쳤다.

결과가 나왔는데 A는 암이었고 B는 오래된 코골이 증상이었다.

갑은 인생을 정리할 계획표를 짰다. 여행을 간다, 대학에 입학한다 등 그가 세운 계획은 모두 27가지였다.

그는 이 인생목록 뒤쪽에 이렇게 써 놓았다.

'살아 가면서 나에게는 많은 꿈이 있었다. 어떤 것은 실현되었고, 어떤 것은 이런저런 이유로 실현되지 못했다. 이제 하느님이 내게 준 시간이 얼마 남지 않았다. 아쉬움 없이 이 세상을 떠나기 위해 나는 얼마 남지 않은 시간 동안 내가 계획한 스물일곱 가지 꿈을 꼭 실현시킬 것이다.'

그해에 A는 여행을 떠났다. 다음 해에는 놀라운 의지력과 근성으로 수능을 치뤄 대학에 입학했다. 어느 날 B는 A에게 전화를 걸어 근황을 물었다. A는 말했다. "만약 이 병이 아니었다면 내 인생이 얼마나 삭막했을지 상상할 수도 없어요. 그 병은 내가 진정으로 무엇을 하고 싶은지 깨닫게 해 주었고, 내 꿈을 실현시키도록 도와줬어요. 나는 이제야 진정한 생명이 무엇인지, 진정한 인생이 무엇인지 깨달았어요. 당신도 잘 지내고 있겠죠?" B는 대답할 수 없었다. 왜냐하면 그는 암이 아니라는 판정을 듣고는 병원에서 했던 약속을 일찌감치 잊어버렸던 것이다.

사실 이것은 매우 슬픈 이야기이다. 어쩌면 우리는 모두 암에 걸린 것일지도 모른다. 그것은 곧 죽음을 의미하는 것이고 누구도 그것에 저항할 수 없다. 그러나 우리는 어리석게도 자신이 조금 더 살 수 있다고 믿기 때문에 갑과 같이 남은 인생의 계획표를 짜고 모든 쓸데없는 것들을 버림으로써 꿈을 실현시키지 못한다. 일상의 분주함이 우리의 모든 감각을 마비시킨 것이다. 그런데 오히려 갑에게는 죽음이 인생과 생명의 가치에 대한 진정한 의미를 깨닫게 해 주었다.

현대 사회는 생활 리듬이 너무 빨라서 육체뿐 아니라 정신적인 피로도 심하다. 병사들이 격렬한 전투를 막 끝내고 잠시 쉬었다가 다시 싸우는 것처럼 적당한 휴식은 반드시 필요하다. 아이들의 공부도 마찬가지다. 학교에서 온종일 칠판과 교과서로 가득한 단조로운 '풍경'을 대하다 보면 성적이 오를지는 모르지만 아이들의 소중한 시력은 점점 떨어지게 될 것이다. 근시는 이미 아이들에게 너무 보편적인 병이 되어 버렸고 아이들의 굽은 허리는 보기만 해도 안쓰러울 정도다. 이렇듯 아이들의 정신적, 신체적인 미적 감각은 공식, 숫자, 뭔지 모를 어구들 사이로 파묻히고 말았다. 그렇기 때문에 아이들에게는 휴식이 필요하고 깊은 잠과 편안한 음악, 맛있는 음식이 반드시 필요한 것이다.

아래와 같이 아이들의 휴식 시간을 계획해 볼 것을 제안한다.

1. 집을 편안히 쉴 수 있는 공간으로 만들어 주어라.

집은 학업과 일에서 받은 스트레스를 최대한 풀어주는 공간이 되어야 한다. 편안하고 듣기 좋은 음악과 신선한 꽃을 준비해 두면 긴장을 푸는 데 도움이 된다.

2. 가벼운 대화를 나눠라.

화제를 정해 놓고 가벼운 대화를 나눌 수도 있다. 예를 들어 부모 자신의 경험이나 오랜 기간을 두고 실현시키고 싶은 여행 계획 등에 대해 이야기할 수도 있다. 그러나 대화 내용이 부모의 이야기에 치중되면 안 된다.

3. 아이에게 적당히 집안일을 시켜라.

어떤 부모들은 집안일을 시키는 것이 아이에게 또 다른 부담감을 주는 일이라고 생각한다. 하지만 아이도 가족의 구성원으로서 적당히 집안일을 도와야 하는 것이 당연하다. 또 집안일을 함으로써 일과 휴식의 적절한 조화를 누릴 수 있고, 심신을 쉬게 할 수도 있다. 꽃을 기르고, 장을 보고, 방을 치우는 습관은 어려서부터 기르는 것이 좋은데 가벼운 육체노동도 매우 좋은 이완 방법 중 하나다.

4. 경험을 말해 주어라.

휴식을 취하지 않고 건강을 소홀히 하면 어떤 무서운 결과가 생기는지 자신 혹은 다른 사람의 경험을 예로 들어 알려 주어라.

습관 17 어려움을 두려워하는 우리 아이 나쁜 습관 고쳐주기

누군가 말했다. 산다는 것은 변화이고, 변화는 경험의 축적이며, 경험은 끊임없이 자신을 창조하는 것이라고. 우리가 태어날 때부터 두 눈과 두 귀, 하나의 입을 가지고 있는 것은 많이 듣고 많이 보라는 의미일 것이다.

우리는 종종 무엇을 해야 할지 모를 때가 있다. 어린 시절의 꿈은 점점 멀어지고, 고난과 무거운 짐만이 어깨를 짓눌러

무엇을 해야 할지 갈피를 잡지 못하게 만든다. "대입의 스트레스는 커다란 돌이 어깨를 짓누르고 있는 것 같은 느낌이다. 노력한 만큼 결과가 나오지 않을까 봐 항상 두렵고 불안하다." "스트레스는 나에게 원동력이 되지 않는다." "오늘은 정말 열심히 공부하고 싶다가도 내일은 또 마음이 해이해지곤 한다." "만약 학교가 없었다면 나는 공부에 흥미를 느꼈을 것이다. 매일 내가 좋아하는 책을 읽고 내가 관심 있는 일을 기록하며 내가 좋아하는 문제를 연구했을 것이다." "내가 보기에 나는 희망이 없다. 왜냐하면 난 지구력이 부족하기 때문이다. 내 마음은 항상 들떠 있어서 책상에 앉기만 하면 괴롭다." 아마 많은 아이들이 이런 생각을 가지고 있을 것이다.

타성은 마치 그림자처럼 우리를 따라다닌다. 꾸준히 공부하지 못하고 작심삼일에 그치게 만드는 것도 바로 타성 때문이다. 중학교 시기는 기억력이 가장 좋은 때로 공부의 적기이다. 또 이때 배우는 지식은 고등학교 공부를 위한 기초를 다지는 것이기 때문에 매우 중요하므로 끈기를 가지고 열심히 공부해야 한다. 선생님은 끈기가 없는 아이들을 가르칠 때 골치를 썩곤 하는데, 끈기가 부족하면 지식을 습득하고 기억하는 데도 영향을 미치기 때문이다. 사실 성적이 보통인 아이들은 우리가 흔히 말하듯 이해력이 부족하거나 '똑똑하지 않은' 것이 아니고 의지와 지구력이 부족한 것이다. 반대로 모든 방면에 뛰어난 아이들은 근면하고 성실한 것이지 우리가 생각하는 것처럼 '탁월한' 것은 아니다. '천재는 1%의 영감과 99%의 노력으로 만들어지는 것이다' 라는 에디슨의 말의 뜻을 자세히 생각해 보면 이 말이 매우 정확하다는 사실을 알 수 있을 것이다.

지금부터 이에 관한 이야기를 들려주겠다.

새 자명종이 두 개의 낡은 자명종 사이에 놓여 있다. 두 개의 낡은 시계는 '똑딱똑딱' 소리를 내며 가고 있었다. 그중 한 시계가 작은 시계에게 말했다. "이리 와. 너도 일해야지. 그런데 난 네가 3,200만 번을 갈 수 있을지 걱정된다. 만약 나더러 그렇게 큰일을 하라고 한다면 난 절대 할 수 없을 거야!" "세상에! 3,200만 번이요?" 작은 시계는 깜짝 놀랐다. 다른 낡은 시계가 말했다. "저 자식 말은 듣지 마. 걱정할 거 없어. 그냥 계속 '똑딱' 거리며 일 초씩 가면 되는 거야. 정말 간단한 일이지." 작은 시계는 반신반의하며 "정말 그렇다면 한번 해 볼래요!" 작은 시계는 가벼운 마음으로 일분일초를 '똑딱' 거리며 갔고 자기도 모르는 사이에 일 년이 지났다. 그가 드디어 3,200만 번을 간 것이다.

모든 사람은 꿈이 실현되길 바라지만, 성공은 닿을 수 없는 곳에 있다고 여기고 쉽게 포기하고 만다. 또 권태와 자신감 부족은 자신의 능력을 의심하고 노력하지 않게 만든다. 부모는 아이에게 한 달 혹은 일 년 후의 일에 대해서는 생각할 필요가 없다는 사실을 알려 주어야 한다. 오늘 해야 할 일이 무엇인지, 내일은 또 무엇을 해야 하는지 생각해서 그 작은 시계처럼 일 초씩 '똑딱' 거리며 가다 보면 곧 성공의 기쁨이 우리 곁으로 천천히 다가오고 있음을 느낄 수 있을 것이다.

자신이 해야 할 일을 이해한 다음 정확한 목표를 가지고 매일 조금씩 노력해 가면 성공은 어느 순간 당신 곁에 와 있을 것이다. 하루 더 빨리, 하루 더 늦게 오는 것은 우연이지만 당신이 성공하는 것은 의심할 수 없는 사실이다.

말도 안 되는 우연과 기회에 의지하지 않고, 스스로 노력하고 발전해 왔던 시간들을 돌이켜 보자. 힘들게 걸어온 시간이 풍경을 감상했던 시간보다 훨씬 길었고, 땀을 닦았던 시간이 사색하는 시간보다 훨씬 많았다. 이 때문에 당신은 지금 비교적 만족스러운 삶을 살 수 있게 된 것이다. 이 모든 것은 당신이 노력한 결과이다. 따라서 아이가 당신이 이룬 영예들을 스스로의 것으로 삼고 흥청망청 써 버리도록 만들 이유가 없는 것이다. 두 가지 길이 있다. 첫째, 지금부터 아이가 모든 일을 스스로 해결할 수 있도록 어려움을 몸소 체험해 보게 한다. 이렇게 하면 아이가 하루하루 변해 가는 모습을 발견할 수 있을 것이다. 둘째, 아이를 자유롭게 내버려 두어 나태함 속에서 기회를 놓치고 후회하게 하라. 물론 이것은 우리가 원하는 바가 아닐 것이다.

아이에게 어려움을 직접 체험해 보게 하여 여태껏 누려 온 것들이 당연한 것이 아님을 느끼게 해 주어라. 예를 들어 화분을 기르고 정기적으로 방을 치우게 한다. 이때 게으름 때문에 생긴 나쁜 결과에 대해서는 미리 정해 놓은 규칙에 따라 자신이 책임지도록 한다.

자주성과 노력이 부족한 아이에게는 매번 어떤 일을 하도록 시킨다. 또 선생님과 긴밀한 관계를 유지하여 아이의 특성에 따라 어떻게 지도해야 하는지를 상의한다.

습관 18 예습을 소홀히 하는 우리 아이 나쁜 습관 고쳐주기

나폴레옹은 이렇게 말한 적이 있다. "나는 항상 마음속에 계획을 세워 두었기 때문에 어떤 일에든 자유자재로 대응할 수 있었다." 예습이 확실한 예측이라고 할 수는 없지만 일의 대세를 빨리 파악할 수 있도록 도와줄 수는 있다.

한 유명한 국제무역회사에서 사원을 모집했는데 지원자가 끊이질 않았다. 많은 지원자들 중 한 젊은이는 조건이 아주 좋았다. 명문대학을 졸업했고 대외무역회사에서 3년 동안 일한 경력도 있었다. 그래서 그는 면접관 앞에 앉았을 때 자신감이 넘쳐 보였다. "대외무역회사에서 구체적으로 어떤 일을 했지?" 면접관이 질문했다. "산나물 수출을 담당했습니다." "아, 산나물. 그럼 실무 담당자에게 있어 산지가 중요한가 아니면 고객이 중요한가?" 젊은이는 잠시 생각을 하다가 말했다. "고객이 중요합니다." 면접관이 그를 본 후 또 물었다. "산나물을 수출했다면 산나물 중 고사리는 주로 일본으로

수출되는데 예전에는 물량이 모자랄 정도로 판로가 좋았지만 최근에는 상인들이 그것을 사 가지 않는다는 걸 알겠군. 이유가 뭔지 말해 보겠나?" "왜냐하면 나물이 좋지 않기 때문입니다." "왜 안 좋은지 말해 보게." "그건……." 젊은이는 잠깐 망설이다가 "질이 좋지 않기 때문입니다"라고 대답했다. 면접관은 그를 보고 말했다. "내가 보기에 자네는 산지에 가 보지 않은 것 같군." 젊은이는 면접관을 보고 침묵한 채 아무 대답도 하지 않았다. 잠시 망설인 후에 그는 면접관에게 이렇게 물었다. "제가 산지에 가 보지 않았다는 것을 어떻게 아셨죠?"

"만약 자네가 가 봤다면 왜 나물이 좋지 않은지를 알았을 것이네. 고사리를 채취하는 데 가장 좋은 시기는 열흘 정도밖에 안 되지. 이 시기의 고사리는 신선하고 연해서 아주 맛있지만 며칠 늦으면 금방 쇠어 버리지. 채취한 후에는 땅에 고르게 펴서 하루 동안 햇볕에 말리고 다음날엔 뒤집어 다시 한 번 말려 수분을 증발시킨 후 잘 묶어 상자에 포장하지. 먹을 때는 차가운 물에 한 번 담그면 돼. 그런데 그곳 농민들은 빨리 채취해서 많이 팔려고 고사리를 한꺼번에 너무 많이 캐 버렸어. 그래서 햇볕에 말릴 시간이 없어 온돌 위에서 두 시간 만에 말려 버렸지. 이렇게 가공 처리된 고사리는 겉모양에서는 차이가 없었지만 먹을 때 물에 넣어 아무리 불려도 오래된 나무뿌리처럼 질겨서 씹히지 않았지. 외국 상인들이 이것을 알게 된 후 여러 차례 항의를 했지만 농민들은 여전히 그 방법을 썼어. 결국 그들은 아예 거래를 끊어 버렸고 더 이상 우리나라의 고사리를 수입하지 않게 되었다네."

젊은이는 이야기를 다 듣고 부끄러워 고개를 숙이며 말했다. "저는 산지에 가 본 적이 없어서 말씀하신 일에 대해 몰랐습니다."

결국 젊은이는 면접에서 떨어지고 말았다.

사실 이 젊은이가 기회를 잡기 위한 준비를 하지 않은 것은 아니다. 단지 무엇이 가장 중요한지 알지 못했을 뿐이다. 우리에게도 다음에 어떤 일이 생길지 모른다. 하지만 최소한 행동하기 전에 심사숙고하는 것이 일이 터진 뒤에 후회하는 것보다는 낫다. 왜 할 수 있을 때 준비해 두지 않고 나중에 후회하는가?

'예습' 하기 싫어하는 아이들은 대부분 몇 가지 변명을 댄다. 첫째, 시간이 없다. 매일 수업을 듣고 숙제하는 것만 해도 피곤해 죽겠는데 예습까지 하는 것은 너무 부담스럽다는 것이다. 복습과 숙제는 어쩔 수 없다고 하더라도 어떻게 또 예습까지 하란 말인가? 어찌 보면 일리 있는 말 같기도 하다. 둘째, 예습은 선생님이 말씀하신 것만큼 중요하지 않다. 왜냐하면 예습을 하느냐 하지 않느냐는 숙제를 하고 시험을 보는 데 직접적인 영향을 미치지 않기 때문이다. 귀여운 우리 아이들은 종종 결과를 본질로 여기는데 이 문제에 있어서도 예외가 아니다.

사실 예습은 선생님의 수업을 듣는 것보다 훨씬 창조적인 일이다. 물론 수업을 받는 것이 창조적이지 않다는 뜻은 아니다. 그러나 수업은 여러 명이 함께 듣는 것이기 때문에 아무래도 효율성이 떨어지지만 예습은 아이 혼자만의 작업으로 효율성이 훨씬 크다. 선생님의 개입이 없는 상황에서 아이는 공부해야 할 지식에 대해 자신만의 관점을 세우게 된다. 대부분의 경우 아이의 생각은 수업 내용과 다르기 마련이다. 예를 들어 노신의 글을 배울 때 수업 시간에는 작품의 구조와 사상에 대해 깊이 이해할 수 있다. 하지만 단순히 수업 내용만으로 파악하기에는 부족한 작품의 배경이나 전체적인 느낌 등은 예습할 때 더 잘 파악할 수 있다. 이렇듯 예습을 하면 보다 폭넓게 공부하는데에 도움이 된다.

습관 19 숙제를 소홀히 여기는 우리 아이 나쁜 습관 고쳐주기

우리의 삶에서 가장 위대한 법칙 중 하나는 바로 노력할수록 대가도 크다는 것이다. 그러나 우리는 정말 그렇게 열심히 노력하고 있는가?

동갑내기인 두 명의 젊은이가 한 가게에 취직하게 되었고 월급도 똑같이 받았다. 하지만 시간이 흐르자 성준이란 청년은 사장의 신임을 얻어 계속해서 승진했지만 명수란 청년은 계속 제자리걸음으로 나아지는 기미가 없었다. 어느 날 명수는 사장의 불공평한 대우를 더 이상 참지 못하고 사장에게 가서 불만을 털어놓았다. 사장은 참을성 있게 그의 원망을 다 듣고는 침착하게 말했다. "지금 우리 가게와 가장 가까운 시장에 가서 첫 번째 가게에서 무엇을 팔고 있는지 보고 오게." 명수는 곧장 빠른 걸음으로 시장에 갔다. "감자입니다." 성실한 직원 명수는 숨이 턱에 차도록 뛰어와 사장에게 보고했다. "그럼 그 감자는 몇 근이나 되던가?" 사장이 물었다. 명수는 머리를 긁적이며 다시 시장으로 달려갔다. "200근 정도 되어 보입니다." 명수는 대답했다. "한 근에 얼마인가?" 명수는 또 대답하지 못했다. "한 번 더 다녀와야겠군." 사장의 얼굴에는 실망의 빛이 역력했다. 명수는 세 번째로 시장에 가서 감자의 가격을 묻고 돌아왔다. 사장이 말했다. "이제 여기 앉아서 한번 보게." 사장은 성준이란 청년을 불러 명수에게 시켰던 것과 똑같은 심부름을 시켰다. 얼마 지나지 않아 성준이는 사장 앞에 서서 보고하기 시작했다. "첫 번째 가게에서는 감자를 팔고 있었는데 대략 200근 정도 되어 보였습니다. 한 근에 천 원이었고 시장의 다른 가게보다 싸고 물건도 좋았습니다. 다른 곳에서 사 오는 것이 아니라 직접 재배해서 파는 것이라서 가격이 싼 것이었습니다." 사장은 만족스러운 듯 그를 쳐다보았고 성준이는 계속 말했다. "우리 가게에도 감자를 들여놓는 것이 좋을 것 같습니다. 제가 대량으로 구매할 의사를 보이자 근당 200원을 더 싸게 해 주기로 약속했습니다. 제가 보기에 이 가격은 우리가 매번 들여오는 것보다 싸서 수지가 맞을 것 같습니다. 기회가 좋은 것 같아서 그를 데리고 왔습니다. 여기 감자가 있고 그 상인은 지금 우리 가게 밖에 와 있습니다."

물건을 보러 가기 전 사장은 한쪽에 앉아 있는 명수를 보고 말했다. "자, 어떤가? 이것이 바로 자네들의 차이일세." 명수는 부끄러워 고개를 들지 못했다.

성준이는 조리 있고 주동적으로 일을 하는 현명함을 지녔다. 명수와 비교했을 때 성준이가 자주성과 능동성이 더 뛰어난 것이다. 능동성이 있는 것과 없는 것의 차이는 매우 큰데 시키는 대로만 일을 하는 것은 누구라도 할 수 있기 때문이다.

어쩌면 당신은 피동적으로 숙제를 하느니 아예 안 하는 것이 낫다고 말할지도 모른다. 그렇지만 숙제는 선생님이 각자에게 똑같이 내주는 것인데 당신이 아무리 능동적이라도 이것을 거스를 수 있겠는가? 다시 말해서 선생님이 임무를 주고 학생이 그것을 완수하는 것은 불변의 진리이자 학생의 도리이다. 숙제는 그날 배운 내용, 혹은 지금껏 배워 온 지식을 총정리하고 견고히 다지는 것으로 학습 과정에 있어 매우 중요한 부분이다. 또 새로 배운 지식과 예전에 배웠던 지식을 이어 주는 역할을 하는데, 다른 방식으로는 이 역할을 대체하기 어렵다. 따라서 숙제를 소홀히 하면 여태껏 배운 지식을 견고히 하기 어렵고 새로운 지식을 배우는 데도 나쁜 영향을 미친다. 물론 숙제를 소홀히 하는 학생이 모두 성적이 나쁘다고 말할 수는 없다. 하지만 자기가 원하는 만큼의 성적이 나오지 않을 것이라고 확신할 수 있다. 반면 성적이 좋은 학생은 숙제를 매우 중요하게 여긴다. 말장난 같은가? 하지만 사실이 그렇다.

그런데 말 잘 듣는 아이ㅡ제때제때 숙제를 잘하는 아이ㅡ

의 성적은 도대체 왜 나쁜 것일까? 여기에는 취미, 공부 방법의 차이 등 여러 가지 원인이 있다. 우리는 종종 아이가 숙제를 '완성' 하는 데만 온 신경을 쏟는 것을 볼 수 있다. 물론 선생님이 내주신 숙제를 책임감 있게 하는 것은 매우 바람직한 모습이다. 그러나 우리는 완성과 완성 사이의 차이에 대해 생각해 보아야 할 것이다. 명수와 성준이의 차이처럼 말이다.

어떻게 하면 아이가 숙제를 잘하게 할 수 있을까? 아래 방법을 제안해 본다.

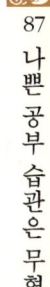

1. 아이가 공부와 휴식 시간을 적절히 안배할 수 있게 도와주어라.

만약 당신의 아이가 숙제를 할 때 '게으름 피우기' 를 좋아한다면 공부와 휴식 시간을 적절히 안배할 수 있게 도와주어라.

2. 숙제하는 데 걸린 시간을 체크하라.

아이에게 시간관념을 세워 줘라. 매번 숙제를 할 때 정해진 시간 안에 끝내도록 지시하고, 숙제하는 데 걸린 시간을 노트에 기록하도록 시켜라. 이렇게 하면 아이의 공부 효율을 올리는 데 도움이 될 것이다.

3. 노력의 정도를 달리하라.

고입, 대입시험을 앞둔 아이에게 앞으로 치러야 할 시험이 더 많다는 사실을 알려 줘라. 모든 문제를 한 글자도 틀리지 않고 완벽하게 풀어야 하는 것은 아니다. 자기가 잘 아는 문제에 대해서는 간단히 서술하고 풀이 방법만 쓰면 된다. 그러나 어려운 문제나 자신이 이해하지 못한 문제에 대해서는 더욱 심혈을 기울여야 한다.

4. 아이가 숙제를 할 때 방해하지 마라.

아이에게 충분한 공간과 시간을 주어 혼자 일을 마칠 수 있도록 해 주어라.

습관 20 복습의 중요성을 깨닫지 못하는 우리 아이 나쁜 습관 고쳐주기

어떤 의미에서 보면 복습을 잘하는 사람은 마무리를 잘하는 것이다. '콩 심은데 콩 나고 팥 심은데 팥 난다.' 삶은 노력하는 자를 절대 배신하지 않는다.

국왕 리처드(Richard) 3세는 목숨을 건 전쟁을 준비했다. 리치먼드(Richmond) 백작 헨리(Henry)가 이끄는 군대가 앞장을 섰는데 이번 전투는 누가 영국을 통치할지 결정하는 중요한 전쟁이었다. 전투가 시작된 당일 아침 리처드는 마부 한 명을 보내 자기가 제일 좋아하는 전투마를 준비시켰다. "빨리 말발굽을 박아라." 마부가 대장장이에게 말했다. "국왕께서는 그 말을 타고 선봉에 서고 싶어하신다." "기다리십시오." 대장장이가 대답했다. "저는 며칠 전에 국왕의 모든 군마에 말발굽을 박았습니다. 아마 그것이 남았을 것입니다. 좀 찾아봐야겠습니다."

"기다릴 수 없다." 마부가 참지 못하고 말했다. "국왕의 적이 퇴진하고 있다. 우리는 적을 막아야 한다. 있는 것 중에 아무거나 써라." 대장장이는 쇠꼬챙이로 네 개의 편자를 만들어 평평하게 펴고

모양을 고쳐 말굽에 고정시킨 후 못을 박기 시작했다. 세 개를 박은 후에야 네 번째 못이 없다는 것을 발견했다. "못이 필요합니다." 그는 말했다. "두 개를 만들 시간이 더 필요합니다." "시간이 없다고 이미 말했을 텐데." 마부가 급하게 말했다. "나팔 소리가 들렸다. 서두를 수 없는가?" "말굽을 박을 수는 있지만 다른 것들처럼 튼튼하게 할 수는 없습니다." "말굽을 묶을 수는 없는가?" 마부가 물었다. "할 수 있습니다. 하지만 자신은 없습니다." 대장장이가 대답했다. "어쩔 수 없으니 그냥 그렇게 해라." 마부가 말했다. "서둘러라. 그렇지 않으면 우리 목숨이 남아나지 않을 테니까."

양쪽 군의 교전이 시작됐다. 리처드 왕은 적진으로 돌격했고, 사병들을 독려하여 적과 맞서 싸웠다. "돌진하라, 돌진하라!" 그는 이렇게 소리치며 부대를 이끌고 적의 진영으로 돌진했다. 그가 아직 반도 채 가지 못했을 때 말굽 하나가 떨어져 나갔고 말이 땅에 구르면서 리처드도 바닥으로 굴러 떨어졌다. 그가 말고삐를 잡을 새도 없이 다른 말들은 놀라 도망가 버렸다. 리처드가 주위를 둘러보자 사병들의 진영은 이미 무너졌고 자신은 점점 적군에게 포위당하고 있었다. 그는 검을 공중으로 휘두르며 소리쳤다. "말! 이 말 한 마리 때문에 우리 나라가 망하는구나!" 그가 말에 채 올라타기도 전에 그의 군대는 이미 뿔뿔이 흩어졌다. 얼마 지나지 않아 적이 그를 포로로 잡았고 전투는 끝났다.

이때부터 사람들은 이렇게 말했다.

쇠못 하나가 부족하여 말발굽 하나를 잃고, 말발굽 하나가 부족하여 말 한 필을 잃고, 말 한 필이 부족하여 전쟁에 패하고, 전쟁에

패하여 나라를 잃는다. 모든 것이 말발굽에 박을 못 하나가 부족해 생긴 일이다.

이 이야기는 비장하기까지 하다. '작은 화가 쌓여 큰 재난을 만든다'는 옛말과 딱 맞아떨어지기 때문이다. 이 이야기는 사소한 일 하나가 '도미노'처럼 다른 일에도 영향을 끼쳐 큰 화를 불러일으키는 과정을 보여 주고 있다. 이것이 '복습의 중요성을 깨닫지 못하는 것'과 무슨 상관이 있을까? 사실 두 가지 일을 억지로 끌어다 붙이는 데는 무리가 있다. 그러나 이렇게 생각해 볼 수 있다. 만약 마부가 생각이 있는 사람이어서 말들의 상태를 자주 점검했다면 적진으로 돌격하기 직전에야 말발굽을 갈러 가지는 않았을 것이다. 물론 전쟁에서 패한 원인이 모두 이 모자란 사내에게 있는 것은 아니지만, 그의 부주의가 일의 성패에 큰 영향을 끼친 것은 사실이다.

아이들은 매일 공부와 전쟁을 치르는 데 사소한 이유로 그 전쟁에 패하기도 한다. 수학 시험을 볼 때 문제에 대한 답은 정확하게 알고 있지만 평소 공식이나 증명을 소홀히 하여 풀이 과정을 엉망으로 써 버리는 것이다. 그러므로 복습에 신경을 써야 한다.

복습의 중요성을 깨닫지 못하는 아이들의 나쁜 습관을 고쳐 주려면 아래 몇 가지 방법부터 시작해 보라.

1. 복습 계획을 짜도록 도와주어라.

모든 과정을 독촉하라는 것은 아니지만 아이가 실행하기 쉽게 계획을 짜도록 도와주어라.

2. 결과를 검사해 주어라.

모르는 글자를 알려 주거나 받아쓰기 등을 도와주어라.

3. 노는 것을 적당히 자제시켜라.

아이들의 놀 권리를 뺏으라는 것이 아니라 자기가 좋아하는 일에만 몰두하는 것을 막으라는 것이다. 인터넷이나 TV는 매일 1시간만 하기 등과 같이, 아이와 적당히 협의한다.

4. 말과 행동으로 모범을 보여라.

자신이 경험했던 좋은 방법을 아이에게 알려 주는 것이 가장 좋다. 또한 아이와 상의하여 아이의 현재 상황에 맞는 방법을 써야 한다.

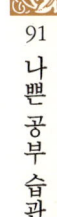

습관 21 공부하기 싫어하는 우리 아이 나쁜 습관 고쳐주기

아이가 공부하기 싫어하는 것에 대해서는 걱정할 필요가 없다. 부모가 올바로 이끌어 줄 방법을 찾는 것이 더 중요하다. 잘만 이끌어 준다면 아이가 공부를 좋아하는 것은 물론 공부를 즐길 수 있게 만들 수도 있다.

지섭이는 올해 10살이지만 이제야 2학년이 됐다. 학교에 자주 빠지고 숙제도 하지 않아 성적이 엉망이 되어 버려서 하는 수 없이 유급시킨 것이다. 부모는 공부하기 싫어하는 지섭이를 어떻게 해야 할지 몰라 골치를 썩고 있었다.

정도의 차이는 있지만 상당히 많은 초, 중학생들이 공부하기를 싫어한다. 공부하기 싫어하는 정서는 아이들 마음을 갉아먹는 좀과 같다. 오랫동안 공부에 열정을 가지지 못하면 정신적인 권태감을 느끼게 된다. 그러면 결국 공부에 흥미를 잃어 무단결석을 하거나 다른 여러 가지 문제들을 일으키게 된다.

초·중학교는 공부를 하기에 가장 적합한 시기인데 왜 아이들은 공부하기 싫어하는 것일까? 이것은 외부적인 요인과 내재적인 요인으로 나누어 분석해 보아야 한다.

1. 외부적 요인.

첫째, 학습의 반복, 단조로움, 무미건조함. 심리학 연구에 따르면 단조롭고 반복적이며 무미건조한 학습은 피로와 혐오감을 일으키기 쉽다고 한다. 진학률만 높이려는 몇몇 학교나 자질 없는 교사들이 활력 없고 융통성 없는 교육을 시켜 이러한 상황을 만드는 것이다.

둘째, 진취성의 부족. 공부를 하든 말든 상관없다는 생각이 아이와 부모의 마음을 갉아먹고 있다. 이러한 생각은 전 국민의 교육 수준과 문화적 교양을 높이려는 시대 요구에 맞지 않는 것으로 반드시 버려야 한다.

2. 내재적 요인.

공부하기 싫어하는 것은 내재적인 요인에 의한 것이 가장 크다. 이런 내재적인 요인에는 아래와 같은 것들이 있다.

첫째, 알고자 하는 욕망의 부족. 만약 어떤 지식에 대해 기대와 희망을 가지고 끊임없이 추구한다면 정신적으로 분발할 것이고 공부에 싫증을 느끼지 않을 것이다. 절실히 공부하길 원하는 사람은 지식이라는 식탁 앞에서 허기지고 목이 타는 것처럼 뭘 먹어도 질리지 않을 것이다. 그러나 공부에 대한 기대도 없고, 추구하는 바도 없는 사람은 공부가 부담스럽기만 할 것이다.

둘째, 동기의 부족. 장래에 대한 고민이 뚜렷하지 않고 '어떻게든지 되겠지'라는 나태한 생각 때문이다. 이런 아이는 공부하는 데 동기가 부족하고 '그날그날 지내는' 데 만족한다. 그래서 뭘 공부하든 의기소침하여 흥미를 느끼기 어렵다.

셋째, 적절하지 못한 공부 방법. 공부 방법이 적절하지 않아 힘들게 공부해도 효과가 거의 없는 경우이다. 예를 들어 학문을 이해하지 못한 채 그저 기억(무조건 깡그리 외우는 것)하는 데만 치중하면 자연히 공부에 흥미를 잃게 된다. 이럴 때 성취감의 부족문제도 나타나 계속해서 공부에 영향을 미치게 되는 것이다.

넷째, 성취감의 부족. 공부를 싫어하는 아이들은 대부분 매번 나오는 결과(성적)가 좋지 않다. 아이가 오랫동안 친구들, 선생님, 부모의 격려와 칭찬을 받지 못하면 공부를 싫어하게 될 수 있다.

아이들마다 공부를 싫어하게 되는 객관적, 주관적 이유가 다르기 때문에 아이들을 바로잡는 방법도 같을 수 없지만 공부하기 싫어하는 아이의 마음을 바로잡아 줄 수 있는 방법 또한 고민해보아야 한다.

첫째, 아이들이 공부를 싫어하게 되는 구체적인 원인을 분석하고 그 대책을 찾아야 한다. 예를 들어 어떤 아이는 화목하지 않은 가정환경과 잘못된 부모의 행동 때문에 공부를 싫어하게 될 수 있다. 부모는 아이의 미래를 위해 먼저 자신의 행동을 고치고 가정의 환경과 분위기를 개선해야 한다. 또 아이를 배려하고 이해해 줌으로써 아이를 점차 변화시켜 문제를 해결해야 한다.

둘째, 좋은 동기를 심어 주고 과학적인 공부 방법을 가르쳐 줌으로써 아이의 문제를 근본적으로 해결할 수 있다.

어떤 아이는 공부가 힘들고 재미없다고 생각해서 공부하기를 싫어한다. 이때 부모는 아이의 공부에 대해 정확한 견해를 가지고 평가해야 한다. 공부는 자신의 미래를 위한 것이며, 사회에 공헌하기 위한 것이라는 구체적인 예를 들어 설명해 주는 것도 좋다. 아이가 학습 동기를 가지는 데 도움이 될 것이다.

공부에 대한 흥미를 키워 주어야 공부하기 싫어하는 아이를 변화시킬 수 있다. 부모는 아이가 좋아하는 과목부터 시작하여 공부에 흥미를 가질 수 있도록 도와주어야 한다.

많은 아이들은 공부 방법이 자신과 맞지 않기 때문에 공부를 싫어하게 된다. 그들은 자신에게 맞는 공부 방법이 없을 뿐 아니라 그런 방법을 찾으려고 하지도 않는다. 따라서 어려운 문제 앞에서 속수무책이 되고 공부를 싫어하게 되는 것이다. 각 과목의 공부 방법은 모두 다르다. 그러므로 부모들은 아이가 과목마다 자신에게 적합한 공부 방법을 찾을 수 있도록 도와주어야 한다. 자신에게 맞는 방법을 찾으면 효율이 올라갈 것이고 공부에 흥미도 생기게 될 것이다.

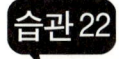 주의력이 산만한 우리 아이 나쁜 습관 고쳐주기

집중력은 지식을 배우기 위한 전제 조건인데, 이것은 훈련을 통해서만 얻을 수 있다. 그렇기 때문에 부모들은 어렸을 때부터 아이에게 집중하는 습관을 길러 주어야 한다.

중학교 3학년인 여명이는 열심히 공부하지만 성적은 항상 중위권을 맴돌 뿐이다. 고등학교 진학을 앞두고 학교에서 교과 과목을 늘리자 공부에 대한 스트레스가 더 커졌다. 그래서 요즘 여명이는 혹시 고등학교에 못 가면 어쩌나 하는 생각을 자주 하곤 한다. 영어 단어도 잘 외워지지 않고 수업 시간에도 자꾸 쓸데없는 생각이 들어 성적도 많이 떨어졌다. 어떤 때는 정말 학교에 다니기 싫다는 생각까지 한다. 여명이의 엄마는 여명이가 반응도 느리고 열정도 부족한데다 공부를 할 때에 주의력도 없는 것 같아 어떻게 해야 할지 난감해 하고 있다.

아이들이 수업 시간에 집중하지 못하는 것은 공부에 대한 심리적 피로감 때문이다. 아이들은 과중한 학업 때문에 스트레스를 받는데, 이런 상태가 오래 지속되면 공부에 대한 심리적 피로감이 쌓이게 된다. 그러면 주의력이 분산되고 기억력이 떨어지며 열정도 부족해져 공부하기가 싫어지는 것이다. 이런 상태에서 아이는 수업 시간에 집중하지 못하게 되고 이는 자연히 학업 성적에 영향을 미치게 된다. 이럴 때 부모는 아이의 심리적 부담을 덜어 주고 마음을 안정시킬 수 있도록 도와줘야 한다.

교과 과정이 많아지면 스트레스가 생기고 심리적 부담을 느끼기 쉽다. 그러나 같은 환경이라도 아이에 따라 심리적 스트레스를 견뎌 내는 수준 및 대처 능력이 다르기 때문에 어떤 아이는 심리적 피로감을 느끼는 반면 어떤 아이는 더욱 열정이 넘치고, 주의력이 높아지며 마음이 편안해진다. 그래서 똑같은 수준의 부담을 받더라도 적응을 하고 못하는 차이가 생기는 것이다. 과중한 학업 부담을 견디지 못하는 것은 스트레스를 감당할 수 있는 심리적 능력이 부족하기 때문이다. 그러므로 아이가 시험을 너무 심각하게 생각하지 않도록 주의해야 한다. 또 어떤 아이들은 성적이 떨어지면 선생님, 친구들, 부모에게 어떤 평가를 받게 될지 걱정한다. 하지만 틀린 것을 다시 틀리지 않도록 스스로 확인만 하면 되는 것이지 다른 사람이 어떻게 볼까 두려워하며 스스로에게 심리적 부담을 가중시킬 필요는 없다. 이런 식으로 스스로에게 스트레스를 주면 수업 시간에 더욱 집중하지 못하여 성적에 나쁜 영향을 미치게 되는 악순환만 반복될 뿐이다.

어떤 아이는 버거운 학업으로 인해 받는 스트레스를 스스로 조절하고 제어한다. 물론 피곤하고 힘들지만 스트레스에 적응하고 마음을 편하게 함으로써 수업 시간에 집중하는 것이다. 그러나 어떤 아이들은 같은 수준의 부담을 받더라도 말로 다할 수 없을 정도의 고통을 느끼며 스스로를 제어하지 못한다. 그러므로 부모들은 아이에게 자신의 심리 상태를 조절하고 몸과 마음을 편안히 하는 방법을 가르쳐 주어 아이가 수업 시간에 집중할 수 있도록 도와줘야 한다.

아래 방법은 아이의 주의력을 높이는 데 도움이 될 것이다.

1. 주의력을 길러 주어라.

주의력은 각종 심리적 행동을 조절하여, 아이의 장래와 학업에 큰 영향을 미친다. 그러므로 부모는 아이가 주의력을 기를 수 있도록 힘써야 한다.

주의력은 태어날 때부터 가지고 있는 것이 아니라 생활 속에서 후천적으로 형성되는 것이다. 그렇기 때문에 부모는 아이의 주의력을 키워 주되 아이가 그 주체가 되어 자신을 통제할 수 있게 지도해야 한다. 중학교 시기는 아이의 주의력이 발전하는 중요한 때이므로 아이를 잘 관찰하여 특성에 맞게 도와줘야 한다. 이것은 아이가 수업 시간에 집중하지 못하는 나쁜 습관을 해결하는 기본적인 방법이다.

2. 주의력 훈련을 시켜라.

주의력은 생활하면서 점차 발전, 형성되는 것이다. 주의력을 훈련시키는 데 도움이 되는 심리 테스트를 사용해 보는 것도 좋다. 예를 들어 글자를 쓰는 테스트는 아이의 분배 능력과 집중력을 시험해 보는 방법으로 이 훈련을 자주 하면 주의력을 높이는 데 도움이 된다.

> 아래의 숫자 표에는 모두 20줄이 있고 각 줄에 30개의 아라비아 숫자가 있다. 피실험자는 1분 내에 8자 뒤에 있는 5자를 지워야 한다.
>
> 주의 : 왼쪽에서 오른쪽으로 한 줄씩 해야 하고 뛰어넘어서 그리면 안 된다.
>
> 계산 방법 : 맞춘 것, 틀린 것, 빼먹은 것 3개 숫자의 평균에 따라 결과를 낸다. 전부 맞은 숫자를 '조분' 이라 하고 틀린 숫자와 빼먹은 숫자를 '실수' 로 친다. 조분에서 실수를 뺀 것을 '정분' 이라 한다. 즉, 정분=조분-(틀린 수+빼먹은 수)
>
> 296584318527964327438537214274/
> 543854762852984585321748547643
> 696465853985296484792745678531/
> 598524371847585439265985273419
> 467431854825695864827946748529/
> 943958248526854768852147857984
> 384852796428527348529469385271/
> 296427382569838526743139267385

```
8643758528589643278539268 4685/
278536847926548584586921743891
876459827368429853678521798 53/
765478573129846576838281285431
139685472631852431845679265 374/
968537825217965853174296485396
843128586485844852185796894 321/
748984658396853964851769942196
974385295784589627168534967 321/
372458548581592185798435218527
496785346279648559845846319 654/
643158852678541785196458531942
```

공부를 하다가 쉬는 시간에 이런 테스트를 자주 하면 아이의 집중력을 기르는 데 도움이 된다. 시간이 적게 걸릴수록 공부에 대한 조절 능력이 커지는 동시에 아이의 주의력을 높이는 데도 큰 도움이 된다.

습관23 고정관념에 사로잡힌 우리 아이 나쁜 습관 고쳐주기

손오공의 머리에 씌어진 헬멧은 그의 자유분방함을 제어한다. 그래서 그는 당나라 승려의 고지식하고 진부한 생각에 따라 일을 할 수밖에 없었다. 고정관념도 손오공의 헬멧과

같이 사람의 현명하고 자유로운 사고를 억압한다.

　국어책에 이런 문제가 있었다. 눈이 녹으면 무엇이 될까? 대부분의 아이들은 '물'이라고 대답했고 선생님도 그것이 맞다고 했다. 그중 어떤 아이가 '봄'이라고 대답했는데 선생님은 아이에게 장난치지 말라며 크게 꾸짖었다. 선생님은 눈이 녹으면 당연히 물이 되지 어떻게 봄이 되냐고 했다. 정말 어이없는 일이 아닐 수 없다!

　이 이야기를 접하면서 우리는 학생, 선생님, 교육이 가엾다고 말할 수밖에 없다. 오랫동안 만들어진 고정관념이 많은 학생과 선생님을 공부라는 틀 속에 몰아넣어 그들을 융통성 없는 사람으로 만들어 버린 것이다. '눈이 녹으면 봄이 된다.' 이 얼마나 시적이고 철학적이며 감상적인 대답인가! 이것은 아이의 살아 있는 사고와 풍부한 상상력을 보여 주고 있다. 그러나 선생님은 이미 고정관념에 사로잡혀 이런 상상력을 이해하지 못하는 것이다.

　사람들은 종종 규범화된 방식에 따라 사고한다. 그러나 이것이 오래되면 저지할 수 없는 관성이 생겨 사람들의 사고에 심각한 영향을 끼치곤 한다. 신체적, 심리적 성장 시기에 있는 아이들이 고정관념에 빠지면 사고 능력과 지식 수준이 크게 떨어지게 된다. 또 이것은 아이의 상상력을 제한하며 학업과 신체적, 심리적 건강에도 나쁜 영향을 미친다.

두 명의 남자 아이가 있었다. 그 둘은 생김새, 태어난 날, 집 전화번호, 부모의 이름까지 완전히 똑같아서 처음 그들을 본 사람들은 모두 둘이 쌍둥이라고 생각했다. 하지만 둘은 항상 아니라고 대답했다. 대부분의 사람들은 그들의 말을 믿지 않았다. 사실 그 둘은 쌍둥이가 아니라 세쌍둥이 중 두 명이었던 것이다.

사람들이 고정관념의 실수를 저지른 것이다. 대부분의 사람들은 '사다리꼴' 이라고 하면 위는 짧고 밑은 긴 사각형을 떠올릴 것이다. 반대 모양의 사다리꼴을 생각하는 사람은 매우 적은데, 이 또한 고정관념을 보여 주는 사례이다. 어떤 문제에 대해 생각할 때 여러 가지 가능성을 전제에 두고 생각의 갈래를 넓혀 상상력을 발휘해 본다면 다른 답이 나올 수도 있다.

고정관념에서 벗어나 새로운 것을 창조하려는 노력은 현대 교육의 목표이다. 지식은 망망대해와 같다. 그렇기 때문에 '각주구검' 의 자세로 임했다가는 지식의 바다에서 헤엄쳐 나올 수 없을 뿐 아니라 빠져 죽을 수도 있다. 넓고 넓은 지식의 바다에서는 두 날개를 펼쳐야만 성공의 언덕에 안착할 수 있다.

한 유명한 심리학자는 창조력은 '고정관념을 깰 수 있는 유일한 수단' 이라고 말했다. 고정관념을 깨려면 상상력을 기르는 훈련이 필요하다.

아인슈타인은 "상상력이 지식보다 중요하다"고 말했다.

맥스웰(Maxwell)은 박쥐를 보고 전자파를 생각해 냈고, 라이트(Wright) 형제는 새의 원리를 이용해 비행기를 만들었으며, 뉴턴은 사과가 떨어지는 것을 보고 만유인력을 깨달았다. 상상과 연상은 기적을 만들어 내고 과학의 신천지를 개척해 낸다.

어떤 선생님은 아이들의 상상력을 이렇게 훈련시켰다. 칠판에 원 하나를 그려 놓자 아이들은 각자의 상상력을 발휘하여 놀랄 만한 답들을 내놓았다. 어릴 때 가지고 놀던 동심이 가득한 굴렁쇠, 온 가족이 모인다는 의미의 달, 수많은 붉은 악마들의 꿈을 담은 축구공, 할머니의 부채 같다고 말한 아이도 있었다. 이것은 사고의 상징이고, 생각의 갈래를 넓힌 것이며, 기묘한 상상력이다. 이들 대답에서 고정관념의 그림자는 전혀 찾아볼 수 없다.

구르는 돌에는 이끼가 끼지 않는다고 했다. 상상력은 자유롭게 흐르는 물처럼 머릿속의 정체되고 경직된 사고들을 씻어 버린다. 공부는 아름다운 음악을 감상하는 것처럼 높기도 하고, 낮기도 하며, 흩어지기도 하고, 엄숙하기도 한 것이다. 지식은 재기 넘치는 음표들이 우리의 귀와 마음으로 날아오는 것과 같다. 이러한 공부만이 눈과 마음을 즐겁게 할 수 있다.

부모들에게 아래와 같이 제안한다.

1. 아이가 자연을 느끼고 사회와 접촉하여 식견을 넓힐 수 있도록 도와주어라.

생활의 폭과 식견이 좁은 것은 고정관념에 영향을 미친다. 부모는 공원, 박물관, 동물원, 과학기술센터 등과 같이 사회생활을 이해할 수 있고 더 많은 사람을 만날 수 있는 곳에 데려가 아이에게 사회를 경험할 기회를 만들어 줘야 한다. 그러면 식견과 사고의 범위가 넓어지고 지식이 쌓이게 될 것이다. 아이에게 어느 정도 식견이 생기면 훨씬 융통성 있게 사고하게 되고, 진부하고 낡은 방식에 제한받지 않게 될 것이다. '강의 흐름'에 대해 쓸 때는 강가를 따라 걸으며 물고기, 새, 풀, 나무 등 강의 흐름과 관련된 전설, 신화, 역사 등을 모아 작문의 영감을 얻고 지식과 사고의 범위를 늘리도록 도와주어라.

2. 편안하고 자유로운 분위기를 만들어 주어라.

고정관념을 극복하는 것은 전통을 타파하고, 변화를 창조하는 것이다. 자유롭고 편안한 분위기에서만이 새로운 사고를 할 수 있다. 부모는 아이에게 지나친 제한이나 압력을 가해서는 안 되고 자유롭게 사고할 수 있는 충분한 공간을 마련해 주어야 한다. 그러면 아이는 편안한 마음으로 공부하여 성적을 올릴 수 있을 것이다.

3. 문제를 다른 각도에서 보고 새로움을 찾도록 하라.

우리는 아이들이 어떤 문제에 대해 천편일률적이고 진부한 답만을 늘어놓는 것을 자주 볼 수 있다. 이럴 때는 아이가 문제를 다양한 각도에서 볼 수 있도록 이끌어 주어야 한다. 또 아이가 개인적인 의견과 다양한 해석을 내놓거나, 독창적인 대답을 했을 때는 칭찬해 주어야 한다. '토끼와 거북이의 경주'에서 토끼는 줄곧 비판의 대상이고 거북이는 사람들이 칭찬하고 배우려는 모범의 대상이었다. 만약 다른 각도에서 이 이야기를 본다면 전혀 다른 답이 나올 수도 있다. 거북이가 이기긴 했지만 미련한 방법은 배울 만한 것이 아니다. 토끼가 지기는 했지만 우연한 실수 때문에 거북이보다 뛰어난 토끼의 달리기 실력을 부정할 수는 없다.

습관 24 머리쓰기 싫어하는 우리 아이 나쁜 습관 고쳐주기

사고는 지식을 습득하는 데 있어 빼놓을 수 없는 중요한 부분이다. 어려서부터 사고하는 습관을 들여야만 공부에서 원하는 목표를 이룰 수 있을 것이다.

공부에는 두 가지 유형이 있다. 하나는 생각하지 않는 공부이고, 다른 하나는 깊이 생각하는 공부이다. 어떤 내용을 여러 번 배웠더라도 스스로 생각해 보지 않으면 금세 잊어버린다. 하지만 스스로의 사고를 통해 이해한 것은 쉽게 잊혀지지 않는다. 이것이 바로 '배웠으나 생각하지 않으면 잊혀지고, 생각했으나 배우지 않으면 위험하다'는 이치이다.

종수는 숙제를 할 때마다 엄마가 도와주는데 엄마는 매번 이렇게 말한다. "넌 이제 4학년이잖니. 숙제할 때 우선 혼자 한번 생각해 보고 정 모르겠으면 그때 엄마한테 물어봐." 그렇지만 종수는 항상 엄마에게 의지해서 엄마가 도와줘야만 숙제를 마친다. 엄마는 어떻게 하면 아이의 나쁜 버릇을 고칠 수 있을지 걱정하고 있다.

    아이들이 학교에서나 집에서 하고 있는 것은 주로 첫 번째, 즉 자신의 사고를 거치지 않은 공부이다. 물론 그 원인은 교육 자체에 있지만 부모나 선생님에게도 문제가 있다. 아이가 받아들이는 지식 중에는 아예 사고할 필요가 없거나 아이들이 사고하기에는 어려운 것도 있을 것이다. 부모나 선생님은 시험 점수에만 신경 쓸 뿐 아이가 얼마나 많은 내용을 기억하고, 자신만의 사고를 통해 학습하는지는 신경 쓰지 않는다. 이것이 오래되면 아이도 사고하는 데 게을러지고 결국 창조력이 떨어지게 되는 것이다.

    책, 신문, 광고, TV, 컴퓨터 등에서 최첨단 정보가 쏟아지는 오늘날, 사고력과 판단력이 부족한 아이들이 어떻게 '진위를 가려 내어 나쁜 것은 버리고 좋은 것만 취할 수' 있겠는가? 이것은 부모와 선생님이 꼭 생각해 보아야 할 문제이다.

    사고하는 법을 배우는 것은 사람의 일생에서 가장 가치 있는 일이다. 아이를 가르칠 때는 스스로 사고하고 판단하는 능력을 길러 주어야지 지식을 얻는 것에만 치중해서는 안 된다.

    아이에게 사고하는 습관과 능력을 길러 주려면 한 걸음씩 끈기 있게 가르쳐야 한다. 아래 내용은 아이에게 사고력을 길러 줄 수 있는 구체적인 방법이다.

1. 아이를 관찰하는 습관을 길러라.

2. 아이가 질문한 문제에 대해 성의 있게 대답해 주어라.

어떤 아이들은 무슨 일에 대해 깊이 생각하는 것을 좋아하는데 그 후에 질문을 할 수도 있다. 아이의 질문이 엉뚱하더라도 진지하게 대답해 주어라.

3. 아이의 두뇌를 계발시켜라.

인간의 뇌는 지혜의 발원지로 두뇌를 계발하면 사고하는 것을 더욱 좋아하게 될 것이다. 왼손과 오른손의 조화는 사람의 뇌를 자극하는 데 도움이 된다. 이것은 타자 연습이나 피아노, 뜨개질 등으로 훈련시킬 수 있다.

4. 사물의 상대성을 깨닫게 해 주어라.

절대적인 것에 대해서는 사고를 할 필요도 없고, 흥미를 일으키기도 어렵다. 외국인을 만났을 때 부모는 아이에게 이렇게 물어볼 수 있다. "우리가 보기에 저 사람은 외국인이지? 그럼 외국인이 볼 때 우리는 외국인일까 아닐까?" 이렇게 함으로써 아이에게 전후, 좌우, 상하 등 모든 것이 상대적이라는 사실을 깨닫게 해 줄 수 있다.

5. 사물의 가변성을 깨닫게 해 주어라.

아이와 함께 나비를 보게 된다면, 아름다운 나비는 징그러운 애벌레가 변한 것이라고 말해 주어라. 이렇게 같은 사물도 다른 시간이나 지점에 따라 변화가 생긴다는 것을 알려 주면 아이의 시야가 넓어지기 시작할 것이다.

습관 25 책읽기 싫어하는 우리 아이 나쁜 습관 고쳐주기

독서는 공부를 잘하는 학생들의 공통적인 취미이다. 책을 읽는 분위기를 만들어 주면 아이도 자연스레 독서를 즐길 것이다.

곧 초등학교를 졸업하는 지수는, 성적은 중상위권 정도이지만 발표력이 좋아 항상 사람들의 주목을 받는다. 친구들도 모두 똑똑하고 말을 잘하는 지수를 부러워한다. 그러나 지수의 부모는 지수가 TV 보는 것만 좋아하고 평소에 책을 잘 읽지 않아 내심 걱정하고 있다. 지수는 책 읽는 것보다 TV를 훨씬 좋아하고, TV를 보면서도 지식을 쌓을 수 있다고 말한다. 지수의 엄마아빠는 이렇게 계속 책을 읽지 않으면 아이의 표현력이 발전하지 못할까 봐 걱정이다.

지수 부모의 걱정은 일리가 있는 것이다.
요즘 아이들의 독서 범위가 점점 좁아지고 책 읽는 시간도 줄어드는 것이 사실이다. 전자제품(특히 인터넷)과 함께 성장한 아이들은 '그림을 읽는' 시대의 도래로 책을 읽을 시간이나 범위가 줄어들었을 뿐만 아니라 책에 대한 흥미마저 잃어 문자를 배척하기까지 한다. 그들의 여가 시간은 영상, 오락, 만화 등에 점령당했고 문자는 그들의 독서에 구색을 맞추는 역할을 할 뿐이다.

많은 교육 전문가들은 외친다. "아이들의 문자에 대한 냉담한 태도는 무형의 액체 같아서 아주 천천히 사회에 침투한다. 책 읽는 것을 싫어하는 게 습관이 되면 아이들의 강독 능력은 급속도로 퇴화하고 그들의 성장에 직접적인 영향을 미칠 것이다."

많은 교육가들은 자신의 생각을 표현하는 능력은 많은 독서를 통해서만 얻을 수 있는 것이지, TV를 통해서는 이런 능력을 기르긴 어렵다고 말한다. "TV에 '의존' 해 살아가는 사람들은 책에서 멀어지는데, 이것은 마치 한 친구와 오랫동안 같이 지내면 그의 나쁜 습관까지 배우게 되는 것과 같다."

그렇다면 아이의 책 읽기 싫어하는 나쁜 습관을 어떻게 고쳐 줄 수 있을까? 교육가들은 아래와 같이 제안한다.

1. TV를 끄고 위대한 작가의 작품을 읽게 하면 아이에게 '지혜의 문'을 열어 줄 수 있다.

TV가 아이들이 문자를 냉대하게 만드는 장본인이란 사실은 의심할 여지가 없다. 한 미국학자의 조사에 따르면 요즘 스무 살 전후의 젊은이들은 이미 최소한 2만 시간 동안 TV를 시청해 왔다고 한다. 이것은 TV가 아이들의 소중한 독서 시간을 빼앗고 있다는 사실을 증명하고 있다. TV는 종종 사람의 사상을 지배하고, 사람들은 자신도 모르는 사이에 그것에 끌려간다. 그것은 물론 감각적으로 기쁨을 느끼게는 하나, 결국은 소중한 시간을 무의미하게 소모시킨다.

2. 아이와 함께 책을 읽으며 독서하는 습관을 길러 주어라.

영국 문학사상 낭만주의 색채를 띤 것으로 평가받는 브론테(Bronte), 세 자매는 세계의 고전문학 대작을 써서 유명해졌다. 그들이 이토록 훌륭한 문학 작품을 쓸 수 있었던 것은 유년기의 독서 습관 덕분이다. 그들의 부모는 종종 그들과 함께 깊은 밤까지 책을 읽곤 했다. 그들은 따뜻한 난로 앞에 둘러앉아 아름답고 서정적인 글들을 함께 읽었다. 봄이 오고 꽃이 피면 들판에 모여 돌아가면서 시를 낭독하기도 했다. 문학의 씨앗은 이때부터 그들의 마음 깊은 곳에서 자라고 있었다. 이것이 바로 그녀들이《제인 에어》와《폭풍의 언덕》을 쓸 수 있는 원천이 되었다.

3. 독서를 통해 문자의 매력을 느낄 수 있게 해 주어라.

인터넷은 시간과 공간의 제한을 뛰어넘어 우리의 생활을 더 편리하게 만들어 준다. 하지만 그것은 우리를 문자에서 점점 멀어지게 만들어, 문자에 함축된 깊은 매력을 감상할 기회를 잃게 한다. 전자제품과 책의 가장 큰 차이점이라면 전자간행물은 접촉할 수 있는 감촉이 부족한 반면 종이간행물은 편안한 친화력이 있다는 것이다. 차분한 마음으로 책을 읽으면 영혼이 행간을 여유롭게 떠돌아 자신도 모르는 사이 매혹적인 궁전에 들어가게 된다. 또한 그 묘미가 우리로 하여금 독서에 빠져들도록 만든다는 사실을 느끼게 될 것이다.

4. 아이와 함께 독서 계획을 세워 문학 경전을 읽도록 지도하라.

아이의 독서 습관은 글자를 배우는 것에서부터 시작한다.

부모는 아이의 글자 습득 능력에 따라 적합한 책을 읽도록 하고, 아이가 관심을 기울이는 것에 맞춰 독서 계획을 짜 준다. 고금의 문학 경전은 아이들이 우선적으로 읽어 보아야 할 책들이다. 아이들의 마음이 대가들과 교류하고 접촉하게 하여 문자 안에 숨겨진 진귀한 보물을 깊이 느낄 수 있게 해 주어라.

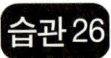 **습관 26** 학습 효율이 떨어지는 우리 아이 나쁜 습관 고쳐주기

학습 효율이 떨어지는 것은 공부 방법이 맞지 않기 때문이다. 따라서 부모는 무조건 스트레스만 주기보다는 공부 방법을 먼저 고쳐 주어야 한다.

고3인 미애는 누구보다도 열심히 공부한다. 그래서 친구들은 미애에게 '공부벌레' 라는 별명까지 붙여 주었다. 수업은 물론 방과 후에 숙제를 할 때도 항상 최선을 다한다. 미애는 책에서 한시도 눈을 떼지 않는데 밥을 먹을 때, 길을 걸을 때, 화장실에 갈 때, 심지어 잠꼬대를 할 때도 영어 단어를 외울 정도라고 미애의 룸메이트는 말한다. 담임 선생님은 열심히 공부하지 않는 학생을 꾸짖을 때면 항상 미애를 가리키며 "네가 미애의 십 분의 일만큼만이라도 열심히 공부하면 서울대에 갈 수 있을 거다" 라고 말씀하신다. 미애의 두꺼운 안경을 보면 진정한 '책벌레' 란 무엇인지 곧 알 수 있을 것이다. 그러나 안타깝게도 미애의 성적은 그다지 좋지 않다. 그래서 친구들은 "미애처럼 죽도록 공부만 한다면 사는 게 무슨 재미가 있담? 차라리 죽는 게 낫지"라며 비꼬아 말하곤 한다. 대학입시에서도 미애는 삼수를 해서야 겨우 어느 사범대학에 입학할 수 있었다.

미애의 문제점은 바로 학습 효율이 떨어진다는 데 있다. 노력은 많이 하지만 결과는 노력의 절반에도 못 미친다. 많은 아이들에게 이런 문제가 나타나고 있는데 이 때문에 부모들도 어찌해야 할지 몰라 마음만 끓이고 있다. 그러나 당사자인 아이 자신이야말로 누구보다 조급할 것이다. 일반적으로 성적이 가장 좋은 아이는 공부를 가장 열심히 하는 아이가 아니라 최선의 공부 방법을 찾아내어 학습 효율을 높인 아이이다.

부모들은 어떻게 해야 아이의 학습 효율성을 높여 줄 수 있을까? 교육 전문가들은 아래와 같은 방법을 제안한다.

1. 계속해서 공부만 하도록 잡아 두지 마라.

공부하는 시간이 길다고 해서 효율이 높은 것은 아니다. 학습 효율을 높이려면 아이의 심리 상태를 잘 관찰하고 공부와 휴식을 적절히 조화시켜야 한다. 자녀가 뭐든 잘했으면 하는 바람으로 아이를 이런저런 학원에 보내 놀 시간을 거의 주지 않는 부모들을 자주 볼 수 있다. 이것은 '소 뿔을 잡고 억지로 물을 먹이는 꼴' 밖에 되지 않는다. 사실 과중한 학습 부담은 아이의 성적을 올릴 수 없을 뿐 아니라 심리적 장애를 일으켜 아이의 공부에 오히려 나쁜 영향을 끼친다.

2. 아이의 학습 능력의 장애를 직시하라.

학습 효율이 떨어지는 아이들은 선천적으로 학습 능력에 장애를 가진 경우가 많다. 대부분의 부모들은 아이의 이런 상황을 이해하지 못한다. 또 과학적인 방법으로 이 장애를 고쳐 줄 줄도 모르며 오히려 아이의 휴식 시간을 제한하여 온종일 공부만 하도록 시킨다. 그래서 책만 보면 머리가 아프고 공부 얘기만 꺼내면 한숨부터 내쉬게 만든다. 그러나 이런 식으로 하루 종일 책상 앞에 앉는다 해도 실제적으로는 큰 성과가 없을 것이다.

3. 놀고 즐기는 사이에 공부할 수 있도록 하라.

많은 부모들은 아이가 노는 모습을 좋아하지 않는다. 그들은 아이가 숙제를 마치고 난 후에도 스스로 더 많은 것을 공부하길 바란다. 그러나 놀기 좋아하는 것은 아이들의 천성이다. 심리학 연구에 따르면 아이의 심리 발전 과정 중 놀이는 매우 중요한 부분이라고 한다. 아이의 언어 능력, 귀납 개괄 능력, 추상적 사고력 등은 놀이를 통해 빨리 터득할 수 있다. 많은 아이들은 글자를 읽고 계산하는 능력은 뛰어나지만 놀이 훈련으로 키울 수 있는 자연과 사회에 대한 상식은 부족하다. 또 두뇌 활동의 범위가 좁아짐에 따라 융통성과 자립심도 약해진다.

이러한 현상은 학교에 입학한 후 더 두드러지게 나타난다. 그렇기 때문에 부모는 아이가 일방적인 '주입식' 교육을 피동적으로 받아들이기만 하는 '기계'로 변하지 않게 해야 한다. 또 심리 발육 상태에 맞춰서 아이를 이끌어 주고 적성에 맞게 교육하여 아이가 즐겁게 놀면서 배우는 가운데 자연스럽게 학습 효율도 올라갈 수 있도록 해 주어야 한다.

4. 다른 사람에게 도움을 청하라.

성공한 사람들은 다른 사람의 도움을 구할 줄 안다. 만약 아이를 가르칠 자신이 없다면 전문적인 교사를 찾아 잘못을 바로잡아 주어야 한다. 물론 아이를 가르칠 때 필요 이상으로 도와줘서는 안 된다. 그렇지 않으면 아이가 지나치게 부모에게 의존할 수도 있기 때문이다.

5. 잠재력을 발휘하도록 도와주어라.

인류가 얻어 낸 90% 이상의 정보는 모두 잠재의식에서 나온 것이다. 심리학자들은 인류의 잠재의식이 인류의 생활 수준을 결정한다고 말한다. 공부를 할 때 잠재의식을 발휘하는 것은 학습 효율을 높이는 데 큰 효과가 있다. 잠재의식을 발굴하고 키우는 데는 몇 가지 방법이 있다. 예를 들어 시각적인 형식으로 정보와 요점을 전달하는 방법, 안정적이고 조화로운 신체 및 심리 상태를 유지하는 방법, 운동을 하거나 음악을 듣는 방법 등이 있다.

6. 실천하면서 배울 수 있도록 하라.

실천하면서 얻은 지식은 마음속에 잘 기억되지만, 무조건 외운 지식은 금방 잊혀지기 마련이다. 시간에 쫓겨 급히 얻은 지식은 감성적인 것이기 때문에 잠시 동안만 기억되고 시간이 지남에 따라 점차 잊혀지지만 이성적인 사고를 통해 얻은 지식은 오래도록 기억된다.

7. 부족한 부분은 더 열심히 공부하게 하라.

완벽한 사람은 없기 때문에 자신의 부족한 점을 직시하고 극복하려 노력하면 한계를 뛰어넘을 수 있고 그것이 바로 성공의 초석이 된다는 사실을 알려 주어라.

습관 27 시간을 낭비하는 우리 아이 나쁜 습관 고쳐주기

모든 아이들은 노는 것을 좋아한다. 아이에게 시간의 소중함을 알려 주려면 올바른 방법으로 교육하는 것 외에도 부모가 모범을 보이는 것이 중요하다.

초등학교 2학년인 가희는 성적이 그다지 좋지 않다. 엄마는 가희의 성적이 좋지 않은 이유가, 가희가 무슨 일을 하든 꾸물대기 때문이라고 생각한다. 아침에 일어날 때도, 급한 일이 있을 때도 서두르지 않고, 숙제를 할 때도 30분이면 다 할 것을 두 시간이 넘게 붙잡고 있다. 엄마는 가희에게 시간을 소중히 여기라고 항상 강조하지만 가희는 매번 '한 귀로 듣고 한 귀로 흘려' 버린다. 엄마는 이런 가희 때문에 골치를 썩고 있다.

시간이 의미하는 것은 무엇일까? '시간은 돈이다' 사실 시간과 돈 사이에는 '부'와 '효율'이라는 개념도 포함되어 있다. 다시 말해 일분일초를 아껴 효율을 높이면 더 많은 부를 얻을 수 있다는 뜻으로 이것이 바로 현대인의 시간관념이다. 사실 시간은 돈보다 귀중한 것으로 시간을 소중히 여기는 것은 생명을 소중히 여기는 것과 같다.

역사상 수많은 위인들은 시간을 생명처럼 여기며 이 세상에 시간보다 소중한 것은 없다고 생각했다. 그들은 누구보다 시간을 아끼고 잘 활용했기 때문에 성공할 수 있었다. 시간은 모든 사람에게 평등하게 주어진다. 시간을 아껴 쓰고 소중히 여기는 사람만이 시간이 주는 상을 받을 수 있다. 이것은 결코 심오한 이치가 아니다. 부모는 아이의 가장 좋은 선생님으로 아이에게 시간을 소중히 여기는 모습을 보여 주어야 한다. 부모의 생활 리듬이 빠르고 부지런하면 아이도 그 영향을 받아 시간을 소중히 쓸 것이다. 반대로 부모가 하루 종일 무위도식하고 아무 일도 하지 않는다면 아이는 자기도 모르는 사이에 그것을 배우게 될 것이다. 이것의 위험성은 말하지 않아도 상상할 수 있을 것이다. 아이는 한참 후에야 시간을 소중함을 깨닫게 될 텐데, 그러면 도대체 얼마나 길을 돌아온 것이 되는가!

시간은 소리 없이 흘러간다. 아이들이 하는 일이 모두 의미 있는 것은 아닐 것이다. 어쩌면 시간과 생명을 낭비하고 있는 것일 수도 있다. 아이가 시간을 소중히 여기지 않는 것은 부모의 탓도 크다. 예를 들어 매일 아침 아이가 늦잠을 잘 때 부모는 계속해서 깨우지만 아이는 등교시간이 다 되어서야 겨우 다급히 일어난다. 그러면 부모는 아이 대신 옷을 입혀 주고 가방을 챙겨 주며 이불을 개 준다. 이것은 아이의 시간관념을 길러 주는 데 좋지 않을 뿐 아니라 부모에게 의존하는 습관을 길러 줄 수 있다. 이런 문제를 해결하려면 아이에게 시간을 낭비한 결과를 직접 체험해 보도록 해야 한다. 아이는 이 과정에서 시간의 소중함을 깨닫게 될 것이다. 물론 이런 방법을 사용할 때는 아이의 심리 변화와 실질적 수용 능력을 잘 파악하여 활용해야 한다.

아이에게 시간을 소중히 여기는 좋은 습관을 길러 주려면 하루아침의 노력으로는 안 된다. 아래의 몇 가지부터 시작해 보기를 제안한다.

1. 아이에게 시간관념을 길러 주어라.

시간관념은 성공의 기본 조건이지만 그것이 모든 것을 의미하는 것은 아니다. 부모가 아이 앞에서 무의식적으로 한 행동이 아이의 습관적인 행동을 만드는 데 중요한 역할을 한다. 그러나 일부 경솔한 부모들은 '큰 나무는 스스로 자란다'는 안일한 생각으로 아이가 무슨 일을 하든 상관하지 않는다. 그래서 아이가 잘한 행동에 대해 칭찬해 주지 않고 잘못한 것에 대해서도 꾸짖지 않는다. 이것이 오래되면 좋은 습관은커녕 나쁜 습관만 기르게 된다.

2. 근면한 정신을 길러 주어라.

시간은 모든 사람에게 하루 24시간 평등하게 주어진다. 그러나 시간을 대하는 태도가 다르면 시간이 주는 결과에도 큰 차이가 생기게 된다. 노신선생은 자신이 성공한 이유가 다른 사람이 커피를 마시는 시간에 '시간을 쪼개' 공부를 한 것뿐이라고 말한다. 노신선생은 시간을 쪼개 쓰면서 자신의 생명의 가치를 높인 것이다. 만약 평생을 게으름 피우며 아무 일도 하지 않는다면 생명이 무슨 가치가 있겠는가! 시간을 '쪼개 쓰는' 마음가짐 없이 어떤 일을 성취하고 싶어하는 것은 한바탕 꿈(공상)에 지나지 않는다.

3. 아이에게 시간을 잘 쓰는 방법을 가르쳐라.

시간을 낭비하지 않기 위해서는 모든 생활 도구와 학용품을 질서 있게 놓아두어야 한다. 그렇지 않고 물건을 뒤죽박죽 놓아두면 그것을 찾는 데 소중한 시간을 낭비하게 되기 때문이다. 또 어려서부터 해야 할 일은 미루지 말고 제때 마치도록 가르쳐야 한다. '오늘이 지나면 내일이 오고 내일은 또 얼마나 많이 남아 있는가' 라는 안일한 생각은 삼가야 한다. 부모는 아이에게 좋은 습관을 기르도록 도와줄 때 조급해 하거나 초조해 해서는 안 되고 특히 폭력적인 방법은 절대 쓰면 안 된다. 아이에게 주어진 임무를 완성하도록 시킬 때는 시간관념을 길러 주는 데 신경을 써야지 그 임무를 마치는 데만 급급해서는 안 된다.

습관 28 끈기없는 우리 아이 나쁜 습관 고쳐주기

모든 사람은 달팽이처럼 느리든 매처럼 빠르든 언젠가는 인생의 금자탑에 오르게 된다. 문제는 대부분의 사람들이 매

가 아니라 달팽이라는 사실이다. 달팽이인 우리가 금자탑의 꼭대기에 오르려면 무엇보다 끈기가 필요하다.

한 심리학자가 벼룩을 가지고 실험을 했다. 먼저 벼룩을 뚜껑이 없는 컵 안에 넣었다. 그러자 벼룩은 가볍게 컵 밖으로 튀어나왔다. 다음으로 유리로 된 뚜껑을 컵에 덮어 놓았다. 벼룩은 이번에도 컵 밖으로 나오려고 계속해서 뛰어올랐지만 그때마다 뚜껑에 부딪혀 밖으로 나올 수 없었다. 잠시 후 이 유리 뚜껑을 치웠지만 벼룩은 더 이상 뛰어오르지 않았고 결국 뚜껑 없는 컵 안에 갇혀 버렸다.

사실 아이들도 여러 가지 상황 속에서 벼룩과 비슷한 행동을 보인다. 아이들은 열심히 노력했지만 예상했던 결과를 얻지 못했을 때 크게 상심한다. 그리고는 자신은 남보다 못하고 공부에 '재능'이 없기 때문에 영원히 성공하지 못할 것이라고 자포자기해 버린다. 그래서 자신의 잠재 능력과 외부 조건에 변화가 생겼을 때도 이것을 무시하고 목표에 도달하려는 노력을 아예 하지 않는다. 이렇게 쉽게 포기해 버리고 노력하지 않은 아이는 실패에서 벗어나지 못하고 결국 아무 일도 이루지 못한 채 일생을 낭비하게 된다. 위인은 어떤 어려움에도 포기하지 않는 불굴의 의지로 자신이 정한 목표를 실현시켰기 때문에 위인이라고 부리는 것이다.

물은 99°C에서도 끓지 않지만 1°C 만 더 올라가면 김을 내뿜으며 끓기 시작한다. 그러나 물을 끓일 때마다 중간에 불을 꺼서 식게 만든다면 백 번, 천 번을 더 끓여도 이 물은 영원히 끓지 못할 것이다. 결국 물도 끓이지 못한 채 연료와 시간만 낭비한 꼴이 되고 만다.

여기서 우리는 이러한 교훈을 얻을 수 있다. 어떤 지식을 배울 때에도 물을 끓이는 것처럼 계속해서 열을 가해 한 번에 끓여야 한다는 것이다. 그렇지 않으면 몇 번을 배우더라도 그 지식에 대해 이해하지 못하게 될 것이다. 또 시간은 당신에게 벌을 내려 어린 소년에서 얼굴에 주름이 가득한 노인으로 변하게 만들 것이다.

어떤 아이는 자신이 천성적으로 공부에 흥미가 없기 때문에 공부를 끈기 있게 하지 못하는 것이라고 말한다. 사실 세상에 천성적으로 공부를 좋아하거나 싫어하는 사람은 존재하지 않는다. 우리는 공부를 호두를 까 먹는 과정에 비유할 수 있다. 호두의 알맹이는 매우 맛있지만 만약 그 딱딱한 껍데기를 벗겨 내지 않는다면 절대 알맹이를 맛볼 수 없다. 누군가는 열심히 노력해서 호두의 껍데기를 벗겨 내고 맛있는 알맹이를 먹는다. 그럼으로써 성공의 기쁨을 경험하고 공부에 대한 흥미를 키워 나가는 것이다. 즉 공부에 대한 흥미는 고진감래의 결과로 부단한 노력을 통해서만 얻을 수 있다. 그러나 끈기가 없는 아이들은 끝까지 노력하지 않아 '호두 껍데기'에만 맴돌 뿐 '호두 알맹이'를 맛보지 못한다. 그렇게 되면 공부에 있어서 성공의 기쁨 또한 경험하지 못하게 되는 것이다. 이것이 오래되면 자연히 실패의 경험만 쌓여 공부는 머리 아픈 일이 되고 만다. 우리 주변에는 TV, 오락 등 우리를 유혹하는 것들이 너무나 많다. 성적이 좋지 않고 공부에 흥미를 느끼지 못하는 아이들은 의지력을 키우기 위해 계속해서 노력해야 한다. 우선 한 문제를 끝까지 풀고 수업을 잘 듣는 작은 것부터 시작한다. 그렇게 인내심을 가지고 공부에 투자하여 일단 그 '호두 껍데기'를 벗겨 내면 공부에 대한 자신감과 흥미가 되살아나게 될 것이다. 그러나 마음의 준비를 굳게 해야 한다는 사실을 잊어서는 안 된다.

부모들에게 아래와 같이 제안한다.

1. 상세한 계획을 세워라.

공부를 하기 전에 공부할 내용이 무엇인지, 어떤 목표에 도달하고 싶은지, 몇 시간 동안 할 것인지, 어떻게 완성할 것인지 등을 명확히 해 둔다.

2. 충분한 준비를 하라.

공부를 하기 전에 학용품과 필요한 참고서 등을 빠짐없이 챙겨 둠으로써 학습 환경을 안정적이고 쾌적한 상태로 만들어야 한다. 또 수업 전에는 마음의 준비도 잘해 두어야 한다. 수업종이 쳤는데도 복도에서 떠들고 장난치다 보면 수업이 시작된 후에도 흥분이 가라앉지 않아 학습 효율이 떨어지게 된다.

3. 학습 의식을 강화하라.

목표를 명확히 세워 두고 공부하는 과정에서 계속해서 그것을 지향하도록 해야 한다.

습관 29 수동적으로 받아들이기만 하는 우리 아이 나쁜 습관 고쳐주기

어떤 사람은 몇 년을 공부했을 뿐인데 좋은 작품을 써 내고 어떤 사람은 평생을 공부해도 그렇다 할 만한 성과를 내지 못하는 경우가 있다. 이러한 차이가 생기는 이유는 무엇일까? 당신은 공부를 할 때 수동적으로 받아들이기만 하는가, 아니면 계속해서 능동적인 사고를 펼치는가. 어떤 아이는 사고가 민첩하여 하나를 보면 열을 알고 어떤 아이는 창의력이 없어 남의 의견에 장단을 맞추기만 하는데 이것은 능동성과 수동성의 차이이다.

새 학기가 막 시작된 어느 날 아이들은 교실 칠판 오른쪽에 인체 해부도가 걸려 있는 것을 발견했다. 그러나 수업이 시작된 후에도 선생님은 그것에 대해 아무런 설명도 하지 않았다. 아이들도 점차 그 그림에 무관심해졌고 얼마 지나자 본 체 만 체 하게 되었다. 이렇게 시간이 흘러 한 달쯤 되던 어느 날 선생님은 시험을 볼 것이라고 했다. 선생님이 나눠 준 시험지에는 인체 각 부분의 뼈와 근육의 이름을 쓰라는 문제가 하나 있었다. 아이들은 급히 고개를 들어 그 해부도를 찾았지만 그것은 이미 없어진 지 오래였다. 선생님이 시험 전에 그것을 떼어 버린 것이다. "우리 이거 배운 적 없잖아요!" 아이들은 항의했다. 선생님은 시험지를 걷으며 단호하게 말했다. "모두 기억하세요. 공부는 누가 가르쳐 주는 것을 수동적으로 받아

들이는 것이 아니에요. 우리는 능동적으로 새로운 지식을 얻는 능력을 길러야 해요."

사실 이번 시험의 진정한 의미는 아이들에게 '수동적으로 받아들이는 것'은 완전한 의미의 '공부'가 아니라는 사실을 일깨워 주기 위한 것이었다. 수업 시간의 일방적인 전달만으로는 부족하다. 아이들은 외부의 자극을 수동적으로 수용하고, 지식을 주입받는 대상이 아니라 활력 있는 사고를 하는 주체여야 한다.

한 물리학자가 자신의 대학 시절 이야기를 한 적이 있다. 입담이 아주 뛰어났던 어떤 교수님은 수업 시간에 자료를 자주 인용했다고 한다. 그러나 안타까운 것은 교수님의 말씀은 너무 심오했고, 수업 시간에 배우는 많은 지식들은 당시 학생들의 능력을 넘어선 것이었다. 어떤 학생은 교수님 말씀을 반만 알아들어도 대단한 것이라며 불평을 늘어놓았고 그 교수님은 미소를 지으며 말씀하셨다. "만약 내가 설명하는 것을 자네들이 다 이해한다면 내가 이 수업을 해서 뭐 하겠나? 머리는 뒀다 뭐 해?" 그 물리학자는 그 말을 듣고 많은 것을 깨달았다고 한다.

아이들이 창조적인 사고를 하지 못하고 지식을 수동적으로 받아들이기만 하는 것은 현대 교양교육의 목적과 상반되는 것이다. 수업 중에 선생님이 말씀하신 것이나 머릿속으로 들어온 정보가 영원히 자신의 것이라는 착각을 버려야 한다.

능동적으로 사고하고 탐구해야만 이 지식들을 자기 것으로 만들 수 있다. 또한 스스로 사고하는 과정에서 '무심코 심은 나무 한 그루가 시원한 그늘을 만들어 주는' 것처럼 의외의 수확이 있을 수 있다. 이때 당신은 성취감, 자신감을 얻게 될 것이고 이로 인해 사고가 더 활발해지는 선순환이 이루어지는 것이다.

수동적으로 받아들이기만 하는 공부는 마치 물 먹은 스펀지처럼 한 번 누르면 물이 그냥 흘러나와 버린다. 그래서 아무리 많은 지식을 주입했다 할지라도 활용하지 못하는 무용지물이 되기 십상이다.

지식을 얼마나 많이 쌓느냐는 스스로의 노력에 달려 있는 것이지 선생님이 가르쳐 주신 내용이나 책에서 본 것을 무조건 암기하는 것이 아니다.

어떤 교수가 오전에 실험실에 들어갔는데 한 학생이 거기에서 자료를 보고 있었다. 그는 별다른 말을 하지 않고 밖으로 나왔다. 오후에 다시 그곳에 갔을 때도 그 학생은 여전히 자료를 보고 있었다. 교수가 물었다. "저녁에 무엇을 할 계획인가?" "계속 책을 볼 겁니다, 교수님." 학생은 기쁜 얼굴을 하고 교수님의 칭찬을 기다리고 있었다. 그런데 뜻밖에도 교수가 이렇게 물었다. "그럼 자네는 언제 그 문제에 대해 고민할 건가?" 학생은 멍하니 서 있을 수밖에 없었다.

교육 개혁이 이뤄짐에 따라 선생님이 주체가 되어 '가르침'을 강조하는 전통적인 교육 방식은 학생이 주체가 되어 '배움'을 강조하는 교육 방식으로 점점 대체되고 있다. 수동적으로 받아들이기만 하는 아이는 결코 사회가 원하는 인재가 될 수 없다.

능동적 사고의 '의의'를 의심하지 마라. 자신의 사고력을 믿고, '책만을 믿는 것은 책이 없는 것만 못하다' 라는 말을 명심해라.

한 학교에서 선생님들은 중간고사 시험지를 채점할 때 재미있는 점을 발견했다. 시험문제 중 현대문 강독은 교과서 내 강독과 교과서 외 선택 강독으로 이루어져 있다. 그런데 항상 수업을 했던 교과서 내 강독의 점수가 교과서 외 선택 강독 점수에 크게 못 미쳤다. 심지어 어떤 때는 점수 차이가 20%까지 나기도 했다. 학생들에게 조사해 본 결과 수업 시간에 강독을 할 때는 선생님이 어떻게 말씀하시는지 듣느라 자신의 생각을 펼칠 수가 없었다. 하지만 교과서 외의 선택 강독을 할 때는 용기를 내서 자신의 실력을 발휘할 수 있었던 것이다. 수동적으로 받아들이기만 하면 성공의 문은 닫히지만 스스로 사고하면 성공의 문을 열 수 있다.

아이가 능동적으로 사고할 수 있게 하는 방법은 무엇일까.

1. 아이들의 생각을 중시하라.

어떤 문제나 이야기를 설명할 때 어른의 관점만을 강요하지 말고 아이의 관점과 생각을 존중해 주어야 한다. 이렇게 하면 아이들은 수동적인 자세를 버리고 독립적인 사고를 할 수 있게 된다.

2. '협력하여 공부하는' 정신을 길러 주어라.

창조력은 다른 사람과 의견을 교환하면서 길러진다. 또 서로 다른 관점을 조정하는 가운데 배운 것에 대해 더 깊이 이해할 수 있게 된다. 그러므로 아이가 친구들과 많이 교류할 수 있도록 격려해야 한다.

Luxury study habit 03

조그만 일이라고 가볍게 여기면 더 큰 문제가 발생한다

태도가 학식을 결정한다

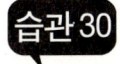 **습관 30** 나태함을 버리지 못하는 우리 아이 나쁜 습관 고쳐주기

어떤 사람은 몇 년을 열심히 공부해서 훌륭한 결실을 맺지만, 어떤 사람은 평생을 공부해도 결실을 맺지 못한다.

누구나 무언가를 지속하다 보면 타성에 젖는다. 특히 아이들이 학업을 계속하다 타성에 젖는 것은 주의해야 한다.

타성에 젖으면 수업을 들을 때 옛날이야기를 듣는 것처럼 필기도 하지 않고 머리를 써서 생각하지도 않는다. 숙제를 할 때도 꾸물거리기 일쑤다. 문제를 풀 때 제목도 쓰지 않고 과정도 쓰지 않으며 답만 적어 놓으면 그뿐이다. 방학 숙제도 방학이 끝날 때가 되어서야 마지못해 한다. 필기를 할 때도 줄임말로 쓴다. 나태한 습관은 학업을 진행할 때 발전하고 노력하려는 정신을 방해한다. 또 공부의 동기와 흥미를 잃게 만들어 점점 공부에서 멀어지게 만든다. 원대한 꿈과 이상이 있어야 할 아이들이 나태함 때문에 아름다운 미래를 잃게 되는 것이다. 이 때문에 부모들은 남몰래 속을 태운다.

어떻게 해야 아이들의 이런 나쁜 습관을 고쳐 줄 수 있을까?

1. 어렸을 때부터 자주적인 성격과 독립적인 생활 능력을 길러 주어라.

나태함은 좋지 않은 습관이다. 많은 아이들이 부모에게 의존하려는 경향이 있는데 의존성이 극단적으로 발전하면 나태함이 된다. 그렇기 때문에 부모는 아이의 의존하려는 심리를 적절히 조절해 주어야 한다. 아이가 스스로 할 수 있는 일은 절대 대신해 줘서는 안 되고 어려움을 만났을 때도 우선 혼자 해결해 보도록 지도해야 한다. 이와 마찬가지로 공부를 할 때도 어려운 문제가 있을 때 우선 스스로 해결해 보아야지 계속해서 선생님이나 부모에게 도움을 요청해서는 안 된다. 부모는 아이의 의존성을 없애 주는 동시에 아이의 의지력도 길러 주어야 한다. 강한 의지력은 나태함을 극복하는 힘이 되기 때문이다.

2. 공부에 흥미를 가질 수 있도록 도와주어라.

아이들이 공부하는 데 게으른 것은 공부에 흥미가 없기 때문이다. 흥미가 없으면 동기도 없어져 나태해진다. '흥미는 가장 좋은 선생님'이기 때문에 부모는 여러 가지 방법으로 아이가 공부에 흥미를 느낄 수 있도록 도와줘야 한다. 재미

있는 내용과 적절한 공부 방법은 아이들의 흥미를 키워 줄 수 있고 흥미가 생기면 공부도 쉬워진다.

3. 짧은 시간에 쉽게 도달할 수 있는 목표를 세워 주어라.

어떤 경우 아이는 나태함 때문에 정체되고 도태되기까지 한다. 부모는 아이에게 짧은 시간에 도달할 수 있는 쉬운 목표를 만들어 주어 성취감을 얻을 수 있게 도와주어야 한다. 또 이 성취감을 가지고 계속 노력하면 나태함은 점차 극복될 것이다.

4. 적당한 공부 방법을 찾아 주어라.

공부 방법이 맞지 않으면 아무리 열심히 노력해도 공부를 잘할 수 없다. 이렇게 되면 아이는 점차 공부에 흥미를 잃고 소원해진다. 결국 이것이 나태함으로 변하여 향상하려는 마음이 사라지게 되는 것이다. 그렇기 때문에 부모는 아이에게 올바른 공부 방법을 찾아 줘야 한다. 예를 들어 시간을 합리적으로 활용하는 법이나 확실히 실행할 수 있는 공부 계획을 짜는 법 등이다. 아이는 일단 자신에게 맞는 공부 방법을 찾으면 흥미를 가지고 노력할 것이고 그러면 나태함은 점차 사라지게 될 것이다.

5. 아이가 공부 계획을 잘 따르는지 감독하라.

어떤 아이들은 공부 계획을 짜기만 하고 잘 지키지 않는다. 그날의 공부는 그날 마쳐야지 차일피일 미루다 보면 공부 효과가 크게 떨어진다.

6. 최대한 아이를 칭찬해 주어라.

공부는 매우 무미건조한 과정이므로 칭찬과 격려가 부족하면 아이는 공부에 대한 흥미를 유지하지 못하고 나태해질 것이다. 그렇기 때문에 부모는 아이에게 아주 작은 발전이 있더라도 최대한 칭찬을 아끼지 말고 격려하고 응원해 주어야 한다. 아이가 실패했을 때의 격려는 더욱 중요하다. 한마디 위로의 말이 아이의 자신감을 북돋워 줄 수 있기 때문이다.

습관31 중도에 포기하는 우리 아이 나쁜 습관 고쳐주기

공부는 긴 여정으로 그 과정에서 많은 좌절과 어려움을 겪게 된다. 많은 아이들이 이런 장애물을 뛰어넘지 못하고 결국 중도에 학업을 포기해 버리고 만다.

형제 없이 혼자 자란 아이들은 공부에 끈기가 없는 경우가 많다. 그들은 용두사미식이 아니라 아예 중도에 포기해 버려 공부에 있어 끝을 보지 못한다.

대부분의 아이들은 새로운 학기가 시작되면 공부 계획을 짜느라 바쁘다. 처음 며칠 동안은 그 계획에 맞춰 열심히 하는 것 같지만 조금만 지나면 점차 해이해져 결국 원래의 계획을 까맣게 잊어버리고 만다. 이렇게 중도에서 그만둬 버리는 것은 아이의 공부에 나쁜 영향을 끼친다.

조사에 따르면 취학 연령 아이들 대부분이 이런 나쁜 습관을 가지고 있다고 한다. 수업을 들을 때 처음 20분 정도는 열심히 듣지만 나중 20분은 거의 집중하지 못한다. 숙제를 할

때도 어려운 문제가 나오면 곧바로 포기해 버린다. 필기를 할 때도 앞 몇 문단은 깔끔하게 정리하지만 뒤로 갈수록 글씨는 점점 엉망이 되어 결국 아무도 알아볼 수 없는 '지렁이 글씨' 가 되어 버린다. 매일 아침 1시간 동안 영어 단어를 외우려는 계획도 처음 며칠은 열심히 하다가 조금 지나면 곧 포기하고 만다.

공부를 하다가 중도에 포기하는 것은 학습 효과에 나쁜 영향을 끼칠 뿐 아니라 아이의 규칙적이고 건강한 공부 태도를 형성하는 데도 불리하다. 이 습관의 결과는 매우 심각해서 평생 동안 우환거리로 남는다. 부모는 아이의 이런 습관을 대수롭지 않게 여기고 못 본 체 내버려 두어서는 안 되며 관심을 갖고 고쳐 주어야 한다.

한 여행가가 먼 여행길에 올랐다. 그에게는 물이나 음식, 기차나 비행기 같은 것이 필요 없었다. 끈기 있게 나가기만 하면 빠르든 늦든 목적지에 도달할 수 있기 때문이었다. 끈기가 있으면 결국 성공하게 되는데, 성공은 항상 끈기의 뒤에 숨어 있기 때문이다.

만약 그 여행가가 끝까지 노력하지 않고 중도에 포기했다면, 눈부신 성과를 볼 수 없었을 것이다.

공부는 인내의 과정이다. 끈기 있게 끝까지 노력하면 반드시 원하는 바를 이룰 수 있다. 파스퇴르(Pasteur)는 '나의 유일한 힘은 끈기 있는 정신이다' 라고 말했다.

부모들에게 아래와 같이 제안한다.

1. 끝까지 노력하는 의지력을 길러 주어라.

부모는 아이가 의지력을 키울 수 있게 도와주어야 한다. 어려운 문제에 부딪혀 포기하려 할 때는 용기를 북돋아 주고 격려하여 인내심을 갖도록 해 주어야 한다. 의지력이 강해지면 승부욕도 생기게 되는데 그러면 공부하는 데 큰 원동력이 되어 중도에 포기하지 않고 끝까지 해낼 수 있게 된다.

2. 아이의 능력과 수준에 맞는 목표를 세워라.

많은 아이들이 공부할 때 중도에 포기하는 가장 큰 원인은 부모와 선생님에게 있다. 아이에게 아무리 노력해도 이룰 수 없는 높고 어려운 목표를 주기 때문이다. 결국 이것은 아이의 자신감을 떨어뜨리게 된다. 자신감이 없는 아이가 어떻게 포기하지 않고 끝까지 해낼 수 있겠는가?

3. 아이에 대한 기대치를 낮춰라.

부모들은 아이가 잘됐으면 하는 마음에 조급하게 큰 기대를 건다. 물론 부모의 바람이 나쁜 것은 아니지만 너무 무거운 부담을 주는 것은 좋지 않다. 부담감은 아이를 소극적으로 변하게 만들기 때문이다. 그래서 어려움을 피하려고만 하고, 결국 중도에 공부를 포기하게 되는 것이다. 따라서 부모는 아이의 수준에 맞춰 기대치를 조정하고 스트레스를 줄여 주어야 한다. 또 '뛰고 또 뛰면 결국 과일을 딸 수 있다'는 느낌을 갖게 해 주면 아이는 여유를 가지고 공부해 나갈 수 있을 것이다.

4. 아이의 공부를 지도하고 격려하라.

모든 아이에게는 타성이 있다. 그래서 공부하면서 게으름을 피우고 해결하기 어려운 문제를 만났을 때 금세 포기해 버리고 만다. 따라서 부모들은 아이의 공부 과정을 감독하고 바르게 지도하여 아이가 타성을 극복할 수 있게 도와줘야 한다. 그러면 아이에게도 끈기가 생길 것이고 더 이상 중도에 포기해 버리는 일은 없을 것이다.

습관 32 경솔한 우리 아이 나쁜 습관 고쳐주기

맹자는 "방게는 경솔하기 때문에 남에게 의지하여 살아간다"라고 말했다. 이것은 행동이 경솔하면 몸 둘 곳이 없어지고, 공부에 경솔하면 아무것도 이룰 수 없다는 뜻이다.

까치와 딱따구리가 숲 속에서 먹이를 찾고 있었다. 까치는 이 나무에서 저 나무로 끊임없이 옮겨 다니며 먹이를 찾았지만 결국 하나도 건지지 못했다. 반면 딱따구리는 일단 병든 나무를 발견하면 먹이가 나타날 때까지 계속 그 나무를 쪼았다. 결국 경솔했던 까치는 배를 굶았고 딱따구리는 일에 몰두했기 때문에 수확을 얻었다.

우리 아이들을 다시 한 번 보라. 그중 '까치'와 같은 아이들이 적지 않을 것이다.

연주는 미술 동아리에 가입한 지 며칠 만에 축구가 유행이라며 축구 동아리로 옮겼다. 또 얼마 지나지 않아 축구는 너무 힘들다며 좀 편안한 걸 배워 보고 싶다고 종이접기반에 들어갔다. 그러나 종이접기는 번잡하다고 다시 피아노 반으로 옮겼다. 이렇게 연주는 계속해서 반을 바꿨고 차분히 앉아 한 가지를 제대로 배우지 못했다. 한 학기가 끝났을 때 연주는 자신이 아무것도 할 줄 모른다는 사실을 깨달았다.

공부는 새로운 영역을 탐구하고 개척해 나가는 과정으로 창조적인 사고와 끈기가 필요하다. 그러므로 차분하지 못하고 경솔하면 공부에 몰두할 수 없다. 이 생각 저 생각으로 집중하지 못하면 잠자리가 물에 살짝 떠 있는 것처럼 무슨 일을 하든지 안정감을 찾지 못한다. 우리 주변에 연주와 같은 아이들이 매우 많을 것이다. 그들은 공부를 할 때 마음이 불안하고 잡생각이 많아서 집중하지 못해 결국 아무것도 얻지 못한다. 공부를 잘하고 싶다면 차분한 마음가짐을 갖고 말보다는 행동으로 실천해야 한다.

중국의 유명한 음악가 부총은 유명해지기 전 영국에서 유학을 했다. 그런데 어느 날부터 이상한 초조함이 느껴져 더 이상 안심하고 공부할 수가 없었다. 모국에 있던 아버지가 이 소식을 듣고 그에게 이런 내용의 편지를 보냈다.

"외부의 유혹을 이겨 내려면 마음을 가라앉히고 차가운 걸상에 앉을 수 있어야 한다. 그래야만 마음의 통로가 뚫리고 지식이 마음과 머릿속에 안착할 수 있다."

요즘 아이들은 신기한 장난감과 희한한 물건들이 넘쳐 나는 오색찬란한 세계에 살고 있다. 따라서 공부에 혼신의 힘을 기울여 집중하기 어려워져 '몸과 마음이 따로 노는' 현상이 나타나게 된다. 이렇게 공부해서 무슨 효과가 있겠는가? 그렇기 때문에 공부를 잘하려면 경솔한 마음을 가라앉히고 공부에만 집중해야 한다.

부모에게 아래와 같이 제안한다.

1. 안정된 공부 분위기를 만들어 주어라.

화려한 바깥세상은 아이들에게 영향을 주기 쉽고 아이들이 공부에 전념하기 어렵게 만든다. 부모는 새롭고 신기한 물건이 아이의 집중력을 흐리지 않도록 방해물과 유혹이 없는 안정적인 분위기를 만들어 주어야 한다.

2. 아이의 호기심을 바르게 이끌어 주어라.

아이들은 모두 강한 호기심을 가지고 있다. 호기심은 아이가 새로운 사물을 탐구하고 연구하는 데 도움이 되며 사고력과 문제 해결력을 길러 준다. 그러나 이 호기심을 바르게 이끌어 주지 않으면 아이를 경솔하게 만드는 원인이 될 수도 있다. 부모는 아이의 호기심이 제멋대로 자라도록 방치해서는 안 된다. 호기심을 사물, 현상에 대한 탐구의지로 이끌어 주어 아이가 더 깊고 본질적인 내용에 관심을 갖도록 해야 한다. 또 이를 통해 아이의 사고력을 단련시키고 그 수준을 올려 줘야 한다.

3. 아이가 자신의 심리 상태를 조절할 수 있게 도와주어라.

아이가 공부 때문에 스트레스를 받을 때는 잠시 공부를 멈추게 하고 아름답고 편안한 음악을 들려준다. 그러면 아이는 마음의 부담을 덜어 내고 심리적 안정을 되찾아 공부에 다시 집중할 수 있을 것이다. 이렇게 하면 아이는 다른 일에 힘을 쏟지 않고 공부에 전념할 것이고 경솔한 마음도 자연히 사라지게 될 것이다.

습관 33 자신의 단점을 보지 못하는 우리 아이 나쁜 습관 고쳐주기

자신의 단점을 극복하는 것은 매우 어려운 일이다. 하지만 우리는 반드시 자기 자신에게 도전해야 한다. 단점을 이겨 내는 것이 바로 성장의 지름길이기 때문이다.

한 부인의 중학교 1학년짜리 아들이 이번에 또 일을 저질렀다. "반 바꿔 줘요!" 아들은 기세등등하게 엄마에게 말했다(학급 생활이 마음에 들지 않는 아이들은 마치 사과 하나를 집어 드는 것처럼 쉬운 일이라는 듯이 이런 말을 내뱉곤 한다). "난, 국어 선생님이 정말 싫어. 그렇게 실력 없는 사람은 내 선생님이 될 자격이 없어!" 아들은 이를 갈며 말했다. '그 실력 없는 사람'이 이번 작문 시험에서 또 60점을 줬기 때문이다. 이번 학기 들어 벌써 세 번째 받는 60점이다. "이번엔 정말 참을 수 없어!" 아들은 정말 화가 나 있었다. 아이는 '퇴짜 맞은' 작문 시험지를 찢는 것으로 항의했고 반 아이들의 '경탄(이것은 아이 자신의 표현이다)' 어린 눈길 속에 고개를 꼿꼿이 세우고 대범하게 학교를 빠져나왔다는 '멋진' 결말로 이야기를 마무리했다. 물론 이것은 반성문 4장을 휘갈겨 쓰기 전의 일이다.

그래서 부인은 아들을 데리고 심리학자를 찾아갔다. 그는 아이의 상태를 분석한 뒤 '좋은 조개와 나쁜 조개' 이야기를 들려주었다.

한 아이가 있었는데, 그는 어릴 때부터 엄마가 사 오신 조개 중에 안 좋은 것이 들어 있는지 검사하는 것을 굉장히 좋아했다. 조개껍데기는 모두 비슷해 보이지만 잘못해서 썩은 조개 하나가 신선한 것들과 섞이면 조개탕 전체를 못 먹게 되기 때문이었다. 물론 이것은 작은 일이기는 하지만 그 의미는 매우 중요했다. 검사하는 방법은 우선 왼손에 조개 하나를 들고 오른손으로 다른 조개를 집어 하나하나씩 쳐 보는 것이다. 소리가 괜찮으면 신선한 것이고 빈 소리가 나면 약간 상한 것으로 아무리 입을 굳게 다물고 있더라도 이미 썩은 것이라고 판단했다.

어느 날 엄마가 조개 한 바구니를 사 오셨고 그는 또 '검사'를 시작했다. 그런데 어찌 된 일인지 '모든' 조개가 썩은 것이 아닌가! 아이는 자신의 귀를 믿을 수가 없었다. 그래서 하나하나 다시 쳐 봤지만 여전히 모든 조개에서 빈 소리가 났다. 그것은 마치 경찰이 버스에서 소매치기를 잡았는데 알고 보니 차 안의 모든 사람이 소매치기였던 것과 같은 느낌이었다. 그 조개를 파는 사람은 여태껏 한 번도 속여 판 적이 없기 때문에 엄마 역시 너무나 놀랐다. 그래서 엄마가 직접 조개들을 검사해 봤다. 그런데 알고 보니 아이의 왼쪽 손에 들려 있던 조개가 상한 것이었다.

이 조개의 기억은 그 아이의 일생 동안 따라다녔다. 특히 주위 사람들의 참아 주기 힘든 단점을 발견했을 때 그는 가슴에 손을 얹고 스스로에게 물었다. "내가 바로 그 상한 조개는 아닌가?"

상식적으로 한 사람이 평생 동안 나쁜 사람만을 만날 수는 없다. 주위 사람들 중에는 착한 사람도 있고 나쁜 사람도 있는 것이 정상이다. 그렇다면 자기 자신 역시 누군가에게는 나쁜 사람일 수도 있는 것이다. 우리는 항상 자신의 기준으로 주위 사람들을 평가하고 모든 사람들에게 불만을 느끼지만 사실 가장 나쁜 사람은 자기 자신일 수도 있는 것이다!

자신은 생각만큼 그렇게 좋은 사람이 아니고 다른 사람도 생각만큼 그렇게 나쁜 사람은 아니라는 사실을 잊지 말아야 한다. 우리에게는 두 가지 선택의 길이 있다. 하나는 자신을 더 좋은 사람으로 '꾸며서' 다른 사람에게 나쁘게 보이지 않는 것이고, 다른 하나는 처음부터 자신의 부족한 점을 보고 다른 사람을 좋게 보는 법을 배우는 것이다.

결국 그 부인의 아들은 자신의 부족한 점을 반성하기 시작했다. "선생님이 맞을 거야. 선생님은 날 위해 그러신 거였어." 이러한 사실을 깨달았다는 것은 최소한 그 아이가 더 이상 구제 불능은 아니라는 것을 의미한다. 이제 남은 시간은 그 아이에게 남겨 주자.

아이가 자신의 단점을 알지 못한다면 다음과 같이 가르치자.

1. 자신의 단점을 반성하라.

아이를 탓하기 전에 우선 당신을 되돌아보라. 당신의 행동은 모범적이었는가? 당신은 자신의 실수에 대해 아이 앞에서 "아, 그건 엄마 실수야"라고 말할 수 있는가?

2. 반성할 수 있는 시간을 주어라.

때로는 아이의 과격한 정서에 신경 쓰지 말아야 한다. 당신은 육체적 언어(예를 들어 눈빛)로 아이에게 가르쳐 줄 수도 있다. "넌, 지금 반성해야 해!" 이런 단계에서 당신은 '냉정한' 방식을 택해야 한다. 최대한 아이와 이야기하지 말고 아이에게 충분한 반성의 시간을 주어라. 물론 이것은 당신이 생각하기에 매우 진지하게 대화했지만 효과가 없었을 때 시도해야 한다

3. 아이에게 인생의 철학이 담긴 책을 추천해 주어라.

당신의 아이는 책 속에서 이성의 빛, 예지의 두뇌, 날카로운 눈빛 등을 배울 수 있을 것이다.

습관 34 부끄러움을 많이 타는 우리 아이 나쁜 습관 고쳐주기

부끄러움을 많이 타는 사람은 항상 자신의 침묵에 대해 여러 가지 이유를 대고 눈앞에서 기회를 놓쳐 버리곤 한다.

많은 일이 우리가 생각하는 것만큼 그렇게 어려운 것은 아니다. 당신 아이는 이렇게 말할 수도 있다. "나는 너무 내성적이라서 사람들 앞에서 발표를 못하겠어요. 입만 열면 얼굴부터 빨개져서는 말까지 더듬고 자꾸 횡설수설하게 돼요." 아이는 자신의 상황에 대해 만족하지 못하는 것이다. 특히 선생님이 질문하거나 수업 시간에 토론을 할 때 아이는 교실에서 자신보다 긴장하고 있는 사람은 없을 것이라고 느낀다. 사실 아이는 부끄러움 때문에 참여와 교류의 기회, 심지어 자신감마저 잃게 된다. 더 심각한 문제는 이것이 평생 동안 따라다니며 많은 일에 영향을 준다는 것이다.

신문기자인 경수는 부끄러움을 굉장히 많이 탄다. 어느 날 상사가 그에게 유명한 대법관을 취재해 오라고 시켰다. 경수는 너무 놀라서 어떻게 해야 하나 한참을 망설인 후에 말했다. "제가 어떻게 혼자 그분을 취재할 수 있습니까? 그분은 저를 모르는데 만나 주시기라도 하겠습니까?" 이때 옆에 있던 다른 기자가 전화기를 들더니 그 법관의 사무실로 전화를 해서 비서와 통화를 했다. 그는 말했다. "저는 명성신문 기자 김경수입니다. (이때 경수는 정말 놀랐다) 제가 법관님을 취재하고 싶은데 오늘 저에게 시간을 내주실 수 있으신지 알고 싶습니다." 그는 상대방의 대답을 듣고 말했다. "감사합니다. 그럼 1시 15분에 그쪽으로 가겠습니다." 노련한 기자는 수화기를 내려놓고 경수에게 말했다. "약속 시간 잡았습니다, 김 기자님!"

이미 오래전 이야기이지만 경수는 여전히 그 일을 잊지 못했다.

그때부터 경수는 우선 부딪혀 보기로 결심했다. 물론 실행에 옮기는 것이 쉽지는 않았지만 확실히 효과가 있었다. 마음속의 두려움을 한 번 극복해 내면 다음번은 훨씬 쉬워진자는 것도 깨닫게 되었다.

이 이야기는 자신이 말재주가 없다고 여기는 사람들에게 도움이 될 것이다. 대담하게 자신이 하고 싶은 것을 말하면 비록 작을지는 몰라도 효과가 분명히 나타나기 때문이다. 무엇을 두려워하는가? 생각만큼 그렇게 어려운 일이 아니다! 아이는 왜 선생님이 질문할 때 그렇게 긴장할까? 첫 번째 이유는 틀리게 말할까 봐서이다. 더 두려운 것은 아마 친구들의 조롱하는 눈빛이나 웃음소리와 같은 다른 사람의 반응일 것이다. 그러나 이 점은 우리가 확실히 해 두어야 한다. 우리는 다른 사람에게 평가받기 위해 사는 것이 아니다. 한 번 잘못 대답했다고 해서 그 한 번의 실수로 우리의 가치가 떨어지는 것은 아니다. 이 대단한 이치는 유명한 연설가의 입에서 나왔다.

어떤 사람이 한 공개 연설에서 20달러짜리 지폐를 꺼냈다. 그러고는 청중들에게 이 돈을 원하는 사람이 있냐고 물었다. 손을 든 사람은 무척 많았다. 그는 그 돈을 구겨 버리고는 같은 질문을 했다. 손을 든 사람은 여전히 많았다. 나중에는 그 지폐를 바닥에 내팽개치고 힘껏 밟기까지 한 후 세 번째로 질문했다. 어떻게 됐을까? 물론 사람들은 여전히 손을 들었다. "여러분은 이미 의미 있는 강의를 들으신 겁니다." 연설가가 말했다. "제가 이 지폐를 어떻게 하든 여러분은 이것을 원하실 겁니다. 왜냐하면 이 지폐는 변함없이 20달러의 가치를 지니고 있기 때문입니다." 이어진 말에는 더욱 깊은 의미가 담겨져 있다. 그는 말했다. "인생에서 우리는 잘못된 결정으로 인해 역경에 부딪히고 온갖 무시를 당하며 끝도 없는 나락으로 떨어지는 순간을 종종 만납니다. 이럴 때 우리는 자신은 일 푼의 가치도 없는 존재라 여기곤 합니다. 그러나 어떤 일이 일어났든, 앞으로 어떤 일이 일어날 것이든 하느님의 눈에 우리의 가치는 언제나 같습니다. 생명의 가치는 우리의 행동에 달려 있는 것도 아니고, 우리가 교제하는 사람들에게 달려 있는 것도 아니며, 바로 우리 자신에게 달려 있는 것이기 때문입니다." 마지막으로 그는 의미심장한 말 한마디를 던졌다. "여러분은 소중합니다. 영원히 그 사실을 잊지 마십시오."

아이에게 공부하면서 부딪히는 가장 큰 문제 중 하나는 지혜나 능력의 부족이 아니라 부끄러움이라는 사실을 알려 줘야 한다. 그것은 아이를 매사에 수동적으로 만든다. 그래서 아이는 항상 수동적으로 대답하고, 수동적으로 토론에 참여하며, 수동적으로 자신의 의견을 발표하여 눈앞의 기회를 놓쳐 버리고 만다. 아이가 얼굴이 붉어지고 말을 얼버무리게 될 때는 "두려워할 필요가 뭐가 있지?"와 같은 말로 자기 암시를 하도록 시켜라. 그렇게 함으로써 긴장을 가라앉히고 모든 사람이 잘 알아들을 수 있는 간결한 말로 자신의 의견을 말할 수 있도록 격려해 줘야 한다. 또 대답을 하거나 토론을 하기 전에는 적당한 준비를 하는 것이 좋다. 예를 들어 긴장하여 머릿속이 '백지 상태'가 되는 것을 막기 위해 중요한 단어만을 간단하게 적어 놓을 수도 있다. 이러면 아이의 부끄러움을 없애는 데 도움이 될 것이다.

아이의 이런 습관을 고쳐 주려면 아래와 같은 방법을 써 보는 것도 좋다.

1. 모의 수업을 하라.

집에서 '모의 수업'을 하여 아이에게 큰 소리로 교과서, 소설, 시 등을 읽도록 시킨다.

2. 문제를 준비하라.

부끄러워서 자신의 생각을 발표하지 못하는 아이에게 억지로 말을 하도록 강요해서는 안 된다. 여러 가지 문제들을 준비해 놓고 아이 스스로 말을 하도록 시켜야 한다.

3. 칭찬하라.

당신이 보기에는 발표를 썩 잘하는 것 같지 않더라도 우선 아이가 입을 연 것에 대해서 칭찬해 주어야 한다.

4. 참여시켜라.

아이에게 최대한 많은 참여 기회를 만들어 주어라.

습관 35 남의 '흠' 들추기 좋아하는 우리 아이 나쁜 습관 고쳐주기

트집 잡기 좋아하는 사람은 길을 가던 사람이 자기 발을

밟으면 그 사람을 세상에서 가장 나쁘고 비열한 사람으로 볼 것이다. 그러나 이런 사람들을 책망하기보다 그들의 마음속 가시를 뽑아 주는 것이 훨씬 더 의미 있는 일이다.

어떤 부모도 자기 아이가 트집 잡기 좋아하여 사람들에게 환영받지 못하길 바라지는 않을 것이다. 이것은 우리의 동료와 상사가 트집 잡기 좋아하는 사람이 아니길 바라는 것과 마찬가지 심리이다. 이런 사람들은 주위 사람들에게 좋은 평가를 받지 못한다.

옛날에 성격이 아주 나쁜 아이가 있었다. 어느 날 아버지는 아이에게 못이 잔뜩 들어 있는 자루를 주었다. 그러고는 화를 한 번 낼 때마다 집 마당 뒤에 있는 울타리에 못을 하나씩 박도록 시켰다. 첫날 아이는 울타리에 못을 서른일곱 개나 박았다. 몇 주가 지나자 아이는 점차 자신의 감정을 억제하는 법을 배웠고 매일 울타리에 박는 못의 개수가 줄어들었다. 아이는 자신의 나쁜 성질을 자제하는 것이 울타리에 못을 박는 것보다 훨씬 쉽다는 사실을 깨달았다. 결국 아이는 나쁜 성격을 고칠 수 있었다. 아이는 자신의 변화를 아버지께 말씀드렸다. 아버지는 아이에게 또 다른 제안을 했다. "만약 네가 하루 동안 화를 한 번도 내지 않으면 울타리에 박힌 못을 하나씩 빼라." 얼마 후 아이는 울타리에 박힌 못을 모두 뽑을 수 있었다. 아버지는 아들의 손을 잡고 울타리 쪽으로 가서 말했다. "아들아, 정말 잘했다. 그런데 저 울타리에 남아 있는 작은 구멍들을 보렴. 울타리는 다시 원래 모습으로 돌아갈 수 없단다. 네가 다른 사람에게 화를 내면 너의 말은 이 구멍들처럼 다른 사람의 마음에 상처로 남게 되는 거야. 이건 칼로 사람을 찌른 다음 그 칼을 뽑아내는 것과 마찬가지지. 네가 몇 번을 사과해도 그 상처는 영원히 남는단다."

이 아버지는 매우 현명한 사람이었다. 그는 독특한 방식으로 잘못된 행동의 결과를 눈으로 직접 볼 수 있도록 해 주었다. 사실 자신의 감정을 억제하지 못하고 남의 트집 잡는 것을 좋아하는 아이에게 가장 필요한 것은 이해이다. 부모는 이런 습관이 생기게 된 원인을 찾아 고쳐 주어야지 어떻게든 되겠지 하는 심정으로 그냥 넘겨서는 안 된다.

트집 잡기 좋아하는 아이들은 자주 남의 흠을 들추지만 사실 마음속에 가시가 있기 때문에 타인의 단점을 지적하는 것이다. 이것은 독창에 걸린 사람이 어떻게든 자신의 종기를 터뜨려 그 고름을 다른 사람에게 튀게 하려는 것과 같은 행동이다. 그렇기 때문에 그들을 책망하기보다는 그들의 마음속 가시를 뽑아 주는 것이 훨씬 더 의미 있는 일이다.

1. 잘못을 깨닫게 해 주어라.

아이가 다른 사람의 트집을 잡는 것을 들었을 때 아이의 말을 계속 들어주되 마지막에는 아이의 잘못을 지적해야 한다.

2. 스스로 해 보도록 시켜라.

어떤 상황에서든 스스로 해 보도록 시켜라. 예를 들어 아이가 옷이 깨끗하게 빨리지 않았다고 투덜대면 더 이상 해 주지 말고 '행동은 말만큼 간단하지 않다'는 것을 스스로 체험해 볼 수 있게 하라.

3. 트집을 잡아라.

'일주일'과 같이 일정한 시간을 정해 놓고 매일 아이에게 트집을 잡아라. 예를 들어 "네가 한 작문 좀 봐. 90점을 받긴 했어도 내가 보기엔 아직 멀었어. 특히 이 문장은 정말 못 썼어." 다음 일주일은 매일 아이를 칭찬해 주어라. 이렇게 아이에게 두 가지 태도를 비교해 보게 하여 트집 잡는 것의 나쁜 점을 깨닫게 하라.

4. 아이의 '트집 목록'을 작성하라.

아이가 항상 입에 달고 다니는 트집 잡는 말들을 메모지에 형형색색으로 써서 침실과 욕실에 붙여 놓는다. 그러면 아이는 그것을 보고 자신의 나쁜 버릇을 깨닫게 될 것이다.

습관 36 비아냥거리기 좋아하는 우리 아이 나쁜 습관 고쳐주기

비아냥거리기 좋아하는 사람은 그런 말을 내뱉음으로써 마음속이 후련해지는 기쁨을 맛보겠지만 동시에 그 말로 자기 발등을 찍고 있는 것이다.

꿀벌과 하느님에 관한 재미있는 이야기가 있다. 벌 한 마리가 방금 벌집에서 따 온 꿀을 하느님께 바쳤다. 하느님은 매우 기뻐하며 원하는 것은 무엇이든 들어주겠다고 했다. 그래서 그 꿀벌은 하느님께 말했다. "저에게 침을 주세요. 누가 제 꿀을 훔치려고 하면 쏠 수 있게요." 하느님은 인간을 사랑했기 때문에 그 부탁이 매우 불쾌했지만 이미 약속을 했기 때문에 거절할 수 없었다. 하느님은 꿀벌에게 대답했다. "너는 침을 갖게 될 것이다. 하지만 그 침은 상대방의 상처로 남을 것이고 너는 침을 쓰고 나면 죽게 될 것이다."

이 이야기의 교훈은 매우 간단하다. 모든 사람은 자기 자신의 이익을 보호할 권리가 있다. 하지만 독이 있는 '침'으로 다른 사람을 상처 입히면 자신도 그 대가를 받게 될 것이다.

우리 주변에도 이 이야기 속의 꿀벌과 같은 사람이 적지 않다. 특히 말에 '가시'가 잔뜩 있는 사람들을 자주 볼 수 있다. 생각해 보라. 누가 비아냥거리고 차갑게 말하는 사람과 친구가 되려 하겠는가? 이런 아이들은 자신이 친구보다 못할 때 자신의 부족함을 반성하기는커녕 오히려 그 친구를 탓하곤 한다. 그러면 아이는 주위 사람들에게서 점점 더 멀어져 다른 사람과의 심리적 거리도 좁힐 수 없게 될 것이다. 따라서 우리는 아이에게 낙관적이고 독립적이며 근면한 의지를 길러 주어야 한다. 또 아이의 개방성을 길러 주는 동시에 다른 사람의 좋은 점을 배우고 칭찬하는 법을 가르쳐야 한다.

다른 사람을 칭찬하는 법을 배우는 것은 사실 자신을 위한 것이다. 칭찬받는 것을 싫어하는 사람은 없다. 게다가 진심에서 우러나온 칭찬이라면 말할 필요가 없을 것이다. 학교에서 매번 성적이 발표될 때 긴장하는 아이들은 두 부류로 나눌 수 있다. 한 부류는 성적이 나쁜 아이들로 성적이 더 떨어져 창피해질까 봐 겁낸다. 다른 부류는 성적이 아주 우수한 아이들이다. 그들은 장학금을 받을 수 있을 정도로 성적이 우수하지만 또 그들 나름대로 고민이 있다. 못 믿겠는가? 자신과 별로 친하지도 않은 친구들이 종종 이렇게 말한다. "장학금도 받았는데 한 턱 내라." 이 말은 은연중에 이런 의미를 내포하고 있다. "어쨌든 네가 쓰는 돈이니까 난 상관없어. 난 장학금도 못 받았으니 너한테라도 '뜯어' 먹어야지." 이것은 비아냥거리는 말투의 전형이다.

수연이는 중학교 때 이것 때문에 골치를 좀 썩었다. 수연이는 성적도 좋고 거절을 못하는 데다 '무엇이든 다 좋다고 하는' 성격이었기 때문이다. 그래서 매번 친구들에게 '뜯기는' 대상이 되었다. 수연이는 중학교 내내 1등을 놓치지 않았고 수연이의 좋은 성적 때문에 마음이 불편했던 아이들은 항상 제자리걸음이었다.

수연이를 추월하려는 그들의 자신감과 용기는 무의식중에 내뱉은 비아냥거림과 질투로 인해 이미 날아가 버린 것은 아닐까? 이렇듯 대부분의 사람들은 인류 최대의 재산인 '자아 인식'을 하지 못해 계속해서 벽에 부딪치게 된다.

아래와 같은 방법을 제안한다.

1. 완곡한 어투로 타일러라.

아이가 다른 사람을 비아냥거리는 말을 할 때는 자신만의 방식으로 아이가 틀렸다는 것을 알려 줘야 한다. 예를 들어 공개적인 장소에서는 눈빛으로 제어시키는 등 다른 방법으로 주의를 준다. 만약 큰 소리로 꾸짖으면 오히려 반항심만 일으켜 상황을 더욱 난감하게 만들 수 있다.

2. 책임지도록 시켜라.

아이가 누군가에게 잘못을 저질렀을 때는 무조건 용서하지 말고 자신이 한 일에 대해 스스로 책임지게 해야 한다. 그 정도가 심할 경우 반드시 사과하도록 시킨다.

"꼭 가서 사과해야 해. 엄마(아빠)가 같이 가 줄 수는 있지만 사과를 하는 것은 네 몫이야."

3. 칭찬하는 법을 가르쳐라.

솔선수범하는 것이 가장 좋은 방법이므로 아이 앞에서는 절대 다른 사람을 비아냥거리는 말을 해서는 안 된다. "그거 아니? 오늘 미미 엄마를 만났는데 미미가 네가 글을 너무 잘 쓴다고 칭찬했다더라. 네가 보기에 미미는 어떠니?"라고 말해 남을 칭찬하는 방법을 가르쳐 줄 수도 있다.

습관 37 선생님을 원망하는 우리 아이 나쁜 습관 고쳐주기

"선생님은 너무 편파적이야." 어쩌면 그럴지도 모른다. 하지만 남을 원망하는 것은 자신과 대립하는 것과 마찬가지다. 자신과 대립한다면 누구도 자신을 구해 줄 수 없다.

정희는 성적이 좋지 않다. 그런데 담임 선생님은 '성적 제일주의론자'인데다가 수학 담당이라서 수학 성적이 좋아야 우등생이라고 생각한다. 그래서 평소에도 수학을 잘하는 아이들만 신임한다. 그렇지만 정희는 이과 과목에는 전혀 관심이 없고 문과에만 치중하는 편이다. 이런 정희가 선생님 눈에 들지 못한 것은 당연하다. 정희는 가끔 선생님이 일부러 트집을 잡아 자기를 곤란하게 만든다고 느낄 때도 있다. 반을 옮겨 볼까도 생각해 봤지만 부모님이 반대하셨다. 부모님은 정희가 다른 학급으로 옮기길 바라지 않았다. 이 때문에 정희는 늘 우울했고 담임 선생님이 싫었으며 공부에 대한 흥미도 점차 잃어 갔다.

이 책을 읽는 독자 중에 상당수도 이 부모와 비슷한 고민을 해 봤으리라 믿는다. 이것은 정말 난처한 일이다. 자, 이제부터 소개할 이야기를 잘 읽어 보자. 감동과 더불어 교훈을 얻을 수 있을 것이다. 일본 국민의 대다수는 이 감동적인 이야기를 잊지 못한다.

아주 오래전, 한 소녀가 취직을 하기 위해 한 가게에 갔다. 그날은 그녀가 세상에 첫발을 내딛는 의미 있는 날이었다. 소녀는 흥분을 감추지 못하며 마음속으로 굳게 결심했다. 반드시 잘해 내고야 말겠어! 그러나 뜻밖에도 사장은 소녀에게 화장실 청소를 시켰다. 이런 일은 아마 누구라도 하기 싫을 것이다. 하물며 깨끗한 것을 좋아하고 힘든 일을 해 본 적이 없는 소녀라면 어땠겠는가. 소녀에게 변기통을 닦는 것은 정말 참기 힘든 곤욕이었다. 그리고 사장의 요구도 매우 까다로웠는데, 그는 변기통을 새것처럼 깨끗하게 닦으라고 지시했다. 소녀는 이 일이 정말 자신에게 맞지 않는다고 생각했다. 소녀가 보기에 변기를 '새것처럼 깨끗이' 닦는 것은 정말 불가능해 보였기 때문이다. 그래서 소녀는 직장을 바꾸기로 결심했다.

이때 회사의 한 선배가 소녀를 곤경에서 구해 주었는데, 더 중요한 것은 그가 그녀에게 인생을 살아가는 또 다른 방법을 가르쳐 주었다는 것이다. 그 선배는 어떤 쓸데없는 설교도 늘어놓지 않고 직접 행동으로 보여 주었다. 우선 그는 변기통을 닦고 또 닦아 새것처럼 보일 때까지 문질렀다. 그러고는 변기통의 물을 한 바가지 떠서 주저 없이 그것을 마셨다. 그는 한마디 말 없이 소녀에게 진리를 가르쳐 준 것이다(변기통 속의 물을 '마실 수' 있을 정도로 깨끗이 닦아야만 '새것처럼 깨끗하게' 닦았다고 말할 수 있다). 이것은 이미 행동으로 증명된 것이기 때문에 실현될 수 있다는 뜻이었다. 그는 소녀에게 의미심장한 미소를 지어 보였고 격려하는 눈빛으로 소녀를 바라보았다. 그것으로 충분했다. 소녀는 이미 자제할 수 없을 정도로 흥분하여 영혼까지 떨려 오고 있었기 때문이다. 소녀는 이때 '평생을 화장실을 청소하게 되더라도 세상에서 화장실 청소를 가장 잘하는 사람이 되겠어!' 라고 굳게 결심했다.

이때부터 소녀는 완전히 달라졌다. 그녀는 자신의 자신감과 능력을 검사하기 위해 변기통 속의 물을 수도 없이 마셨다. 세월은 눈 깜짝할 사이에 흘러갔고 그 소녀는 우리가 바라는 것처럼 성공을 이뤘다. 자신이 속해 있는 곳에서 화장실 청소를 제일 잘하는 사람

이 되겠다고 맹세했던 바로 그 소녀가 바로 일본의 우편대신인 노다 세이코(のだ せいこ)이다.

이 이야기는 우리에게 희망을 주고 이상을 현실로 만드는 방법을 알려 준다. 화장실을 청소하는 소녀는 상사의 '비합리한'(많은 사람들이 그렇게 느낄 것이다) 배치를 원망하지 않고 오히려 자신의 성공 동기로 삼았다. 물론 한 선배가 보여 준 행동이 중요한 계기가 되었지만 말이다. 노다 세이코는 다른 사람을 원망하지 않고 철저하게 자신의 감정을 통제한 전형적인 인물이다.

다른 사람을 원망하는 사람은 항상 원망할 거리를 찾는다. 그래서 자신이 성공하지 못한 것, 행복하지 못한 것을 남의 탓으로 돌리며 할 수 있는 한 많은 변명 거리를 찾는다. 사실 이것 또한 도피가 아닌가? 실제로 비합리적인 상황에 처했다 하더라도 원망만 하는 것은 일에 아무런 도움이 되지 않는다. 뿐만 아니라 이는 자신의 모든 일에 회의를 느끼게 하고 삶을 무미건조하게 만든다. 그렇기 때문에 남을 원망하는 것은 자신과 대립하는 것과 마찬가지다. "자신과 대립한다면 누구도 그를 구해 줄 수 없다." 만약 당신의 아이도 원망하는 버릇이 있다면 아이에게 이 말을 꼭 해 주길 바란다.

부모들에게 몇 가지 제안을 한다.

1. 경청하라.

당신의 아이가 무엇을 원망하든 '매를 들어' 가르쳐서는 안 된다. 경청은 매우 좋은 의사소통 방식으로 백번 설명하는 것보다 훨씬 효과가 있다.

2. 입장을 바꾸어 생각하라.

입장을 바꾸어 아이의 입장에서 이러한 원망이 일리가 있는 것인지 생각해 보라. 하지만 아이와 함께 원망하라는 뜻은 아니다. 만약 그랬다면 우선 자신을 반성해 보아야 한다.

3. 자신의 입장을 밝히고 모범을 보여라.

아이가 원망하는 말을 할 때 그것에 대한 당신의 생각과 의견을 말해 주어라. 그리고 원망은 일을 해결하는 데 아무런 도움이 되지 않고 원망하기 좋아하는 사람은 환영받지 못한다는 사실을 일깨워 주어라.

4. 아이와 의견을 나눠라.

아이에게 "너는 어떤 선생님이 좋니?"라고 물어보라. 그리고 이 과정에서 아이에게 '완벽한 사람은 없다'는 것과 '포용', '이해' 등의 이치를 가르쳐 주어라. 여기에서 가장 중요한 것은 아이가 현실을 직시할 수 있도록 도와주는 것이다.

습관 38 한 과목에만 치중하는 우리 아이 나쁜 습관 고쳐주기

한 과목에만 치중해서 공부하는 것은 아이의 전체적인 발전에 불리하다. 그렇기 때문에 부모는 아이가 이런 습관을 고칠 수 있도록 주의시키고 도와주어야 한다.

올해 중학교 2학년인 영우는 선생님과 친구들 사이에서 '괴상한 천재'로 통한다. 수학 성적은 전교 1, 2등을 다투지만 국어 성적은 그리 좋지 않기 때문이다. 국어 공부를 조금 더 열심히 해 보라고 아무리 다그쳐도 소용이 없다. 영우는 수학을 잘하긴 하지만 숙제를 잘하지 않고 문제를 풀 때도 풀이과정을 쓰지 않고 답만 쓴다. 또 성격도 조금 괴팍해서 친구들과도 잘 어울리지 못한다. 자기가 관심 있는 일에는 모든 일을 제쳐 두고 몰두하지만 관심 없는 일은 아예 거들떠보지도 않는다.

초, 중학교에서는 대체로 성적이 좋은 학생이 반장이 될 수 있다. 성적이 좋은 학생은 리더십도 뛰어나기 때문에 그들만이 학급을 이끌어 갈 수 있다고 생각하는 것이다. 같은 맥락에서 대부분의 사람들은 똑똑하고 천부적인 재질이 있는 아이는 모든 면에서 뛰어날 것이라고 생각한다.

이러한 '흑백논리'의 이면에는 일종의 가설이 깔려 있다. 사람의 지력(智力)은 종합적인 것으로 머리가 좋은 아이는 모든 방면에 뛰어난 '만능 재주꾼'이라고 생각하는 것이다.

그러나 현실에서 우리는 이런 상황을 자주 볼 수 있다. 어떤 부분에서는 '천부적인 재질'이 있다고 할 정도로 뛰어난 아이가 다른 부분에 있어서는 평범하거나 심지어 보통보다 못한 경우 말이다.

하버드 대학의 유명한 심리학자는 '인류에게는 최소한 8

종류의 지력이 있다'고 했다.

첫째는 언어 능력이다. 언어에 대한 수용, 이해, 운용 능력을 가리킨다.

둘째는 수리·논리 능력이다. 수적논리, 계산, 추상적 사고력을 가리킨다.

셋째는 시각적 공간 능력이다. 3차원적인 방식으로 사고하고 형상적으로 사고를 전달하는 능력이다.

넷째는 음악적 재질이다. 박자, 선율, 음의 정확도 등에 대한 감별력과 음악 감상, 창작, 표현력 등을 가리킨다.

다섯째는 운동 능력이다. 신체를 이용해 물체를 조작하는 능력을 가리킨다.

여섯째는 타인과의 교류 능력이다. 말투와 안색으로 상대방의 의중을 헤아리고 남을 잘 이해하며 좋은 관계를 유지하는 능력을 가리킨다.

일곱째는 자기반성 능력이다. 느낌과 정서 등에 예민하여 자신의 장단점을 잘 알고 그 이해를 바탕으로 행동과 목표를 조절하는 능력을 가리킨다.

여덟째는 자연을 이해하는 능력이다. 자연에 깊은 관심을 갖고 자연 현상에 대해 자세히 이해하고 해석하는 능력을 가리킨다.

현실 생활에서 위에 열거한 모든 능력을 가진 '만능 재주꾼'은 찾아보기 힘들다. 대부분 특정한 부분의 천재만이 존재할 뿐이다.

그러나 대부분의 학교와 가정에서는 아이의 능력이 어디에 있는지 잘 살펴보지 않고, 아이가 모든 면에서 뛰어날 수 없다는 사실을 인정하지 않는다. 그들은 누가 똑똑한지, 천부적인 재질이 있는지 평가할 때 '전부 있거나 혹은 아예 없음'이라는 절대적인 기준을 사용한다. 이 논리에 따르면 만약 한 아이의 머리가 똑똑하다면, 그 아이는 모든 방면에 뛰어나고 그렇지 않으면 아무런 능력도 없는 것이다. 이러한 '흑백논리'의 관점은 아이 개인의 발전뿐 아니라 자원을 제대로 활용하지 못한 것이므로 사회적으로도 나쁜 영향을 끼친다.

1. 아이의 강점을 최대한 발휘시켜라.

아이의 잠재 능력은 여러 가지 방식으로 표출된다. 대부분의 아이들은 어렸을 때부터 관심 있는 일과 잘할 수 있는 일에 편중을 보인다. 부모는 아이에게 최대한 다양한 환경과 표현 기회를 제공하여 아이가 자신의 잠재 능력을 충분히 발휘할 수 있도록 도와주어야 한다.

아이가 각기 다른 환경에서 어떻게 반응하는지를 관찰하는 것도 도움이 된다. 이렇게 하면 아이가 어떤 방면에 관심이 있고, 또 탁월한 능력을 가지고 있는지를 알 수 있기 때문이다. 아이의 강점을 발견하면 그것이 충분히 발휘될 수 있는 공간을 만들어 주어 그 능력을 더 발전시킬 수 있도록 도와주어야 한다.

부모는 아이의 재능이 더 잘 발휘될 수 있는 좋은 환경을 제공하고 또 여러 가지 활동 등을 통해 아이의 잠재 능력을 최대한 발굴해 주어야 한다. 사실 아이의 재능을 발전시키는 데 칭찬과 격려만큼 좋은 것은 없다.

부모는 선생님에게 아이의 재능에 대해 귀띔해 줄 수도 있다. 아이가 학교에 막 입학했을 때 선생님에게 아이의 재능에 대해 말해 주어라. 그러면 선생님은 아이의 특성을 빨리 파악하여 아이에게 적합한 교육을 할 수 있을 것이다.

아이의 잠재 능력을 최대한 발휘시킬 수 있는 학습 기회를 제공하라. 만약 학교에서 아이의 학습 요구를 만족시키기 어렵다면 학교 이외의 다른 곳을 찾아볼 수도 있다. 예를 들어 특수과목 전문학원에 보낸다거나 각종 경시대회에 참가시켜 아이의 능력을 한 단계 더 발전시키는 방법 등이 있다.

2. 약점을 인정하고 전체적으로 발전할 수 있도록 도와주어라.

아이가 어떤 분야에 뛰어나다고 해서 아이의 단점을 소홀히 여겨서는 안 된다. 그러면 아이의 전체적인 발전을 포기하는 셈이 되기 때문이다. 그러므로 장점뿐 아니라 단점도 직시하여 아이가 전체적으로 균형 있게 발전할 수 있도록 도와주어야 한다.

현행 교육제도 아래에서 각 과목이 전체적으로 일정한 수준을 유지하지 못한다면 결국 중학교 졸업장도 받기 힘들 것이다!

다양한 방면에서. 뛰어나야 성공도 할 수 있다. 그러므로 전체적으로 발전하는 것은 사회적 요구이기도 하다. 뛰어난 수학자가 되려면 고도의 논리적 사고력뿐 아니라 타인과의 교류 능력도 갖추고 있어야 한다. 타인과 생각을 교류하여 임무를 완성해야 하기 때문이다. 또한 자신의 특징을 잘 알아야만 정확한 인생계획을 세울 수 있으므로 자아 성찰의 능력도 필요하다.

사람에게는 강점도 있고 약점도 있다. 어떻게 모든 면에서 뛰어날 수 있겠는가? 뭐든지 잘하는 아이로 키우고 싶다면 아이 스스로 약점을 강점으로 '바꾸게' 만드는 것이 가장 좋다. 그러려면 부모와 선생님의 지도와 솔선수범이 매우 중요하다.

특수한 방면에 천부적인 재질을 가진 아이에게는 친구들과는 다른 숙제를 내주는 등 그들의 특수한 능력을 발전시켜 주어야 한다. 중요한 것은 그들에게 내 주는 숙제에는 일정한 수준의 '도전성' 이 있어야 한다는 점이다.

습관 39 자신의 공부와 숙제를 책임지려 하지 않는
우리 아이 나쁜 습관 고쳐주기

대부분의 아이들은 공부와 숙제를 적당히 얼버무리려고 한다. 그렇기 때문에 부모는 아이가 놀고 싶어서 숙제를 대충 해 버리지 않도록 잘 지도해야 한다.

이제 3학년이 된 미순이는 키가 아주 커서 마치 작은 어른 같다.

하지만 숙제를 할 때는 영락없는 어린아이이어서 항상 시작만 하고 끝을 맺지 못한다.

미순이는 항상 숙제도 대충대충 한다. 답이 맞았든 틀렸든 개의치 않고 숙제를 마치기에만 급급하여 대충 끝내고 연필을 책상 위에 던져 버린다. 그러고는 마치 마수에서 벗어나려는 듯 재빨리 TV 앞으로 달려가거나 문 밖으로 뛰쳐나간다.

책상 위에는 온갖 노트와 교과서, 연필, 지우개 등이 어지럽게 널려 있다.

이렇게 지저분한 책상 위를 정리하는 것은 항상 엄마의 몫이다. 엄마는 책상 정리를 마친 후 숙제를 처음부터 끝까지 검사한다. 그리고 틀린 부분이 있으면 연필로 표시해 둔다. 그러고는 미순이를 불러 틀린 부분을 고치도록 시킨다.

그러면 미순이는 엄마가 지적해 놓은 부분에 대해 생각도 하지 않고 왜 틀린 것이냐고 묻지도 않고 무조건 고치기만 한다. 그래서 항상 고친 것을 또 틀리곤 한다. 다시 하라고 부르면 짜증을 내며 소리친다. "도대체 나더러 어쩌라는 거야?"

미순이는 혼자 숙제를 마친 것이 아니다. 숙제를 '하는' 것이 숙제를 '마친' 것을 의미하지는 않기 때문이다. 사실 숙제를 다시 한 번 검사하는 것은 숙제를 완성하는 중요한 과정이다. 그러나 이 과정을 부모들이 맡아서 하는 경우가 많다. 이렇게 되면 아이는 단지 숙제를 마칠 뿐 숙제의 내용에 대해서는 책임질 필요가 없게 된다.

책가방을 싸는 것은 누가 해야 할 일인가? 대부분의 가정에서는 부모가 이 일을 도맡아 한다. 그렇다면 아이가 학교에 있을 때는 누가 이 일을 할까? 당연히 아이 스스로 해야 한다. 그런데 집에서는 왜 부모가 이 일을 도맡아 하는가? 이 문제에 대해 부모들은 다시 한 번 생각해 보아야 한다.

아이의 책임감은 훈련을 통해 길러진다. 여기에서 말하는 훈련이란 아이가 스스로 일의 목적과 순서 등을 정하고 그 결과에 대해 책임지게 하는 것을 의미한다.

물론 이러한 훈련의 기회는 부모가 제공해야 하며 그 과정에서 아이의 특성에 맞게 잘 지도해야 한다. 그러나 많은 부모들은 아래와 같은 행동을 함으로써 아이가 '완전한 학생'이 될 권리와 의무를 빼앗는다.

1. 아이가 숙제 검사나 책가방 정리를 못한다고 꾸짖으며 아이 대신 그 일을 해 준다.

아이로 하여금 자신감을 잃게 만든다. 부모는 당연히 모든 면에 있어 아이보다 뛰어나다. 그러나 부모는 그 차이를 인정하지 못하고 답답해 하며 아이 대신 아이가 해야 할 일을 해 버린다. 이렇게 하다 보면 아이는 점점 이런 일을 자기가 할 수 없는 일이라고 생각하게 된다.

2. 아이가 더 많은 활동을 할 수 있게 해 주고 싶다는 생각에 스스로 아이의 일을 대신 해 준다.

아이가 이런 일들을 스스로 해야 한다는 것을 의식하지 못하게 만든다. 이러면 아이는 공부의 주체가 될 수 없다.

두 방법 모두 아이의 책임감을 부족하게 만들고 자주적으로 활동할 수 있는 능력과 자신감을 떨어뜨린다. 그렇다면 부모들은 도대체 왜 그러는 것일까?

그 이유는 대체로 아래와 같다.

첫째, 아이의 성적에만 치중한다. 눈에 보이는 것, 아이의 성적에 도움이 되는 것에만 관심을 갖는다.

둘째, 아이가 더 오랫동안 '공부'에만 매진할 수 있게 도와주고 싶어한다.

셋째, 아이의 성적은 여러 가지 요소들이 상호 작용하여 올라간다는 사실을 인식하지 못한다.

넷째, 아이의 성장에 있어 지식의 습득보다는 그것을 활용하여 다른 능력을 기르는 것이 훨씬 중요하다는 사실을 모른다.

아이의 나쁜 습관을 아래와 같은 방법으로 고쳐 줄 수 있다.

1. 함께 숙제를 검사해 보자고 제안한다.

2. 어떤 문제에 대해 그렇게 생각한 이유를 설명해 보도록 시킨다.

3. 어려운 점은 도와주되 점차적으로 스스로 해결할 수 있게 한다.

4. 틀린 내용에 대해 자신의 의견을 말하지 말고 아이 스스로 다시 한 번 생각해 보게 한다.

5. 숙제를 스스로 검토해 보도록 시킨다.

6. 아이 스스로 책가방을 싸게 하라. 아이가 책가방을 엉망으로 쌀까 봐 걱정할 필요가 없다. 책 한 권, 지우개 하나를

놓고 갔다 하더라도 공부에 그렇게 큰 영향을 미치는 것은 아니다. 잠시 동안 영향을 끼친다고 하더라도 이런 경험을 통해 아이는 더 꼼꼼하게 자신의 물건을 챙기게 될 것이다. 또 자신의 일은 스스로 책임지는 정신을 길러 줄 수 있다.

습관 40 글씨를 엉망으로 쓰는 우리 아이 나쁜 습관 고쳐주기

글씨를 엉망으로 쓰는 것은 습관의 문제일 뿐만 아니라 마음의 문제이기도 하다. 만약 이 버릇을 고쳐 주지 않으면 아이는 앞으로 어떤 일을 하든 성의 없이 하게 될 것이다.

유빈이는 글씨를 엉망으로 써서 선생님께 자주 꾸중을 듣곤 한다. 또 그것 때문에 작문 점수를 깎이기 일쑤다. 하지만 유빈이는 나름대로 열심히 썼는데 꾸중을 들으니 억울할 뿐이다. 엄마도 유빈이가 글씨를 엉망으로 쓰는 것 때문에 걱정이다.

선생님은 유빈이에게 이렇게 충고했다. "글씨를 엉망으로 썼는지 아닌지는 다른 사람이 네 글씨를 알아볼 수 있는지 없는지에 달려 있는 거야. 네 나름으로 열심히 썼을 수도 있지만 다른 사람이 알아보지 못한다면 앞으로 더 주의해서 써야 해. 글씨를 너무 빨리 쓰다 보면 엉망이 되어 버리기 쉽단다."

어떤 부모들은 이렇게 정보가 넘쳐 나는 시대에 아이가 글씨 연습과 같이 기계적인 일에 소중한 시간을 낭비하지 않기

를 바란다. 인생의 운명이 글씨를 예쁘게 쓰는 데 달려 있는 것은 아니라고 생각하기 때문이다. 그래서 그들은 알아볼 수 있을 정도만 쓰면 된다는 실용적인 기준을 세우곤 한다. 그러나 어떤 아이들은 이 정도 기준에도 못 미친다.

사실 현대 사회에서 손으로 직접 글씨를 쓰는 것은 여전히 무엇으로도 대신할 수 없는 중요한 교류 방식 중 하나이다. 만약 다른 사람이 알아볼 수 없을 정도로 글씨를 엉망으로 쓴다면 불필요한 번거로움과 손실을 가져와 일의 효율을 떨어뜨릴 것이다. 또 사람들 간의 교류에도 나쁜 영향을 끼치게 된다. 그렇기 때문에 아이에게 글씨를 예쁘게 쓰도록 지도하는 것은 매우 중요한 일이다.

부모는 아이가 글씨를 엉망으로 쓰는 것을 반드시 바로잡아 주어야 한다. 아이가 글씨를 예쁘게 쓰고 글씨 쓰기를 좋아하게 만들 수 있는 구체적인 방법이 아래에 있다.

1. 아이가 글씨 쓰기를 좋아하게 만들어라.

아이들이 글씨를 엉망으로 쓰는 것은 글씨를 쓰기가 싫기 때문이다. 아이들은 발육이 아직 덜 돼서 손놀림이 부드럽지 못하기 때문에 글씨 쓰기를 싫어한다. '모래 위에 글씨 쓰기', '모래사장에 그림 그리기' 같은 놀이를 자주 하여 아이가 넓은 모래 위에 이제 막 배운 글자나 쓰기 어려운 글자들을 재미있게 써 보게 하라. 이 방법은 분명 노트에 그림 그리듯 글씨를 쓰는 것보다 훨씬 효과가 있을 것이다. 대부분의 아이들은 글씨를 쓸 공간이 딱딱하게 정해져 있는 것을 싫어하기 때문이다. 아이들이 예쁘게 글씨를 쓰게 되면 글자를 정해진 공간 안에 맞추어 쓰는 법을 가르쳐 주고 제한되어 있는 공간에 대한 혐오감을 없애 준다. 그러면 아이들도 점차 글씨 쓰는 것을 좋아하게 될 것이다.

2. 이야기로 가르쳐라.

아이에게 글씨가 사람의 마음을 감화시킨 이야기를 들려주어 글씨의 감춰진 기능을 '깨닫게' 해 주어라. 이렇게 하면 억지로 시키는 것보다 훨씬 효과가 좋을 것이다.

3. 예쁘지는 않더라도 정확하고 깔끔하게 쓰도록 시켜라.

아이가 글씨를 못 쓰게 된 원인을 구체적으로 분석해야 한다. 만약 태도가 좋지 않아서라면 우선 아이에게 글씨를 예쁘게 써야 하는 이유를 알려 준다.

숙제는 단지 이제껏 배운 지식을 공고히 하기 위한 것만은 아니다. 숙제를 하면서 글씨를 예쁘게 쓰는 연습도 할 수 있다. 부모는 아이가 매일 숙제할 때 쓴 글씨를 평가한다. 만약 약간의 발전이라도 있으면 칭찬해 주어 아이가 계속해서 올바른 태도로 글씨를 쓸 수 있게 도와준다.

4. 바른 자세로 글씨를 쓰도록 하라.

만약 글씨 쓰는 자세에 문제가 있다면 반드시 교정해 주어야 한다. 그래야 아이의 시력을 보호하고 등이 굽는 것을 막을 수 있다. 부모는 글씨 쓰는 바른 자세를 가르쳐 주고 계속해서 주의시켜야 한다. 예를 들어 '세 가지 1'을 기억시킨다. 눈을 책에서 1미터 멀리하고, 가슴을 책상에서 한 뼘 떨어뜨리고, 손을 연필심에서 1센티미터 떨어지게 하는 것이다.

5. 글씨 쓰는 능력도 훈련을 통해 키울 수 있다.

매일 아이에게 글씨 쓰는 연습을 시켜라. 한 글자를 적게는 다섯 번, 많게는 열 번 정도로 너무 많이 쓰게 하지는 말아야 한다. 글씨를 쓰기 전에 우선 글자의 간격을 이해시키고 글자의 위치와 필순 등에 대해 설명해 주며 그중에 잘못된 버릇은 즉시 고쳐 준다. 이런 준비가 모두 끝난 후에 글씨를 쓸 수 있도록 지도해야 한다. 이런 과정을 거치면 아이는 자신이 쓰려고 하는 글씨에 대해 자세히 이해하게 되고, 글씨를 쓰기 전에 한 번 더 전체적인 사항을 체크하게 된다. 부모는 아이가 글씨를 쓰는 규칙을 정해 줄 수 있다. 예를 들어 글씨를 쓰기 시작할 때 힘을 얼마나 줄지, 글자의 배치는 어떻게 할지 정해 주고 최대한 지우고 다시 쓰지 않도록 하는 것 등이다.

습관 41 자신의 수준을 직시하지 못하는 우리 아이 나쁜 습관 고쳐주기

성적이 좋지 않을 때 아이는 종종 자신감을 잃고 자신의 모든 것을 부정한다. 이런 태도는 아이의 발전에도 해롭기 때문에 잘 지도해 주어야 한다. 부모는 아이가 자신의 강점과 약점을 잘 파악하고 자신의 수준을 직시할 수 있도록 도와준다.

어떤 아이들은 자신의 수준을 직시하지 못한다. 이것은 자

신을 믿고 자아를 극복할 수 있는 능력과 잠재력을 심각하게 제약한다. 어떤 아이는 한 번 시험을 망치면 그것이 한 번의 실패임에도 불구하고 자신감을 철저히 상실해 버린다. 그래서 자신은 잘하는 것이 아무것도 없고 아무런 가치도 없는 존재이며 미래도 없다고 생각한다. 이렇게 되면 아이는 공부에 더욱 싫증을 느끼게 된다. 결국 이것은 계속해서 실패하게 만드는 원인이 되어 공부를 포기하는 비극까지 초래한다.

우리는 주위에서 낙관적인 사람과 비관적인 사람을 볼 수 있다. 사람들에게 왜 이런 차이가 생길까? 외부 환경은 조금도 다르지 않지만 개인의 태도에 따라 결과가 달라지는 것이다.

자신의 수준을 직시하지 못하는 아이들의 마음속에는 그림자가 드리워져 있다. 그래서 항상 사물의 나쁜 면만을 보고 그 안의 득과 실을 구별하지 못하게 되는 것이다.

예를 들어 국어를 잘하는 아이는 물리나 화학을 못할 수 있다. 수학에 천부적인 재질이 있는 아이는 음악에서 다른 아이들보다 떨어질 수 있다. 이것이 바로 득과 실의 문제이다.

크게 성공한 한 사업가가 어느 날 다음과 같은 일을 겪었다. 그는 사업이 매우 잘되던 어느 날 아버지를 모시고 한 식당에 갔다. 그 고급 식당에서는 바이올린을 연주하고 있었는데 거의 완벽한 수준이었다. 연주를 들은 이 사업가는 갑자기 우울해졌다. 그도 어렸을 때는 바이올린을 굉장히 잘 켰지만 지금은 아주 간단한 곡조차 연주할 수 없게 되었기 때문이다. 그래서 그는 아버지에게 말했다.

"만약 제가 어렸을 때 바이올린을 더 배웠다면 지금 저 사람만큼 연주할 수 있었을 거예요. 아니, 어쩌면 더 잘할 수도 있겠죠. 그랬다면 지금 여기서 연주하는 사람은 저 사람이 아니라 저였겠죠?" 아버지가 대답했다. "그랬겠지. 얘야! 그런데 정말 그랬다면 너는 아마 여기서 식사할 수 없었을 거다."

이 이야기는 우리에게 이미 사라져 버린 것에 대해서는 더 이상 아쉬워할 필요가 없다는 사실을 말해 주고 있다. 만약 정말 미련이 남는다면 지금부터라도 다시 시작하여 자신의 진정한 가치를 행동으로 증명하라. 우리는 종종 잃어버린 것에 대해 아쉬워하며 지금 가지고 있는 것의 가치를 잊곤 한다. 자기 자신에 대해 진지하게 분석하여 자신의 강점과 약점을 잘 파악해야 앞으로 나갈 방향을 확실히 정할 수 있다.

사람의 강점과 약점은 일정한 규칙에 따라 변화하는데 자신이 어떻게 사용하느냐에 따라 때로는 약점이 강점으로 변할 수도 있다.

열 살짜리 한 남자 아이가 교통사고로 왼쪽 팔을 잃었다. 하지만 아이는 유도가 너무 하고 싶었다. 그래서 아이는 굳은 신념을 가지고 유도의 대가인 스승을 찾아가 유도를 배우기 시작했다. 아이는 매우 열심이었지만 많은 시간이 지나도 스승은 아이에게 한 가지 기술만 가르쳐 줬다. 아이는 다른 기술도 배우고 싶었지만 어쩔 수 없이 스승의 가르침에 따라 계속해서 그 기술만 연습했다. 몇 달 후 스승은 아이를 청소년 유도대회에 참가시켰다. 아이는 너무나 가볍게 두 경기를 이겼고 준결승에 올랐다. 이 경기에서 위기도 있었지만 스승이 가르쳐 준 그 기술을 써서 또 경기를 따 냈고 결국 결승전까지 올라가게 되었다.

결승전 상대는 아이보다 덩치도 훨씬 컸고 경기 경험도 많았다. 아이는 점점 지쳐 갔고 심판은 아이의 안전을 위해 경기를 중단시키려고 했다. 하지만 스승이 동의하지 않아 경기는 계속 진행됐다. 상대는 아이가 지쳐 있는 것을 보고 점점 경계를 늦췄고 이때 아이는 스승이 가르쳐 준 기술로 상대를 제압했다. 결국 아이가 우승 트로피를 받게 되었다!

경기 후 아이는 용기를 내어 스승에게 물었다. "제가 어떻게 우승할 수 있었던 거죠?" 스승이 대답했다. "두 가지 중요한 이유가 있는데 하나는 네가 유도에서 가장 어려운 기술을 익힌 것이고, 또 하나는 이 기술에 대응하는 유일한 방법은 상대방이 너의 왼쪽 팔을 잡아야 했다는 거지."

아이의 가장 큰 약점이 가장 큰 강점으로 변한 것이다. 우리는 이 이야기를 통해 지혜만 있다면 약점을 강점으로 변화시킬 수 있다는 사실을 알 수 있다. 공부도 이와 마찬가지다.

아래와 같은 방법을 사용하면 아이의 약점도 강점으로 변화시킬 수 있다.

1. 냉정하게 자신을 분석할 수 있도록 도와주어라.

아이가 자신이 실패한 이유가 무엇인지 냉정하게 분석할

수 있도록 도와주어라.

　2. 자신의 강점과 약점을 정확히 파악하도록 도와주어라.

　"너는 멍청하지 않아. 한 번쯤은 시험을 망칠 수도 있지. 그게 정상인 거야"라고 위로해 주어라. 또 예전에 자신의 성적도 그렇게 좋은 편은 아니었다는 사실을 말해 주어도 좋다. 완벽한 사람은 없기 때문에 누구나 실패할 수 있다는 사실을 알려 주어라. 또 탁구를 잘 치거나 그림을 잘 그리면 "너희 반 친구들 중에 네가 제일 잘하는 것 같다"라고 칭찬하여 아이가 자신의 강점을 볼 수 있게 해 주어라.

　3. 아이를 격려하라.

　아이가 남들보다 잘하는 점을 찾아내어 계속해서 그것을 발전시킬 수 있도록 격려하라. 또 방법이 잘못되었다거나 열심히 하지 않는 등 아이가 남보다 못하는 것이 있으면 다른 아이들을 보고 배우도록 충고해 주어라.

　4. 위인들의 이야기를 들려주어라.

　어느 날 프랑스의 대작가 발자크(Balzac)가 글을 쓰고 있을 때 친구가 찾아왔다. 그런데 그는 일에 너무 몰두하여 친구가 온 것을 알아채지 못했다. 오후에 하인이 발자크의 방으로 식사를 가져오자 친구는 자기에게 주는 것인 줄 알고 그것을 다 먹어 버렸다. 친구는 발자크가 계속 바쁜 것을 보고는 그냥 돌아갔다. 날이 어두워졌고 발자크는 점심을 먹을 때가 됐다고 느껴 하인이 가져온 쟁반을 탁자로 들고 왔다. 발자크는 그릇이 다 비워져 있는 것을 보고 자신을 책망하며 말했다. "정말 밥통 같군. 이미 다 먹어 놓고 또 먹으려 하다니!"

프랑스의 곤충학자 파브르(Fabre)는 개미가 죽은 파리를 운반하고 있는 모습을 돋보기로 뚫어져라 쳐다보느라 축축하고 지저분한 곳에 몇 시간 동안이나 엎드려 있었다. 그러나 그는 많은 사람들이 자신을 둘러싸고 구경하며 떠드는 소리는 듣지 못했다.

이런 이야기들을 들려줌으로써 훌륭한 사람이 되려면 반드시 전심전력으로 몰두해야 한다는 사실을 알려 주어라.

습관42 부모를 원망하는 우리 아이 나쁜 습관 고쳐주기

"영웅은 출신이 낮은 것을 부끄러워하지 않는다." 이것은 성공한 많은 사람들의 공통적인 이력이다. 현명한 사람들은 남을 원망하지 않고 운명이 준 역경에 맞서 인내심을 가지고 끝까지 싸운다.

전 세계에서 크게 히트했던 《부자 아빠, 가난한 아빠》라는 책이 아버지에 관한 책이 아니라 인생의 지혜를 가르쳐 주는 책이라는 사실은 이미 잘 알고 있을 것이다.

이런 이야기가 있다. 절대 지어낸 이야기가 아니다.

그는 매우 냉혹하고 인간미가 없는 사람으로 술을 목숨처럼 아꼈고, 마약에 중독되기까지 했다. 한번은 술집에서 술을 마시다가 종업원이 마음에 들지 않는다며 죽여 결국 종신형을 받고 감옥에 갇혔다. 그에게는 한 살 터울인 두 명의 아들이 있었다. 아들 중 한 명은 아버지와 마찬가지로 마약에 중독되어 도둑질과 강도짓으로 연명했고 후에 역시 살인죄로 감옥에 갇혔다. 다른 한 명은 술도 마시지 않고 마약에도 손을 대지 않았다. 그래서 화목한 가정을 꾸려 귀여운 세 아이의 아빠가 되었고 한 대기업 계열사의 사장 자리에까지 올랐다.

한 비공식적인 인터뷰에서 누군가 그들에게 지금과 같이 된 원인에 대해 물었다. 그런데 놀랍게도 둘은 똑같은 대답을 했다. "그런 아버지 밑에서 자랐으니 내가 어쩔 수 있었겠습니까?"

어떤가. '정신이 번쩍 드는' 대답이 아닌가? 70세가 된 두 노인의 이야기도 우리에게 이와 같은 이치를 깨닫게 해 준다.

한 명의 노인은 이제 나이도 먹을만큼 먹었으니 인생이 거의 끝났다고 생각하여 주변을 정리했다. 또 다른 노인은 어떤 일을 이루는 데는 나이의 많고 적음이 아니라 마음가짐이 중요하다고 생각했다. 그래서 칠십의 나이에 등산을 배우기 시작했고 그 후 25년 동안 위험을 무릅쓰고 높은 산들을 등반했다. 결국 그녀는 95세의 고령에 일본 후지산에 올라 이 산을 오른 최고 연령 기록을 깼다. 그녀가 바로 그 유명한 훌다 크룩스(Hulda Crooks)이다.

앞의 두 일화는 모두 일상적이고 평범한 이야기이다. 왜냐하면 모든 사람은 늙게 마련이고, 어려움을 겪거나 좋지 않은 환경에 처할 수도 있으며, 생활하면서 불행이나 악조건에 부딪히기 때문이다. 그러나 인류가 위대한 이유는 '인생은 환경의 변화나 불행에 따라 결정되는 것이 아니라 자신이 어떤 신념을 가지고 있느냐에 달려 있다'는 사실을 깨달았다는 것이다.

당신의 아이는 이렇게 말할지도 모른다. "나는 우리 부모님을 원망할 수밖에 없어요. 우리 엄마아빠는 너무 수수해서 (사실 그들은 '평범'이란 두 글자를 말하고 싶었을 것이다) 둘의 월급을 합쳐도 친구 아빠가 밥 한 끼 사는 돈보다 적을 걸요." 노트북도 없고 명품 옷, 신발, 가방도 없다. 그래서 매일 '눈길 닿는 것마다 속이 상해서' 수업 시간에 마음이 잡히지 않는다. "맞아요. 마음이 편할 수가 없죠. 친구가 또 새로 산 핸드폰을 자랑하니까요. 게다가 요즘 걔는 백금 목걸이를 자랑하려고 일부러 단추를 하나 더 풀고 다녀요. 내가 얼마나 속상한지 하느님이 알아주셔서 천사를 보내 내가 갖고 싶은 것을 다 갖게 해 줬으면 좋겠어요, 신데렐라처럼. 나는 요즘 스트레스 때문에 공부에 전념할 수가 없어요. 돈을 물 쓰듯 하는 친구 앞에서 자존심이 무너져 버리니까요. 나는 친구들 앞에서 그렇게 능력 없는 엄마아빠 얘기를 꺼내고 싶지 않아요. 좋은 부모 밑에서 태어나지 못해서 돈을 마음대로 쓸 수 없으니까요."

이런 아이들의 원망의 목소리를 들으면 부모에 대해 원망하는 것이 당연한 것처럼 여겨진다. "원망을 하는 건 당연한 것 아니야? 이런 집에서 태어났으니……." 사실 이렇게 말하는 아이는 자신에게 신념이 없다는 사실을 간접적으로 드러내고 있는 것이다. 신념이 있는 아이는 타인과 자신을 비교하는 등 무의미한 행동을 하지 않는다. 왜냐하면 현명한 사람은 지나친 바람을 갖지 않기 때문이다. 공부에서 겪는 잠시 동안의 슬럼프는 부모의 경제력과 아무런 관련도 없다는 사실을 아이에게 이해시켜라. 물론 부모를 원망하는 것이 지금 당신의 아이에게는 가장 쉬운 일일지도 모른다. 그러나 매일 힘들게 일하는 당신을 원망만 하는 아이는 훗날 자신의 평범함을 원망하게 될 것이 분명하다.

아래와 같은 방법으로 아이의 습관을 고쳐 줄 수 있다.

1. 솔선수범이 가장 좋은 방법이다.

부모는 아이 앞에서 불만을 털어놓고 모든 것을 원망하는 모습을 보여서는 안 된다. 자주 그러다 보면 아이는 원망이 문제를 해결하고 마음을 안정시키는 좋은 방법이라고 잘못 인식하게 될 수도 있다.

2. 아이의 말을 경청하라.

부모는 아이가 일상생활에서나 공부를 할 때 자주 불평불만을 늘어놓는다면 먼저 그 말을 경청해야 한다. 현명한 부모는 이럴 때 아이의 머리를 쓰다듬어 주거나 미소를 지어 주기도 한다. 우선 일의 대체적인 상황을 파악하고 아이가 속마음을 털어놓을 수 있도록 유도한다. "말해 봐. 괜찮아."

"엄마가 뭘 도와줄까?"

3. 아이에게 집안 사정을 알려 주어라.

대부분의 부모들은 집안의 경제 상황을 아이에게 말하면 부담을 느끼고 공부에 영향을 미칠 것이라고 생각한다. 그러나 아이가 사회로 나가기 위해 가장 먼저 배워야 할 점은 바로 '현실을 직시' 하는 것이다.

4. 적당한 '절제' 가 필요하다.

당신은 아이가 얻은 결과에 너무 쉽게 만족하고 있지는 않은가? 아이가 '노력하지 않아도 얻을 수 있다' 고 느끼도록 만들지 말라. 아이에게 정기적으로 용돈을 주고 집안일을 시키는 등 아이가 자신의 욕구를 절제할 수 있도록 지도해야 한다.

5. '원망하는 사람은 환영받지 못한다' 는 사실을 알려 주어라.

만약 아이가 이미 원망하는 나쁜 습관을 가지고 있다면 원망하는 사람은 환영받지 못한다는 사실을 일깨워 주어라. 그리고 '자신의 일은 자신이 해야 하고 자신의 꿈은 자신이 이루는 것' 이라는 점을 깨닫게 해 주어라.

습관 43 환경을 탓하는 우리 아이 나쁜 습관 고쳐주기

삶은 누구만 특별히 봐주거나 차별하지 않는다. 모든 것을 원망하고 환경에 굴복하는 것은 생명의 가치를 유린하는 용서할 수 없는 행위이다.

초등학교 3학년인 재원이는 눈이 크고 반짝거려서 매우 똑똑해 보인다. 그러나 재원이는 며칠 전 학교에서 퇴학당했다. 학생 기록부에는 무단결석, 절도, 수업 분위기 방해가 퇴학의 이유로 적혀 있었다. 이 오점은 재원이의 인생에 영원히 각인되어 평생 동안 따라다닐 것이다. 그렇다면 재원이는 왜 이런 문제아가 된 것일까? 사실 이유를 찾는 것은 그리 어렵지 않다. 작은 가게를 운영하는 재원이의 부모는 고등교육을 받지 못했고 매일 가게 일이 바빠 아이를 가르치는 데 소홀했다. 평소에 부모가 재원이의 공부를 평가하는 유일한 기준은 성적표상의 점수였다. 재원이도 초등학교에 막 입학했을 때는 매우 노력하는 데다 똑똑하기까지 해서 공부도 괜찮게 하는 편이었다. 나중에 재원이는 컴퓨터오락에 빠지게 되었고 자연히 학교 성적도 떨어지기 시작했다. 아빠는 재원이의 성적이 떨어진 이유는 생각해 보지도 않고 몹시 화를 내며 심하게 야단치기만 했다. "나랑 너희 엄마는 널 위해서 죽도록 일하는데 넌, 겨우 이런 점수를 받아 와? 난 네가 이 정도밖에 안 되는 놈이란 걸 진작부터 알아봤다. 그렇지 않으면 어떻게 머리에 '가마'가 세 개씩이나 있을 수 있겠어?" 사실 재원이네 지방에는 이런 말이 있었다. 아이 머리에 가마가 하나 있으면 효자이고 두 개가 있으면 보통이며 세 개가 있으면 부모 속을 엄청 썩인다는 것이다. 재원이 머리에는 가마가 세 개 있었다. 그래서 평소에 재원이가 속을 썩일 때마다 아버지는 '가마가 세 개' 있어서 그런 거라며 '몹쓸 놈' 이라고 재원이를 혼냈다. 또 재원이가 공부를 못하는 것은 천성적인 이유 때문이라고 말하곤 했다. 아버지에게 이런 말을 자주 듣자 재원이는 공부에 대한 의욕을 완전히 잃어버렸다. "나는 어차피 안 될 놈인데 노력해 봤자 뭐 하겠어?" 그래서 재원이는 자포자기한 채로 학교에 가지 않고 게임방에 갔고 나중에 돈이 떨어지자 도둑질을 했다. 결국 도둑질을 하다 잡혀 학생부에까지 끌려가게 됐다. 학교에서는 재원이를 선도해 보려고 몇 번이고 타일러 봤지만 고쳐지지 않자 어쩔 수 없이 재원이를 퇴학시킨 것이다.

재원이의 이야기는 조금 황당하기까지 하다. 하지만 우리는 주위에서 이런 경우를 적지 않게 볼 수 있다. 종종 어른들의 황당무계한 말들이 아이들로 하여금 점점 자신감을 잃게 하고 모든 것을 원망하며 결국 인생의 올바른 항로를 이탈하게 만들어 버리는 것이다. 또 하나의 이야기를 들어보자.

공사장 인부들이 벽돌을 쌓아 담을 만들고 있었다. 그들은 모두 바쁘게 일하고 있었지만 각자의 기분은 모두 달랐다. 첫 번째 인부는 일이 너무 힘들고 지친다며 불평을 늘어놓았고, 두 번째 인부는 운명이라 생각하며 괴로움을 참고 열심히 일만 했다. 세 번째 인부는 이 담이 다 만들어지면 노인이 담 주변에 좋아하는 꽃을 심을 수도 있고, 꼬마아이가 벽에 우주를 그릴 수도 있을 것이라고 상상하며 휘파람까지 불며 즐겁게 일했다.

누구나 세 번째 인부처럼 되기를 바랄 것이다. 평범한 나날 속에서 모든 것에 애정을 가지고 일하다 보면 아무리 귀찮고 힘든 일이라도 거기에서 기쁨을 얻을 수 있을 것이다. 제16회 프랑스 월드컵이 축구계에 시사한 것은 '공격하고, 공격하고 또 공격하라' 는 것이었다. 사람을 분발하게 만드는 군가에는 이런 가사가 있다. '앞으로, 앞으로, 앞으로!' 인생에서 가장 필요한 것은 '진취, 진취, 진취' 이다.

존에게는 7명의 형제자매가 있었다. 그는 다섯 살 때부터 일을 하기 시작했고, 아홉 살 때는 노새를 몰았다. 존에게는 훌륭한 어머니가 있었는데 어머니는 종종 아들에게 자신의 아쉬움에 대해 말하곤 했다. "우리도 한번 잘살아 봐야 할 텐데……. 가난은 하늘의 뜻이 아니란다. 우리는 가난해도 하늘을 원망해서는 안 돼. 왜냐하면 너희 아버지는 가난에서 벗어나려고 노력한 적이 없었고 가족들도 모두 그럴 뜻이 없었으니까." 이 말은 존의 가슴속에 깊이 새겨졌다. 커서 부자가 되겠다고 결심한 존은 열심히 돈을 모으기 시작했다. 열심히 노력한 결과 존은 경매로 한 회사를 사들일 수 있었고 그 후에도 7개의 회사를 인수했다. 그의 성공 비결은 바로 오래전 어머니가 하신 말씀이었다. "우리는 가난하지만 하늘을 원망해서는 안 된다. 왜냐하면 아버지는 한 번도 가난에서 벗어나려고 노력한 적이 없었고 가족들도 그럴 뜻이 없었으니까." 존은 강조하며 말했다. "비록 나는 부호의 후손은 될 수 없었지만 부호의 조상은 될 수 있다."

존의 이야기는 강한 열정을 품으면 큰 힘을 얻을 수 있다는 사실을 말해 주고 있다. 당신의 강한 열정이 운명을 바꾸기 위해 움직일 때 모든 어려움과 좌절, 장애물들이 당신에게 길을 비켜 줄 것이다. 열정이 강하면 아무리 큰 어려움이나 장애도 극복할 수 있다. 그렇기 때문에 공부를 할 때도 남보다 앞서려는 열정을 가져야지 남을 탓하기만 하고 남의 성공을 부러워하며 자신에 대한 책임을 포기해 버리면 아무것도 이뤄 낼 수 없다.

인생은 작은 배가 넓은 바다를 항해하는 것과 같아서 작은 파도에도 크게 흔들린다. 겁 많은 자는 뒷걸음질칠 것이고, 타락한 자는 되는대로 내버려 둘 것이다. 오직 용감한 자만이 열심히 싸워 승리의 언덕에 도달하고 생명의 가치를 실현시킬 수 있다.

형진이네는 줄곧 집안 형편이 좋지 않았고 아버지가 폭력까지 휘둘렀다. 그래서 형진이의 어린 시절은 너무나 불우했다. 형진이는 몸이 많이 아팠지만 집안 형편으로 인해 치료를 제대로 받지 못해 어린시절을 고통스럽게 보냈고 결국 스물여덟 살 때는 귀까지 멀었다. 이것은 작곡가인 형진이에게 있어 모든 것을 잃는 것이나 마찬가지였다. 그렇지만 형진이는 운명에 굴복하지 않고 자신의 천부적인 재능과 굳은 의지로 위대한 작품을 쓰겠다고 다짐했다. 운명과의 사투에서 그의 생명의 불씨는 점점 더 왕성하게 타올랐다.

'필사의 정신은 생명의 가치를 더 귀중하게 한다'는 진리가 바로 여기에 있는 것이다. 인생에는 평탄한 길만 있는 것이 아니다. 도처에 가시밭길이 깔려 있다. 그리고 당신의 아이는 자신의 조건과 의지력으로 그것들을 이겨 내야만 한다.

만약 당신의 아이가 자신의 환경을 탓한다면 아래와 같이 지도해 보자.

1. 아이가 자신을 긍정할 수 있게 도와주어라.

모든 사람은 자신만의 장점이 있고 생활환경도 모두 다르다. 공부가 인생의 전부는 아니다. 그렇기 때문에 점수만으로 아이를 평가해서는 안 된다. 자신감이 부족한 아이를 자주 격려해 주고 자신감을 북돋아 주어 학업에 긍정적인 영향을 미칠 수 있도록 하라.

2. 공부를 못하는 아이에게 '둔한 새가 먼저 나는 것'이라고 격려하라.

아이가 공부를 못한다고 해서 조급해 하지 말아라. 다른 사람과 자신을 비교한 후 부족한 점을 고치고 더욱 노력하면 만족스러운 결과를 얻을 수 있을 것이다.

3. 좌절을 극복할 수 있게 도와주어라.

아이가 실패에 부딪혔을 때, 실패는 인생에서 피해 갈 수 없는 길이라는 사실을 알려 주어라. 또 좌절을 두려워하지 말고 넘어져도 다시 일어날 수 있도록 격려해 주어야 한다.

4. 아이가 스스로 실패의 원인을 분석하도록 도와주어라.

실패하더라도 원망만 해서는 안 되고 마음을 가라앉히고 그 원인을 구체적으로 분석해 보아야 한다. 이를 통해 앞으로 조심해야 할 점과 교훈으로 삼아야 할 점을 찾아내어 비슷한 문제에 부딪혔을 때 잘 해결할 수 있도록 해야 한다.

Luxury study habit 04
공부를 위해 해야 할 일

적은 노력으로 큰 효과를 거두는 것이
성공의 지름길이다

습관 44 비효율적인 우리 아이 나쁜 습관 고쳐주기

좋은 습관은 사람의 신경에 있는 자본과 같다. 이 자본은 계속 늘어나서 사람은 평생 동안 그 이자를 받게 된다. 반대로 나쁜 습관은 도덕적으로 깨끗이 갚을 수 없는 빚이다. 이 빚은 계속해서 늘어나는 이자로 사람을 괴롭히고 그의 가장 좋은 계획을 방해하며 도덕적으로 파산하는 지경에까지 이르게 한다.

강수는 열세 살 때 KAIST 입시를 준비했다. 토플과 GRE 성적이 매우 뛰어나서 스무 살 때는 미국의 한 대학에서 전액 장학금을 받으며 공부했고, 하버드에서 박사 과정을 밟았다.

강수의 아버지는 중학교 교사로 강수에게 좋은 공부 습관들에 대해 자세하게 설명했다. 그중 일부를 소개한다.

1. 수량화시키는 습관. 하루 동안 열심히 공부했다고 해서 나머지 열흘을 놀아 버려서는 안 된다. 매일 일정한 양을 공부하고 그것이 쌓여야만 좋은 결과가 나타나는 것이다. 만약 한자와 영어 단어를 공부하기로 마음먹었다면 집에 손님이 찾아오고 친구들과 놀 약속을 했더라도 매일 계획했던 대로 10개씩은 꼭 외워야 한다. 그렇게 1년이 지나면 각각 3,000개의 한자와 영어단어를 외울 수 있게 되는 것이다. 구구단을 외울 때도 매일 아침 일어나서 옷을 입을 때 하나씩 가르쳐 주어 그것을 기억하게 한다. 가령 어떠한 책이 분량이 많다면 포기하기 보다는 매일 10장씩만 보는 것도 한 방법이 된다. 아이에게 공부를 시킬 때 '소나기 퍼붓듯' 시켜서도 안 되고 하루 종일 놀게 해서도 안 된다.

2. 예습의 습관. 수업 전에 예습을 하지 않으면 수업 시간에 요점을 파악하지 못하거나 흐름을 따라가지 못해 다른 아이들과 격차가 벌어지기 쉽다. 나는 아이가 만약 내일 들을 수업의 내용을 두 번 이상 읽어 보지 않으면 학교에 가지 못하게 했다. 수업 시간에 이해한 것은 그 자리에서 암기하고 잘 이해하지 못한 것은 다시 한 번 생각해 보아 꼭 이해하고 넘어가도록 시켰다. 이렇게 하면 수업이 끝난 후 숙제를 할 때 훨씬 편해지고 속도도 빨라져 금방 끝낼 수 있으며, 읽고 싶은 책도 마음껏 읽을 수 있다.

3. 시간을 정해 놓는 습관. 아이에게 언제 공부하고 언제 놀지 시간을 정해 놓도록 시켜야 한다. 놀기 좋아하는 것은 아이들의 천성

이기 때문에 그들의 놀 권리를 뺏을 수는 없다. 또 재미있게 놀지 못하면 공부할 때 충분히 집중하지 못하므로 놀 때는 공부에 대한 걱정 없이 마음껏 놀 수 있도록 해 줘야 한다.

4. 독립적으로 사고하는 습관. 강수는 생각이 민첩하고 이해력이 빠르며 분석도 잘한다. 초등학교 3학년 때 분수를 배우던 날 강수는 엄마에게 말했다. "만약 분자가 모두 1이고 빼지는 분모의 수가 빼는 분모보다 1이 작으면 그 차의 분자는 반드시 1이 되고 분모는 두 분모의 최소공배수가 돼요. 예를 들어 1/2-1/3=1/6, 1/7-1/8=1/56처럼 말이에요. 아홉 살짜리 꼬마아이가 이런 규칙을 찾아낼 수 있다는 것은 정말 대단한 일이다. 엄마는 대견해 하며 강수를 칭찬해 주었고 이런 아들을 자랑스럽게 여겼다. 중학교에 들어가서 어려운 문제를 접했을 때도 강수는 쉽게 포기하지 않았다. 강수는 자신이 생각해 낸 것이 다른 사람이 가르쳐 주는 것보다 훨씬 이해하기 쉽다고 생각했다.

5. 전념하는 습관. 부모는 강수에게 공부를 가르칠 때 혼신의 힘을 기울였고 1분 1초도 다른 생각을 하지 못하게 했다. 또 놀 때는 신나게 놀게 하여 공부에 관한 것은 생각하지 않도록 했다. 식사 시간이 되어 맛있는 냄새가 코를 찌를 때 엄마는 계속해서 강수를 부른다. "강수야, 어서 와서 밥 먹자." "조금 이따가 먹을게요. 저 이 문제 아직 다 못 풀었어요." 강수는 고개도 들지 않고 계속해서 문제를 푼다. 언제 한번은 집에 오신 손님이 감탄하며 이렇게 말했다. "이렇게 몰두해서 공부하는 아이는 정말 처음 봐요!" 강수는 공부할 때 끈기가 대단해서 일단 공부를 시작하면 다른 일은 아무것도

신경 쓰지 않고 공부에만 집중한다.

러시아의 한 유명한 교육가가 말했다. "좋은 습관은 사람의 신경에 있는 자본과 같다. 이 자본은 계속해서 늘어나 사람은 평생 동안 그 이자를 받게 된다. 반대로 나쁜 습관은 도덕적으로 깨끗이 갚을 수 없는 빚이다. 이 빚은 계속해서 늘어나는 이자로 사람을 괴롭히고 그의 가장 좋은 계획을 방해하며 도덕적으로 파산하는 지경에까지 이르게 한다." 마찬가지로 아이의 나쁜 공부 습관을 고쳐 주지 않으면 아이의 발전에 심각한 영향을 끼칠 것이다. 그렇다면 부모들은 어떻게 아이가 나쁜 공부 습관을 없애고 좋은 습관을 기를 수 있게 도와줄 수 있을까? 위에 나온 강수의 공부 습관은 좋은 예이다. 이외에도 아래와 같은 방법을 활용해 보자.

1. 나쁜 습관이 공부에 미치는 영향에 대해 알려 주어라.

부모는 아이에게 나쁜 습관이 공부에 어떤 영향을 미치는지 알려 주고 아이가 스스로 그 습관을 고쳐 나갈 수 있게 도와주어야 한다.

2. 하나씩 점차적으로 고쳐 주어라.

부모는 아이의 나쁜 습관을 발견했을 때 되도록 빨리 고쳐 주어야 한다. 그러나 급히 서두르면 안 되고 적절히 칭찬해 주면서 하나씩 점차적으로 고쳐 줘야 한다.

3. 나쁜 습관의 원인을 찾아서 고쳐 주어라.

부모는 아이에게 나쁜 습관이 생기게 된 원인을 찾아내어 그것에 맞게 고쳐 주어야 한다.

4. 아이에 대해 고정관념을 갖지 마라.

부모는 객관적이고 공정하게 아이를 평가해야지 '한 가지를 잘했다고 해서 모든 것을 잘한다고 믿고 한 가지를 못했다고 해서 아무것도 못한다고' 생각해서는 안 된다. 아이의 좋은 습관은 칭찬하고 발전시켜 주고 나쁜 습관은 지적해 주고 고쳐 주어야 한다.

습관 45 기억력이 좋지 않은 우리 아이 나쁜 습관 고쳐주기

기억이란 자신이 겪었던 일과 만났던 사람들을 머릿속에 저장해 두는 것을 말한다. 기억력이 좋아야 지식과 경험도 많이 쌓을 수 있다.

성적이 좋은 아이들은 대부분 기억력도 좋다. 어른들 중에서도 지식이 해박하고 학식이 높은 사람들은 기억력이 뛰어난 경우가 많다.

그러나 우리는 부모들이 이렇게 원망하는 것을 자주 들을 수 있다. "우리 애는 아무것도 외우지 못하는 것 같아요. 오늘 외운 것도 하루만 지나면 까맣게 잊어버린다니까요. 어떻게 하면 아이의 기억력을 높여 줄 수 있을까요? 정말 골치 아파 죽겠어요."

기억이란 자신이 겪었던 일과 만났던 사람들을 머릿속에 저장해 두는 것을 말한다. 기억력이 좋아야 지식과 경험도

많이 쌓을 수 있다.

유아들의 기억력은 정말 놀랍다. 그러나 그들의 특징은 빨리 기억하고 빨리 잊어버린다는 것이다. 아이들은 관심이 있거나 특별한 것은 쉽게 기억한다. 하지만 그들이 기억하는 것은 자질구레하고 쓸데없는 것들인 경우가 많다.

우리는 어떤 문제에 대해 논리적으로 이해해야만 더 많은 정보를 기억할 수 있다. 아이의 기억력은 타고나는 경우가 많다. 하지만 후천적으로 훈련하고 능력을 키우는 것도 매우 중요하다. 적당한 훈련은 아이의 기억력을 높이는 데 큰 도움이 되기 때문이다.

어떻게 해야 아이의 기억력을 높여 줄 수 있을까? 아래와 같은 방법을 써 보는 것도 좋을 것이다.

1. 관찰하는 법을 가르쳐라.

관찰은 지식과 경험을 습득하는 좋은 방법이고, 기억은 지식과 경험을 쌓아 두는 창고이다. 최대한 많이 관찰하게 하고, 사물을 관찰하면서 구체적인 형상을 기억하도록 하라. 예를 들어 외출할 때 아이에게 가는 길과 방향, 버스 번호 등을 기억하게 하고 주변의 특징들을 관찰하게 한 후, 돌아올 때는 아이가 앞장서도록 한다.

2. 무조건적인 암기는 피하라.

아이의 기억력을 높일 수 있도록 다양한 방법을 시도하라. 아이에게 최대한 많은 가사와 동요, 문장 등을 외우게 하라. 동시에 관련된 단어를 해석해 보고 단어 간의 관계를 파악함으로써 기억하는 데 도움이 되게 하라.

3. 흥미를 길러 주어라.

환경과 정서를 기억하게 하는 것은 기억력을 높이는 데 매우 효과적인 방법이다. 기억력을 높이기 위해서는 아이가 기억해야 할 물건에 관심을 가질 수 있게 만들어야 한다. 관심으로 흥미를 높이는 것은 아이에게 강한 정서적 체험을 하게 하는 것과 같다. 이야기 속에 기억하려는 사물을 넣어 이해시킨다. 또 손과 머리를 함께 쓰게 하면 더 쉽게 기억할 수 있다. 예를 들어 '고양이' 라는 글자를 기억시킬 때 고양이의 실물과 울음소리를 듣게 하고 고양이 몸을 만져 보게 하는 것 등은 아이가 더 쉽게 이해하고 기억하도록 돕는 좋은 방법이다.

습관 46 효율적인 복습 방식을 모르는 우리 아이 나쁜 습관 고쳐주기

복습은 지식을 견고히 다지는 기본 단계에 해당한다. 따라서 이를 소홀히 하면 지식은 금세 흩어지기 마련이다. 만약 아이에게 이런 버릇이 있다면 반드시 고쳐 주어야 한다.

동수는 노는 것보다 공부를 더 좋아하는 아이다. 매일 방과 후면 어김없이 책상 앞에 앉아 열심히 예습을 한다. 엄마는 이런 동수를 흐뭇하게 지켜보며 '뒤돌아보지 말고 앞만 보며 나가라' 라고 격려했다. 그러면 동수는 더욱더 진도에 치중하곤 했다. 그러나 동수의

성적은 노력한 만큼 만족스럽지는 않았다.

　종원이는 정반대다. 집에 돌아오면 먼저 그날 학교에서 배운 내용을 복습한다. 배운 내용을 다시 한 번 정리해서 완전히 이해한 후에 숙제를 하고 예습을 시작한다. 복습을 마친 후에 예습을 하기 때문에 복습은 새로운 지식의 든든한 기초가 되어 준다. 그래서 예습할 때 이해하기 쉽고 효율도 높아지며 시간도 단축된다. 공부를 다 마치고도 놀 시간이 충분히 남을 정도다. 그래서 종원이는 이웃 사람들에게 '공부를 쉽게 하는 똑똑한 아이'로 유명하다.

　에빙하우스의 '기억곡선'이라는 것이 있다. 처음 기억한 양을 100으로 놓고 시간의 흐름에 따른 변화를 나타낸 그래프이다. 이에 따르면 기억은 하루 만에 급격히 감퇴하여 다음날 바로 60이 되고 이틀 후에는 40, 3일이 지나면 30 정도를 기억한다고 한다. 이후 곡선의 하강 속도는 점점 느려져 한 달 후에는 20을 가리킨다.

　다시 말해, 처음에는 빨리 잊혀지다가 시간이 지날수록 속도가 더뎌지는 것이다.

　그런데 정리되지 않고 제대로 이해조차 하지 못한 지식은 더 빨리 잊어버린다고 한다.

　미국의 한 심리학자는 철저한 복습을 통해 완벽하게 이해한 것은 죽을 때까지도 잊어버리지 않는다는 것을 실험을 통해 증명했다. 그러나 대충 넘어간 것은 눈 깜빡할 사이에 연기처럼 사라져 버린다.

동수의 공부 효율이 그다지 높지 않은 것은 복습을 소홀히 하는 것과 깊은 관련이 있다.

물론 동수가 공부에 임하는 자세는 칭찬받아 마땅하고 부모도 자랑스러워할 만하다. 하지만 좋은 태도가 반드시 좋은 결과를 가져오는 것은 아니다. 공부는 과학적인 원리에 따라야 한다. 동수의 부모는 그 원리를 이해하지 못했거나 아이의 공부에 진정한 관심을 갖지 않은 것이다.

너무 과한 욕심은 일을 그르치기 마련이다. 대부분의 아이들은 공부하는 데만 시간을 쏟아 다른 활동을 할 틈이 없다. 이런 비정상적인 생활이 열 살 남짓의 아이들에게 얼마나 무미건조하게 느껴지겠는가.

올바른 공부 방법은 종원이처럼 복습을 열심히 하고 너무 많은 것에 욕심내지 않는 것이다.

공부는 점차적으로 심화시켜 나가는 것이다. 전에 배웠던 내용은 나중에 배울 지식의 기초가 되어야 한다. 기초가 튼튼하지 못하면 더 이상 지식을 쌓을 수 없고 금세 무너져 버려 지식은 뒤죽박죽이 될 것이다.

효율적인 복습 방법을 모르는 아이의 나쁜 습관을 고쳐 주려면 아래의 방법부터 실천해 보라.

1. 아이의 공부를 더 발전적인 안목으로 넓게 바라보라.
2. 아이의 공부 방법이 과학적이고 합리적인지 관찰하라.
3. 복습의 기초 위에 새로운 지식을 쌓을 수 있도록 하라.
4. 다른 친구들의 공부 방법을 많이 보고 알맞은 방법을 선

택하여 배우게 하라.

5. 아이의 노력은 칭찬해 주되 시간을 아낄 수 있는 방법을 찾을 수 있도록 도와주어라.

습관 47 수업시간에 대답하기 싫어하는 우리 아이 나쁜 습관 고쳐주기

중국의 전통적인 질문법은 수천 년이라는 시간의 흐름 속에서 빛을 발했다. 그러나 그것은 이미 정리된 지식의 습득에 사용되었을 뿐 미지의 영역에서 새로운 지식을 창조하는 일에는 전혀 도움이 되지 않았다.

왕안석의 《박선과주(泊船瓜洲)》 중 '봄바람이 또 강기슭을 푸르게 물들이는데 명월은 언제서야 날 비출까' 라는 구절로 선생님이 이런 문제를 냈다. "산 몇 개만 넘으면 서울에 도착할 수 있는데 왜 '언제' 라는 말을 썼을까?" 선생님의 이 질문에 아이들은 곧 시대적인 배경을 통해 작자의 뜻을 파악한다. 표면적으로 이 구절은 고향으로 돌아가고 싶은 작자의 절절한 마음을 나타내고 있다. 그 배경에 대해 설명하자면 고향을 떠나 서울로 가는 길에 고향 쪽 강기슭을 바라보자 벌써 떠나온 고향이 그리워져 '언제' 다시 돌아갈 수 있을까 안타까워하는 것이다.

이 문제에 대해 생각하고 대답하는 과정을 거치면서 아이들의 사고력이 단련되는 것이다.

사고는 문제제기로부터 시작되는 것으로 문제가 없으면 곧 정지하게 된다. 수업은 선생님과 아이가 함께 참여하는 쌍방 간의 활동으로 그들은 서로 많은 정보와 감정을 동시에 교류하게 된다. 이러한 교류는 사제지간에 사이가 좋은 화목한 분위기에서 진행되는 것이다. 교류의 방법에는 여러 가지가 있는데 그중에서 가장 많이 사용되고 또 효과가 있는 것이 바로 질문이다. 사고 활동은 문제제기에서 시작하여 문제의 답을 찾는 과정에서 심화되고 발전한다. 그러므로 수업 중에 문제를 내면 아이들의 주의력을 집중시키는 동시에 탐구심을 길러 줄 수 있다. 또한 독립적인 사고를 하게 하고 상호 교류를 촉진시켜 수업 분위기를 생동감 있게 하는 데 도움이 된다. 이처럼 좋은 문제제기는 일종의 진정제로 작용하여 수업이 순조롭게 진행되도록 해 준다.

선생님이 문제를 내는 것은 아이들에게 질문하는 방법을 가르쳐 주는 과정과도 같다. 아이가 문제를 풀고, 선생님이 아이의 질문을 평가하는 것 또한 사고력을 기르는 훈련이다. 선생님은 어려운 문제를 내 줌으로써 아이의 창조적인 사고력을 길러 줄 수 있다.

또 선생님의 적극적인 질문은 아이가 자신의 의견을 발표할 기회를 주는 것으로 아이는 이 과정에서 자신의 관점을 적절한 말로 표현하여 전달하는 능력을 기를 수 있다.

어떤 아이는 선생님이 한 질문에 대한 답을 알고 있어도 우물쭈물하며 앞뒤가 맞지 않는 대답을 한다. 이런 일이 거듭될수록 점점 더 부끄러움을 타고 꾸중을 들을까 무서워 발표를 하지 않으려 한다. 이런 아이는 말로 전달하는 능력이 매우 부족한 것이다. 이 상태를 극복하려면 선생님의 질문에 적극적으로 대답하고, 친구들과 함께 여러 문제에 대해 토론해 보는 것이 좋다.

질문을 통해 수업 시간에 선생님과 아이는 각자에게 유익한 피드백 정보를 얻는다. 이것은 또 가르치고, 배우는 과정을 돌아보고 그 수준을 한 단계 조정하는 데 결정적인 참고 사항으로 작용한다. 예를 들어 선생님은 질문을 통해 아이들이 중요한 내용에 대해 얼마나 잘 파악하고 있는지를 검사한다. 또 아이가 잘못 이해한 부분과 그 원인을 찾아내고 아이 개개인의 차이를 발견할 수도 있다. 이는 자신의 수업 방식에 대한 반성으로 이어지고 이에 따라 수업의 방향을 조정할 수 있게 된다. 아이는 질문에 대답을 함으로써 선생님에게 자신의 학습 상태를 평가받고 자신의 공부를 자신이 직접 관찰하는 계기가 된다. 이를 통해 나쁜 공부 습관을 스스로 고칠 수 있다.

부모들에게 아래와 같은 제안을 해 본다.

1. 단체 활동에 적극적으로 참여하도록 격려하라.

단체 활동은 아이들의 정신을 더 가볍고 자유롭게 해 준다. 그러면 자연스럽게 여러 사람 앞에 설 수 있는 용기가 생길 것이다. 이것이 반복되면 선생님의 질문에 긴장해서 말을 못하는 일이 더 이상 없을 것이다.

2. 수업 전에 예습을 시켜라.

많은 아이들은 혹여 실수할까, 선생님이나 친구들이 비웃을까 두려워 발표하지 못한다. 이는 철저히 예습하지 않았기 때문이다. 수업 전에 충분히 준비하면 자신감이 생길 것이다.

3. 문제에 대답하는 방법을 알려 주어라.

사실 대답하는 데도 방법이 있다. 예를 들어 적절히 수식을 활용한다든지, 비유를 사용해 좀 더 생동감 있게 표현할 수도 있다. 의인법은 감정의 색채를 더 다양하게 해 주고, 대구법은 설득력을 높여 준다. 물론 이것을 공식화시킬 수는 없다. 하지만 유용한 규칙인 것만은 분명하다. 아이에게 이를 자세히 설명하라.

습관 48 요점을 파악하지 못하는 우리 아이 나쁜 습관 고쳐주기

45분 수업 시간 동안 어떤 아이는 선생님이 설명하신 내용 중 중요한 점, 어려운 점 등을 모두 파악해서 수업이 끝난 후 잠깐 동안만 다시 보면 그 내용을 기본적으로 이해를 한다. 그러나 또 어떤 아이는 똑같이 수업을 들어도 몽롱하게 앉아 있기만 한다. 그래서 수업 시간에 뭘 배웠느냐고 물으면 아무 말도 하지 못한다. 요점을 파악하느냐 그렇지 못하느냐에 따라 지식의 이해 속도가 판가름 나는 것이다.

한 기업의 사장이 있었다. 그는 매우 근면해서 회사를 위해 자신

의 모든 것을 바쳤다. 그러나 파산의 운명을 피하지 못했다. 그는 자신이 왜 실패했는지 이유를 알지 못해 괴로워했다. 어느 날 그는 성공한 한 기업의 사장을 만났다. 그 성공한 사장은 그가 실패한 원인에 대해 한 가지 아주 치명적인 이유를 짚어 냈다. 그것은 바로 그가 기업의 대사를 장악하지 못해 큰 것은 잃고 작은 것을 얻었기 때문이다. 그는 이 말에 크게 동감하여 자신의 어려운 국면을 새롭게 정리했고 마침내 그의 기업은 한줄기 밝은 빛을 볼 수 있게 되었다.

한 기업을 경영하려면 사업을 잘 장악하고 있는지, 기업의 경쟁력이 강한지 약한지 등 전반적인 부분에 신경을 써야 한다. 많은 경영자들은 빙산의 일각과도 같은 작은 문제에만 신경 쓰고 빙산의 아래에 숨겨져 있는 95%에 달하는 문제를 발견하지 못한다. 하나를 얻는 대신 열 개를 잃는 것이다. 한 사람의 시간과 정력은 제한되어 있다. '모든 일이 다 중요하다'는 말은 신화일 뿐이다. 순서를 정해 중요한 것부터 선택해서 처리해야 한다.

소의 뿔을 잡으면 소를 통제할 수 있지만 꼬리를 잡는 것은 아무런 도움이 되지 않는다. 공부도 이와 마찬가지이다. 수업의 요점을 찾아야 한다. 그렇지 않으면 똑같이 수업을 들어도 다른 사람에 비해 효율이 훨씬 떨어지게 될 것이다.

새로운 내용을 배우기 전에 선생님은 항상 지난 수업의 내용을 다시 한 번 설명한다. 이 내용이 지난 수업의 요점이므로 반드시 주의해서 듣고 자신이 완벽하게 이해하고 있는지 스스로 점검해야 한다. 수업이 끝나기 직전에는 수업 내용을 간단히 정리한다. 그렇게 하면 수업의 요점을 쉽게 파악할 수 있다.

그러나 아이들은 이것에 그다지 주의하지 않는다. 수업이 막 시작하면 친구와 몰래 소곤대면서 재빨리 공부에 집중하지 못한다. 수업이 끝날 즈음엔 이미 마음이 떠나 버려 빨리 종이 치기만을 바란다. 선생님이 강조하는 지난 수업과 이번 수업의 요점을 놓쳐 버리게 되는 것이다. 이것이 바로 많은 아이들이 공부를 잘하지 못하는 주요한 원인이다.

수업 중에 정말 중요한 내용이 있는 경우 선생님은 여러 가지 방식으로 아이들에게 강조한다. 어떤 선생님은 목소리를 높이고, 어떤 선생님은 말을 천천히 하며, 어떤 선생님은 반복해서 말한다. 또 어떤 선생님은 '첫째, 둘째, 셋째, 넷째' 등으로 세세하게 나눠서 칠판에 써 주기도 한다. 선생님마다 요점을 강조하는 방법은 다르지만 주의해서 보면 모든 선생님이 각자 습관적으로 사용하는 방법을 발견할 수 있을 것이다.

일반적으로 한 시간가량 진행되는 수업에서 주의해야 할 점은 두 가지다. 첫째는 어려운 내용이다. 모든 시간마다 이해하기 어렵고 해결하기 어려운 부분이 반드시 있다. 이것은 공부의 '장애물'로 반드시 제거하거나 뛰어넘어야 한다. 선생님은 더 쉬운 길로 아이들을 인도하고 아이들은 선생님의 뒤를 따라 적극적으로 사고하여 어려움을 극복해야 한다. 예습할 때나 수업 중 부딪혔던 어려운 문제는 선생님의 분석과 해석을 통해 반드시 해결해야 한다. 둘째는 중요한 내용이다. 선생님은 수업 시간에 모든 시간과 힘을 중요한 내용을 설명하는 데 쏟는다. 논리적으로 상세히 분석하고 천천히 설명하여 중요한 내용을 강조하고 요점은 칠판에 써서 생각의 갈래를 정리한다.

요점을 이해한 것만으로도 수업에 충실했다고 말할 수 있다. 설사 세세한 부분을 이해하지 못했다 하더라도 천천히 생각해 보면 금방 해결되므로 걱정할 필요가 없다.

선생님의 행동에 주의하라. 어떤 문제에 대한 선생님의 견해는 종종 행동으로 표출된다. 선생님이 어떤 문제를 어렵게 생각하는지 혹은 중요하게 여기는지 관찰하면 알 수 있다. 선생님과의 언어 교류, 눈빛 교류, 생각의 교류가 모두 공부하는 데 도움이 된다.

이 모든 것은 수업 시간에 집중하지 않으면 불가능한 일이다. 여기에서 집중의 중요성을 다시 한 번 강조하지 않을 수 없다. 전심전력으로 몰두하는 것은 아이가 반드시 길러야 하는 최소한의 공부 습관이다.

아래와 같은 방법을 써 보길 바란다.

1. 중요한 것을 먼저 해결하는 습관을 길러 주어라.

어떤 문제에 부딪혔을 때 한꺼번에 모든 것을 해결할 수는 없다는 사실을 알려 줘야 한다. 우선 중요한 모순을 집중 공략하여 문제해결의 실마리를 찾아야 한다. 작은 것 때문에 큰 것을 잃는 우를 범해서는 안 된다. 수업도 마찬가지이다. 먼저 선생님이 설명하는 주요 문제를 이해해야지, 문제의 경중을 따지지 않고 한 번에 처리하려 하면 안 된다.

2. 수업의 일분일초도 소홀히 하지 않게 하라.

수업 시간으로 주어지는 45분이란 매분매초가 모두 중요하다. 그 안에는 밀도 높은 지식이 담겨져 있기 때문이다. 그러므로 집중하고, 끝나는 순간까지 충실해야 한다. 그러기 위해서는 수업 전에 너무 심하게 놀지 않도록 하고, 수업 중에 다른 생각은 절대 하면 안 된다.

3. 수업 전에 중요한 점과 어려운 점을 미리 파악하도록 하라.

어떤 아이는 이번 시간의 중요한 점과 어려운 점이 무엇인지 모르겠다고 말할지도 모른다. 그러면 부모는 아이들이 잘 이해할 수 있도록 도와줘야 한다. 자신감이 있어야만 수업을 들을 때 목적을 갖게 되고 더 큰 효과를 거둘 수 있기 때문이다.

습관 49 모의고사만 푸는 우리 아이 나쁜 습관 고쳐주기

일부 아이들은 교과서 내용을 확실히 알지 못한 채로 연습 문제 풀이에 집중한다. 교과 내용은 깊이 파고들 필요가 없다고 여기는 것이다. 그러나 그렇게 하면 수학과 같이 많은 문제를 풀어 봐야 하는 과목에서는 나쁜 결과를 얻게 될 것이다. 공식조차 제대로 외우지 못하는 등 기본 지식이 부족

하기 때문이다. 하물며 국어나 영어와 같이 풍부한 어감이 필수인 과목은 더 말할 필요가 있겠는가. 아이들 가운데는 심지어 어떤 문제를 푸느라 수업 진도를 따라가지 않는 아이도 있다. 이 때문에 점수는 점점 떨어지고, 시험 때마다 긴장하여 나쁜 결과를 얻는다.

대입시험 전 모든 학교에서는 모의고사를 본다. 모의고사는 다년간의 교육 경험을 지닌 선생님들이 시험에 대한 분석을 통해 만들어 낸 것으로, 권위를 인정할 만하고 내용이나 문제 유형 면에서 실제 시험과 매우 흡사하므로 참고할 만한 가치가 있다. 그러나 모의고사 문제에만 모든 것을 의존할 수는 없다.

모의고사의 의미는 자신의 '약점(복습 중에 놓친 부분)'을 찾아 제때 보완하는 데 있다. 그러므로 모의 문제를 잘 풀지 못했다고 해서 걱정할 것은 없다. 모의 시험을 통해 발견한 '약점'을 극복하여 실제 시험에서 실수를 반복하지 않으면 된다. 또한 모의 문제를 잘 푼다고 해서 득의양양할 것도 없다. 어쩌면 그 문제가 자신의 '약점'을 비켜 갈 수도 있기 때문이다.

일부 아이들은 친구들이 하는 양을 보고 그대로 따라서 모의 문제에만 집중하기도 한다. 그러나 그들은 친구들의 공부 방법을 제대로 이해하지 못한 것이다. 겉만 일부 보았을 뿐 기초를 어떻게 쌓는지는 전혀 몰랐던 것이다. 만약 모의 문제만 풀고 기초 지식을 튼튼히 해 두지 않으면 '문제의 바다'에 빠져 영원히 성공의 언덕에 도달하지 못할 수도 있다.

어떤 아이들은 모의 문제가 실제 시험과 똑같다며 맹신하기도 한다. 하지만 과연 가능한 일일까? 한때 소위 '보습반'에서 고입, 대입시험 출제위원이 낸 모의 시험문제로 수업을 한다고 떠들썩하게 홍보한 적이 있었다. 그런데 출제위원이 한낱 보습반에 모의고사를 내주겠는가? 한 고시본부 인사는 이에 대해 "이것은 단지 허울뿐인 간판을 내걸고 수험생들을 속이는 일과 같다. 진짜 출제위원이 어떻게 보습반에서 수업을 하고 모의 문제를 출제하겠는가. 이것은 국가 기밀을 누출하는 일이다!"라며 강력히 부인한 바 있다. 이런 보습반의 경우, 사기일 가능성이 더 높다는 것이다.

아래와 같은 방법부터 시작해 보기를 제안을 한다.

1. 유익한 이야기를 들려주어라.

예를 들어 본문에 나온 이야기처럼 성적을 올리려면 기초지식을 튼튼히 해야 한다는 것을 이해시켜라. 물론 문제를 푸는 것도 중요하지만 모의 문제에 지나치게 의존해서는 안 된다. 모의 문제는 장난감 모형 비행기와 같아 그것을 타고 하늘을 날 수는 없다는 식의 예를 들어 설명해 주는 것도 좋은 방법이다.

2. 기초를 튼튼히 다지도록 도와주어라.

부모는 아이에게 기초를 튼튼히 하는 것의 중요성을 자주 언급하고 무엇보다도 스스로에게 의지해야 한다는 것을 이해시켜라.

3. 모의 문제의 출처를 분석하라.

모의 문제가 어떤 경로를 통해 시중에 나오는지 알려 주어, 그것이 이상한 문제들을 짜깁기한 것일 뿐 믿을 만한 것이 못 된다는 점을 충분히 설명하라. 그러면 아이들은 자신이 굳게 믿었던 것이 사실은 별것 아니라는 사실을 깨닫게 될 것이다.

4. 모의 문제의 허위성을 알려 주어라.

모의고사는 단지 가정된 상황 하에서의 측정 방식이므로, 그 문제도 역시 '지어낸' 문제일 뿐이다. 시험을 잘 보고 싶다면 기초를 튼튼히 하라. 문제가 아무리 변해도 그 근본을 벗어나지는 않기 때문에 모든 문제를 쉽게 풀 수 있을 것이다.

습관 50 시험문제를 예상해서 찍는 우리 아이 나쁜 습관 고쳐주기

시험문제를 예상해서 찍는 습관은 많은 폐단을 가져온다. 이렇게 예상한 문제가 우연히 시험에 나왔다고 해도 그것은 자신의 실력이 아니기 때문에 진정으로 그 지식을 얻었다고 말할 수 없다.

어떤 아이들은 공부의 목적은 오로지 시험을 잘 보기 위한 것이라고 생각한다. 그래서 그들은 복습을 할 때 시험의 맥락과 방향을 찾는 데만 온 신경을 집중한다. 수업 중 복습 시간에는 선생님이 강조하는 중요한 부분을 주의해서 들어 출제 경향을 예측한다. 심지어 선생님께 정보를 캐내고 샅샅이 파악하여 그중에 문제를 예상할 수 있는 실마리를 찾아내기도 한다.

이런 공부 방식에는 많은 폐단이 있다. 이것은 마치 결과를 예측할 수 없는 도박과 같아서 항상 긴장과 초조함에 시달리곤 한다. 만약 예상이 맞으면 뛸 듯이 기뻐하며 심지어 시험이 끝난 후 흥미진진하게 후일담을 이야기하기까지 한다. 또 만약 예상이 빗나가면 어찌할 바를 몰라 초조해 하며 알고 있던 내용마저도 기억해 내지 못해 결국 시험을 망치고 만다. 이렇게 본 시험에서 성적이 잘 나왔다 하더라도 그것은 실제 실력이 아니다. 그러므로 요행수를 바라며 긴장과 초조함 속에서 시간과 노력을 낭비하느니 마음을 가라앉히고 복습을 잘해서 실력을 쌓는 편이 훨씬 낫다. 다시 말해서 복습을 철저히 하지 않고 예상해서 찍은 문제에만 기대를 걸면 '큰 것을 잃고 작은 것을 얻는' 실수를 범하게 될 것이다.

필자는 이런 방법을 성적이 우수한 학생들은 어떻게 생각하는지 그들의 견해를 들어 보았다.

S대학에 다니는 건주의 생각은 이렇다. "사실 시험은 학생들의 지식 습득 정도를 측정하기 위한 것이죠. 시험은 측정과 선발의 도구로써 반드시 지식과 능력의 수준을 구체적으로 드러낼 수 있어야 해요. 그렇기 때문에 체계적으로 공부하는 것이 시험에 끌려 다니며 문제를 예상해서 찍는 것보다 훨씬 능률적이라 생각해요. 시험 문제를 예상해서 찍는 것은 위험 부담이 너무 크고 많은 시간을 낭

비하게 되는 것 같아요. 또한 체계적이고 깊은 지식을 얻을 수 없고 금세 잊혀지기 때문에 배운 내용이 바로 떠오르지 않아 활용할 수 없는 죽은 지식이 되는 거죠."

Y대학에 다니는 준영이도 시험문제를 예상해서 찍는 것은 좋은 방법이 아니라고 말한다. "대입시험문제는 일정한 규칙에 따라 출제되지만 누구도 어느 해에 어떤 문제가 나올지 장담할 수 없어요. 따라서 보편적인 규율을 가진 문제의 사고의 방향과 기교를 찾는 것이 시험에는 훨씬 많은 도움이 되요. 그것은 일종의 사고력을 기르는 방법인데, 예를 들면 수학적 사고력, 역사 사고력, 정치 사고력 등 변하지 않는 진리로 모든 변화에 대처하는 것이라고 생각하면 돼요."

건주와 준영이의 말은 모두 일리가 있다. 확실히 시험이라는 매개체가 있기 때문에 문제를 예상해서 찍는 것과 실제 수준 사이에는 확연한 차이가 생기는 것이다. 일정한 지식이 없이 준비해 둔 예상 문제에만 의존하는 것은 모든 것을 운에 맡기는 짓이다. 그렇기 때문에 기초를 잘 닦아 두어야만 예상 문제의 적중률도 높아질 수 있다. 예상 문제를 뽑는 시간과 정성을 책 보는 데 투자하여 먼저 책의 내용을 완벽히 이해하고 지식을 습득하면 기대하는 결과를 얻을 수 있을 것이다.

전문가들은 이렇게 말한다. 문제가 아무리 복잡하더라도 많이 연습을 해서 익숙한 경우 '훈련된' 능력과 기억력 정도만을 테스트할 수 있을 뿐이다. 반대로 문제가 아무리 간단하더라도 새로운 유형이라면 아이들의 이해 정도와 응용 능력을 검사할 수 있다고 한다. 근본적으로 국가의 이 모든 시도들은 기계적으로 암기하고 문제를 예상해서 벼락치기하는 행동을 막기 위한 대책이다.

무조건적인 암기, 연습 문제 많이 풀어 보기, 문제를 예상해서 찍기 등은 아이들을 극단적인 피동적 위치로 몰아가는 '시험을 위한 교육'일 뿐이다. 이 같은 방식을 버리고 교양 교육을 실시하여 아이들이 주동적으로 발전하도록 도와줘야 한다.

두 명의 교사가 있었다. 한 명은 수십 년 동안 교단에 선 베테랑 교사였고, 한 명은 이제 사범대학을 갓 졸업한 새내기 교사였다. 연륜이 있는 교사는 '공부는 무엇을 위해서 하는가?'에 대해 직접적으로 아이들에게 가르쳐 주지는 않았지만 이런 말로 아이들을 깨우쳐 줬다. "공부를 하려면 어떻게 사고해야 하는지를 먼저 배워야 한다." 이 말에는 공부의 목적이 매우 명확하게 드러난다(사고력을 단련시키는 것!). 그러나 젊은 교사는 항상 시험에 어떻게 대처할지 방법만을 가르쳐 줬다.

이 이야기는 요즘 젊은 교사들이 교육의 진정한 의미를 왜곡하고 있다는 것을 보여 주는 단적인 예라고 할 수 있다.

요즘 '예상 문제'가 판을 치고 있는데, 사실 이것은 교육의 진정한 의미에 대한 일종의 모욕이다. 이것은 마치 시험

전에 답안지를 나눠 주고 외우게 하는 것과 마찬가지로 어리석은 짓이다.

아래와 같은 방법을 써 보라.

1. 문제를 다른 각도에서 생각해 볼 수 있게 하라.

예를 들어 작은 곰 이야기를 색다른 눈으로 보면 마음이 금세 변하는 곰이 변덕스럽다고 말할 수 있을 것이다. 하지만 현재에 만족하지 않고 항상 새로운 것을 추구하며 새로운 목표를 세우는 곰의 진취적인 정신만은 높이 살 만하다. 이처럼 아이가 다양한 각도에서 문제를 볼 수 있도록 격려해 주어야 한다. 아이를 진정한 공부의 길로 이끌어 주어야지, 시험만을 위한 공부를 하게 해서는 안 된다.

2. 시험 때 아이에게 스트레스를 가중시키지 마라.

시험 때 아이는 이미 충분히 긴장하고 있다. 그런데 거기에다 부모까지 스트레스를 가중시킨다면 아이는 시험을 의미 없고 부담만 되는 일로 여겨 점점 자신감을 잃게 될 것이다. 또 시험을 내기와 같은 놀이처럼 생각하여 문제를 예상해서 찍는 결과를 초래할 수도 있다.

3. 작문을 바르게 지도하라.

문제를 예상해서 찍는 현상은 작문을 할 때 특히 자주 나타난다. 선생님은 작문을 가르치기 겁내 하고, 아이들이 작문하기 싫어하는 이유는 '시험을 위한' 작문, 즉 많은 예상 문제들과 기계적인 교육 방법이 기대치만 높이고 많은 아이들의 창작열을 꺾어 버리기 때문이다. 부모는 아이가 작문을 취미로 여겨 자신의 진실한 감정을 표현할 수 있도록 도와주고 아이의 수준에 맞춰 지도해야 한다.

습관 51 친구에게 물어보기 꺼려하는 우리 아이 나쁜 습관 고쳐주기

다른 사람의 도움 없이 혼자 생활하고 누구에게도 자문을 구하지 않고 모든 것을 스스로 해결할 수 있는 사람은 없다. 자신의 노력으로 스스로를 발전시키는 동시에 친구에게 도움을 구하는 것도 지식을 풍부히 하는 지름길이다.

어떤 사람이 꿈을 꿨는데 꿈에서 한 2층짜리 건물에 들어가게 되었다. 1층에 들어가자 긴 식탁이 하나 놓여 있었고 식탁에는 사람들이 둘러앉아 있었다. 식탁 위에는 맛있는 음식들이 가득 놓여 있었지만 누구도 그 음식들을 먹을 수 없었다. 왜냐하면 마법사의 저주로 사람들의 팔이 모두 굳어 버려 관절을 움직일 수 없었기 때문이다. 식탁 위의 맛있는 음식들에 손도 댈 수 없는 사람들은 불만에 가득 찬 얼굴로 앉아 있었다. 하지만 2층에서는 즐거운 웃음소리가 들려왔다. 호기심이 생겨 올라가 보았더니 1층과 마찬가지로 여러 사람들이 모여 있었고 그들의 팔도 역시 굽혀지지 않았다. 그러나 그들은 기뻐하며 음식을 먹고 있었다. 알고 보니 그들은 팔을 뻗어 마주 앉은 사람에게 음식을 먹여 주었고 결국 모두 맛있게 음식을 먹을 수 있었다.

이 이야기는 우리에게 누구도 남의 도움 없이 혼자 생활할 수 없고, 서로 돕고 의지하며 함께 살아가야 한다는 사실을 말해 주고 있다. 요즘 대부분의 아이들은 형제 없이 혼자 자란다. 이러한 성장 환경 때문에 아이들은 부모에 비해 자존심이 세고 개성이 강하며 자기주장이 확실하다. 하지만 부인할 수 없는 사실은 요즘 아이들이 타인과의 교류 능력과 협동 능력에 있어 부모 세대에 비해 크게 떨어진다는 것이다. 구체적인 예로 공부할 때 모르는 것이 있어도 친구에게 물어보기 싫어한다는 것을 들 수 있다.

한 기관에서 아이들에게 '공부하면서 모르는 것이 있을 때 어떻게 해결하는가?'라는 설문조사를 실시했다. 조사 결과 대부분의 아이들은 "스스로 해결한다"고 답했다. 그중 23%의 아이들은 "선생님께 물어본다"고 답했고 "친구에게 물어본다"고 대답한 아이는 20%도 채 되지 않았다. 또 '왜 친구에게 물어보지 않는가?'라고 묻자 많은 아이들은 "창피하잖아요!", "걔가 나보다 공부도 훨씬 못하는걸요"라고 대답했다. 참 걱정스러운 일이다.

한 선생님이 칠판에 작은 점 하나를 찍고는 학생들에게 물었다. "여러분 무엇이 보이죠?" 학생들은 이구동성으로 대답했다. "점이요." 그러면서 속으로 선생님의 질문이 우습다고 생각했다. 이때 선생님은 일부러 놀라는 척하며 말했다. "점 하나밖에 안 보인다구요? 여러분 눈에는 이렇게 큰 칠판이 보이지 않나요?" 학생들은 아무 말도 할 수 없었다.

그렇다. 모든 사람들에게는 장점과 단점이 있다. 당신은 남을 평가할 때 무엇을 보는가? 다른 사람의 '작은 점(단점)'만을 보고 그가 가지고 있는 '큰 칠판(장점)'을 경시하지는 않았는가?

각도를 달리해서 문제를 바라보면 당신은 여태껏 보지 못했던 아름다운 광경들을 더 많이 발견할 수 있을 것이다. '자기보다 아랫사람에게 물어보는 것을 부끄럽게 생각하지 말라.' 이것은 전통적인 미덕으로 다른 사람의 장점을 보고 자문을 구하라는 뜻이지 당신이 남보다 못하다는 것을 의미하는 것은 아니다. 오히려 그와 반대로 당신이 남의 장점을 보고 그것을 받아들일 수 있는 넓은 가슴과 시야를 가지고 있다는 것을 의미한다. '바다는 모든 강을 받아들일 만큼 도량이 넓다.' 자신의 테두리 안에서만 배회하는 사람은 절대 크게 성공할 수 없다.

학식을 높이려면 참다운 학문을 많이 쌓아야 한다. 체면 때문에 친구에게 물어보지 못하는 아이들은 사실 자신을 발전시킬 수 있는 좋은 기회를 놓치고 있는 것이나 마찬가지다. 선생님에 비해 친구 사이가 유대감이 더 깊고 공부하면서 부딪히는 문제도 비슷하기 때문에 서로 도와 문제를 해결하면 일이 훨씬 수월해질 것이다. 곁에 있는 친구에게도 물어보려 하지 않는 아이가 어떻게 선생님께 물어보려 하겠는가? 그러면 문제는 계속해서 쌓이게 되고 지식에 대한 부담만 가중되어 성적도 점점 떨어지게 될 것이다. 이것이 오래되면 모르는 것도 아는 체하느라 아이 자신도 힘들어질 것이다. 또 자존심은 점점 자기 비하로 바뀌고 이런 모습을 숨기기 위해 '자부심'과 '독립심'이란 이름으로 점점 더 자신을 감추게 될 것이다. 이런 아이는 '똑똑하지' 못한 것이 아니라 '깨닫지' 못한 것으로 정말 보기 안타까울 뿐이다.

부지런히 질문해야만 많은 것을 얻을 수 있다. 공부는 끝이 없어서 누구도 다른 사람에게 묻지 않고 모든 것을 이해할 수는 없다. 자신의 노력으로 스스로를 발전시키는 동시에 친구에게 도움을 구하는 것도 지식을 풍부히 하는 지름길이다.

부모들에게 아래와 같이 제안한다.

1. 어려서부터 교만함과 성급함을 경계하도록 하라.

좋은 성적은 겸허하고 착실하게 공부했을 때 얻어지는 것이다. 자만하고 교만해지기 시작하면 전진하는 발걸음도 느려지게 된다. 이것은 모택동의 "겸손은 사람을 발전하게 만들고 자만은 사람을 후퇴하게 만든다. 어떤 것을 배울 때는 자만하지 않는 데서부터 시작해야 한다"라는 말과 일맥상통한다.

2. '창피함'을 두려워하지 않도록 하라.

창피함을 두려워하지 않는 사람만이 진리로 향하는 더 많은 기회를 얻을 수 있다.

3. 어려서부터 '끝까지 캐고 따져 진실을 파헤치는' 습관을 길러 주어라.

공부를 게을리 하지 않고, 질문을 두려워하지 않는 아이가 정말 똑똑한 아이다. '끝까지 캐고 따져 진실을 파헤치는' 습관은 어려서부터 길러 주어야 한다.

습관 52 관찰하지 않는 우리 아이 나쁜 습관 고쳐주기

주위의 사물을 유심히 관찰하고 자세히 연구하면 예상치 못한 수확을 얻을 수도 있다. 반대로 세심하지 못하면 어떤 일에서도 성공할 수 없다.

아마 대부분의 사람들이 '나무 그루터기를 지키며 토끼를 기다리는' 농부 이야기―고사성어 수주대토(守株待兎 : 나뭇등걸에 걸려 죽은 토끼를 보고, 나무 그루터기를 지키면서 다시 토끼가 오기만 마냥 기다린다는 말로, 달리 변통할 줄은 모르고 어리석게 한 가지만 고집하는, 융통성 없는 사람을 가리킴)―를 들어 봤을 것이다. 그러나 지금 말하려는 것은 그 우스운 농부가 아니라 이 이야기에 내포된 과학적 발견이다. 대부분의 사람들이 이 이야기를 들었을 때 그냥 한번 웃고 넘겼을 것이다. 그러나 한 꼼꼼한 생물학자는 그냥 지나치지 않았다. 그는 '왜 토끼가 스스로 나무에 부딪쳤을까?' 라는 의문을 갖고 계속해서 연구한 결과 그 이유를 찾아냈다. 토끼의 두 눈은 간격이 멀어서 두 눈에 보이는 형상이 완전히

포개지지 않는다. 그래서 토끼의 정면에는 작은 '사각지대'가 생기게 되는데, 그로 인해 무언가에 쫓겨 '당황해 길을 잘못 선택하여' 나무에 부딪혀 죽게 된 것이다.

미국의 한 전화회사의 물리학자는 위성 통신을 방해하는 잡음의 근원지를 찾다가, 아무리 해도 없어지지 않는 전파복사(輻射)를 발견했다. 그는 계속해서 실험 장비를 개선시켰는데, 이것이 바로 우주 마이크로웨이브 배경복사라는 것을 증명해 냈다. 이 사실은 우주 팽창설에 유력한 증거를 제공했다. 그리고 그는 노벨 물리학상을 받게 되었다. 한편 그가 이것을 발견하기 전에 누군가도 이와 똑같은 잡음을 들었지만 단지 새똥 때문일 것이라고 생각하고 지나쳐 버렸다. 누군가 그에게 후회하지 않느냐고 물었을 때 그는 이렇게 대답했다. "후회하지 않습니다. 저는 진리와 매우 근접한 곳에서 멈췄지만 그는 계속해서 노력했기 때문에 성공한 것입니다. 저는 평생 이 교훈을 잊지 않을 것입니다."

때때로 진리는 우리와 매우 가까운 곳에 있다. 그러나 그것은 끊임없이 탐구하고 관찰하는 사람에게만 보답할 뿐, 부주의하게 넘어가는 사람에게는 수천 리 밖에 떨어진 산, 강에 불과할 뿐이다. 에디슨은 이렇게 말했다. "발명이라는 여정에서 1밀리미터와 1마일은 똑같이 먼 거리이다."

중국의 고대 명의인 손사막은 진찰을 하다가 이상한 현상을 발견했다. 어떤 지역에서 가난한 사람들은 야맹증에 많이 걸렸지만 부자들은 전혀 걸리지 않았고, 부자들 중에는 각기병에 걸린 사람이 많았지만 가난한 사람들 중에는 그런 사람이 전혀 없었다.

   그는 계속해서 사람들을 유심히 관찰해 보았다. 그런데 가난한 사람들은 정미하지 않은 쌀과 겨만 먹었고, 부자들은 정미한 쌀과 고기, 생선만 먹고 있었다. 그래서 그는 사람들에게 음식을 바꿔 먹게 해 보았고, 시간이 조금 지나자 사람들의 병이 나았다. 겨에는 비타민 B2가 많이 함유되어 있고 생선과 고기에는 비타민 E가 풍부하기 때문에 병이 치유된 것이었다.

   이렇게 우연히 진리를 발견한 사례는 많다. 화가 모스(Morse)는 수업을 듣다가 영감을 얻어 모스 부호를 발명했고, 화학자 돌턴(Dalton)은 엄마에게 양말을 사다 드리고 색맹을 발견했다. 물리학자 보일(Boyle)은 자라난을 키우다가 리트머스 시약을 발명했고, 의사 등녹보(鄧祿普)는 꽃에 물을 주다가 영감을 얻어 자전거 타이어를 발명했다. 또 화학자 패러데이(Faraday)는 꿈에서 벤젠의 분자 구조를 발견했고, 한 무명의 꽃 장사는 철근 콘크리트를 발명했다.

   그들은 모두 생각지도 못한 곳에서 위대한 발견을 했다. 사실 그들은 이 하루의 성공을 위해 주위의 사물들을 여러 해 동안 유심히 관찰했을 것이다. 따라서 이러한 성공은 그들 자신이 노력한 결과라고 볼 수 있다. 기회는 그것을 찾기 위해 끊임없이 노력하는 사람에게 주어진다. 주위에 있는 홍

미로운 사물에 관심을 갖고 온 정성을 쏟으면 언젠가 우리에게도 성공의 기회가 찾아올 것이다.

우리 아이들에게 농부가 나무 밑에서 토끼를 기다리듯 가만히 앉아서 성공이 오기만을 기다리게 해서는 안 된다. 그들의 날카로운 눈으로 주변의 사물을 관찰하여 스스로 성공을 찾고 발견하도록 해야 한다. 관찰은 아이의 적극성을 키워 주고 흥미와 자신감, 주의력을 향상시킨다. 또 자아를 형성하고 의지력을 키우는 데 도움을 준다.

아이에게 관찰하는 습관을 길러 주려면 아래와 같이 해 보라.

1. 아이의 자신감을 키워 주어라.

아이가 자신의 관찰력이 매우 뛰어나다는 사실을 충분히 느끼게 해 주어라. 아이가 주변 환경을 세심하게 관찰하고 정확하게 잘 표현해 낼 때는 충분히 칭찬해 줘야 한다. 그래서 자신감이 생기면 관찰력은 더 발전하게 될 것이다.

2. 주의력을 길러 주어라.

관찰은 집중력이 필요한 일이다. 하지만 아이들은 무언가를 관찰할 때 잘 집중하지 못한다. 주의력은 성장하면서 점차 발전해 나가는 것이지 태어날 때부터 형성되는 것이 아니다. 만약 아이가 무언가에 집중해 그것을 잘 관찰했다면 반드시 칭찬해 주어야 한다. 그러면 아이는 흥미와 자신감이 샘솟아 앞으로 더욱 발전할 것이다.

3. 의지력을 키워 주어라.

감상, 칭찬, 심리적 암시, 묘사 등을 통해 아이의 관찰하려는 의지를 키워 줄 수도 있다.

습관 53 자기 의견만 고집하는 우리 아이 나쁜 습관 고쳐주기

시대를 불문하고 성공한 사람들은 남의 충고를 잘 받아들인다. 이렇듯 옳은 것을 추구해야만 대업을 이룰 수 있다. 만약 자기보다 현명하고 능력 있는 사람을 시기하기만 한다면 영원히 발전할 수 없을 것이다.

옛날에 주인의 말을 절대 듣지 않는 당나귀가 있었다. 주인이 오른쪽으로 가라고 하면 기어이 왼쪽으로 발을 돌리고, 동쪽으로 가라면 서쪽으로 뛰며 항상 주인의 말에 반대로 행동했다. 어느 날 주인은 당나귀를 몰고 구불구불한 작은 길을 따라 산중턱으로 가고 있었다. 그런데 갑자기 이 나귀가 그 좁은 길을 벗어나 가파른 절벽 쪽의 큰 길로 뛰어가기 시작했다. 주인은 나귀가 절벽 아래로 떨어질 것 같아 나귀의 꼬리를 꽉 붙들었다. "돌아와, 이 바보 같은 놈아!" 주인은 소리치며 산비탈 쪽 작은 길로 나귀를 잡아끌었다. "이쪽으로 갈래요. 이쪽으로 가겠다고요!" 나귀는 고집을 부리며 말했다. 나귀의 힘이 너무 세서 주인은 잡고 있던 손을 놓치고 말았다. 결국 나귀는 비명을 지르며 낭떠러지 아래로 굴러 떨어졌.

당나귀는 고집을 피우며 생명의 경계선인 낭떠러지로 갔고, 위급한 때에 주인의 도움의 손길도 뿌리치며 끝까지 고집을 세우다가

결국 죽고 말았다.

　물론 사람은 자신의 주장과 견해가 있어야 한다. 하지만 항상 자신을 되돌아보고 실수에 대해서는 고치려고 노력하여 교훈으로 삼아야 한다.

　옛날에 세준이라는 농부가 있었다. 그는 항상 자신감에 차 있었고 남들과 반대로 행동하기를 좋아했다. 처음에 그는 산의 북쪽에 밭을 갈았다. 또 지세가 높고 평평한 곳에는 벼를 심고 습한 저지대에는 수수를 심었다. 친구가 그에게 충고하며 말했다. "수수는 고지대에 심어야 하고 벼는 낮고 습한 환경을 좋아해. 그런데 그것들의 생장 습성을 무시하고 정반대로 심었으니 수확이 있을 리 있겠어?" 세준이는 친구의 말을 듣지 않고 자기 고집대로 했다. 이렇게 몇 년 동안 농사를 짓자 창고는 텅텅 비어 먹을 것이 하나도 없었다. 그는 친구의 밭을 한번 살펴보았는데 풍년이 들어 곡식들이 잘 자라고 있었다. 그는 그제야 자신의 잘못을 깨닫고 친구에게 사과하며 말했다. "내가 잘못 생각했구려. 진작 자네의 말을 들었어야 했는데……."

　처음에 친구의 충고를 듣지 않고 고집을 부리던 세준이는 결국 일을 망쳐 버렸지만 누구의 탓도 할 수 없었다. 그러나 한 가지 우리가 세준이에게 배울 만한 점이 있는데 그것은 바로 늦게나마 잘못을 알고 그것을 뉘우쳤다는 것이다. 그는 자신의 방법이 틀렸다는 사실을 알았을 때 그 당나귀처럼 '죽음'으로 내달리는 어리석음을 범하지는 않았다. 이렇게 자기의 잘못을 깨닫고 뉘우친 세준이의 농사는 그 이후로 분명 풍년이었을 것이다.

이렇게 자신의 잘못을 뉘우치고 바로잡는 것은 우리 모두, 특히 자신의 생각만을 고집하는 사람들이 배울 만한 정신이다.

모든 일에 융통성을 가지고 남의 의견에 귀 기울일 줄 알아야 성공할 수 있다. 공부를 할 때도 혼자 해결할 수 없는 문제가 있을 때는 친구나 선생님에게 물어보아 새로운 지식을 얻고 그것을 자신의 것으로 만들면 분명 좋은 결과가 있을 것이다.

세상에는 미지의 학문들이 얼마나 많은가! 배움은 정말 끝이 없다. 다른 사람에게 자문을 구하지 않고 모든 것을 이해할 수 있는 만물박사는 존재하지 않을 것이다. 실천하고, 공부하고, 가르침을 구해야만 참된 지식을 얻을 수 있다.

중국 춘추 시대 말기의 대학자이자 대교육자인 공자는 지식이 해박하고 도량이 넓어 '성인'으로 존경받았다. 그러나 공자는 매우 성실하고 겸손하여 제자들에게 '아는 것을 안다고 하고 모르는 것을 모른다고 하라'고 가르쳤다. 그는 항상 만족하지 않고 겸허한 자세로 다른 사람에게 가르침을 구했다. 그의 명언이 있다. '세 사람이 지나가면 그중에 반드시 나의 스승이 있다.' 이 말은 겸허하게 다른 사람에게 자문을 구해야지 모르는 것을 아는 체하여 자신과 남을 기만해서는 안 된다는 뜻이다.

공자가 제자들과 제나라로 가던 중 두 아이가 논쟁을 벌이고 있는 것을 보게 되었다. 둘은 서로 양보하지 않고 얼굴이 빨개지도록 말다툼을 하고 있었다. 공자가 왜 그러느냐고 묻자 그중 한 명이 대답했다. "우리는 지금 태양이 언제 우리로부터 가장 가깝고 언제 가장 먼지 얘기하고 있어요. 저는 아침에 가장 가깝고 정오에 가장 멀다고 생각하는데 아침에는 태양이 크고 둥글지만 오후에는 작아지기 때문이죠. 그런데 저 애는 아침에 가장 멀고 정오에 가장 가깝대요. 왜냐하면 아침에는 덥지 않지만 정오에는 타는 듯이 더우니까요." 말을 마친 두 아이는 함께 공자를 물끄러미 쳐다보며 그의 결정을 기다리고 있었다. 공자는 한참을 생각해 보았지만 두 아이의 말에 모두 일리가 있는 것 같았다. 그래서 자상한 미소를 지으며 두 아이에게 말했다. "이건 나도 잘 모르겠구나." 두 아이는 이해할 수 없다는 듯이 물끄러미 공자를 바라보며 말했다. "사람들은 모두 당신의 학문이 매우 높다고 말하는데 알고 보니 당신도 모르는 것이 있군요." 공자는 머리를 끄덕이고는 가던 길을 갔다.

배움은 끝이 없다. 어렸을 때부터 물어보는 습관을 들여 '아는 것을 안다고 하고 모르는 것을 모른다고' 할 수 있도록 가르쳐야 한다.

아이에게 이런 습관을 길러 주려면 아래와 같은 방법부터 시작해 보라.

1. 자신의 능력을 객관적으로 평가하게 하라.

자신의 능력을 객관적으로 평가하여 스스로 '해결할 수 없는 문제'가 있으면 쓸데없이 매달리지 말고 다른 사람에게 자문을 구해야 한다. 어떤 아이들은 자신감에 넘쳐 다른 사람의 의견은 들은 체 만 체한다. 이렇게 다른 사람의 애정 어린 충고를 듣지 않으면 절대 발전할 수 없고 제자리걸음만 하게 된다.

2. 다른 사람의 좋은 충고나 의견을 받아들여라.

다른 사람의 좋은 의견을 진지하게 받아들여야 한다. 한 사람이 가질 수 있는 정보의 양은 제한되어 있기 때문에 부족한 점이 있게 마련이다. 독선적인 태도는 매우 위험하다.

3. 어렸을 때부터 겸허한 자세를 가르쳐라.

겸허한 자세는 하루아침에 생기는 것이 아니다. 그렇기 때문에 부모는 어렸을 때부터 아이가 이런 자세를 가질 수 있도록 교육해야 한다.

습관 54 시험에 주눅드는 우리 아이 나쁜 습관 고쳐주기

충만한 자신감과 차분하고 침착한 마음가짐으로 시험에 임해야 한다. 그렇기 때문에 부모는 아이가 주눅 들지 않고 시험을 볼 수 있도록 지도해야 한다.

중학생인 진헌이는 매우 열심히 공부하고 아는 것도 많다. 하지

만 시험장에만 가면 머리가 말을 듣지 않아 평소에 여러 번 풀어 보았던 유형의 문제도 낯설게 느껴진다. 그래서 결과는 항상 자신의 원래 실력보다 안 좋게 나온다. 진헌이는 이 때문에 심각하게 고민하고 있다.

시험을 보기 전에 긴장하는 것은 상황성 근심 장애로 너무 긴장하여 평소 실력을 정상적으로 발휘하지 못하는 상태를 가리키는데 이것은 아이들에게서 자주 볼 수 있는 심리 현상이다.

긴장은 외부의 환경적 요소나 개인의 내부적 요소로 인해 초조함과 불안함이 생기는 것이다.

시험을 보면서 전혀 초조해 하지 않는 아이는 좋은 성적을 거둘 수 있다. 하지만 종종 적당한 긴장이 시험을 잘 보는 데 도움이 되기도 한다.

시험을 보기 전에 긴장하지 않는 방법은 여러 가지가 있는데 아래의 방법으로 고쳐 보기를 제안한다.

1. 잘못된 인식을 없애 주어라.

사람의 감정은 인지를 통해 만들어지는 것으로, 아이가 시험 전에 심하게 긴장하는 것은 잘못된 인지의 결과이다. 예를 들어 대학에 가지 못하면 부모를 볼 면목이 없게 되고, 미래가 없어지며, 체면이 깎이게 되는 것이라고 잘못 생각하는 것 등이다.

2. 주의를 다른 곳으로 분산시켜라.

시험장에서 심하게 긴장될 때 주의를 다른 곳으로 분산시킴으로써 긴장감을 극복할 수 있다. 예를 들어 음료수를 마시거나 눈을 감아 냉정함을 유지하는 등의 방법은 주의력을 분산시키는 데 도움이 된다. 또 긴장감이 풀릴 때까지 마음속으로 숫자를 세어 보는 것도 좋다.

3. 긴장을 푸는 체조를 가르쳐 주어라.

초조함은 근육을 긴장시키는 데 간단한 체조로 근육의 긴장을 푸는 동시에 초조함을 완화시킬 수 있다.

시험장에만 가면 주눅이 드는 아이가 있었다. 그는 대입시험 전에 일주일 동안 매일 저녁 소파에 앉아 두 눈을 감고 온몸의 긴장을 풀고 아래의 방법에 따라 체조를 했다.

하나 : 주먹을 꽉 쥐었다가 힘을 뺀다. 다섯 손가락을 쫙 폈다가 힘을 뺀다.

둘 : 팔목에 힘을 주었다가 뺀다. 팔뚝에 힘을 주었다가 뺀다.

셋 : 어깨를 뒤로 젖혔다가 힘을 뺀다. 어깨를 앞으로 움츠렸다가 힘을 뺀다.

넷 : 어깨는 꼿꼿이 유지한 상태에서 고개만 오른쪽으로 돌렸다가 제자리로 돌아온다. 이번에는 왼쪽으로 고개를 돌렸다가 제자리로 돌아온다.

다섯 : 고개를 아래턱이 가슴에 닿을 때까지 숙였다가 힘을 뺀다.

여섯 : 입을 크게 벌렸다가 다문다. 입을 다물고 이를 악물었다가 힘을 뺀다.

일곱 : 최대한 혀를 길게 내밀었다가 넣는다. 혀를 말았다가 푼다.

여덟 : 혀를 내밀어 위턱에 대고 버티다가 넣는다. 이번에는 아래턱에 대고 버티다가 넣는다.

아홉 : 힘을 주어 두 눈을 크게 떴다가 힘을 푼다. 두 눈을 꼭 감았다가 힘을 푼다.

열 : 숨을 크게 들이마셨다가 내뱉는다.

열하나 : 어깨를 의자에 딱 붙이고 앉아 있다가 몇 초 후에 등을 구부리고 힘을 푼다.

열둘 : 괄약근을 꽉 조이고 앉아 있다가 몇 초 후에 힘을 푼다.

열셋 : 다리를 15~20초 동안 들어 올렸다가 힘을 푼다.

열넷 : 복부에 최대한 힘을 주었다가 푼다. 복부를 긴장시켜 꼿꼿이 세웠다가 힘을 푼다.

열다섯 : 발가락을 구부렸다 편다. 발가락을 쫙 폈다가 오므린다.

2분간 쉬었다가 다시 한 번 한다.

만약 시험장에서 너무 긴장되면 두 눈을 감고 서너 번 심호흡을 하라. 그러면 긴장이 풀어지고 초조함도 극복할 수 있을 것이다.

습관 55 공부 태도가 좋지 않은 우리 아이 나쁜 습관 고쳐주기

많은 부모들은 아이가 공부하기만을 바랄 뿐 아이의 공부 태도에 대해서는 소홀히 하는 경우가 많다. 사실 공부 태도가 좋지 않으면 아이의 신체에 큰 손상을 줄 뿐 아니라 평생의 행복에도 영향을 미칠 수 있다.

초등학교 3학년인 헌수는 성적이 그다지 좋지 않다. 그런데 안경 도수는 500(500도는 5디옵터 즉, -5.00을 뜻함)에 달한다. TV를 너무 가까이서 보고 어두운 조명 아래서 숙제를 하며 장시간 동안 책상에 엎드려 책을 보았기 때문이다. 엄마는 아이의 눈이 점점 나빠지는 것을 보면서도 어떻게 해야 할지 몰라 속상해 하고 있다.

어떤 고등학교의 48명 학생을 대상으로 시력을 검사해 본 결과 40명이 근시안이었다. 그런데 그중 3분의 1이 넘는 학생이 근시 도수 200을 넘었고, 어떤 학생은 400을 넘는데다가 심지어 700을 넘는 학생도 있었다.

한 초등학교 교장선생님은 요즘 아이들에게 근시가 많이 생긴 이유는 아이들이 TV와 전자오락에 빠져 있고 운동을 잘 하지 않기 때문이라고 말한다. 운동량이 부족하면 체력이 떨어질 뿐 아니라 실내에 오래 머물러 있기 때문에 시력도 자연히 퇴화하게 된다. 그는 또 전통적인 시력보호 체조가 요즘에도 예방과 보호 역할을 할 수 있는지에 의구심을 품었다.

이외에도 부모가 아이들의 시력 문제에 큰 관심을 가지지 않아 시력이 나빠지는 경우도 있다. 많은 부모들이 아이의 성적표를 볼 때 첫 장의 성적만을 볼 뿐 뒷면에 나와 있는 아이의 체육 성적과 건강 상태에는 관심을 갖지 않는 경우가 있다. 더욱 걱정되는 것은 요 몇 년 새에 근시가 생기는 연령이 점차 낮아지고 있다는 사실이다.

선생님들은 아이들이 근시안이 되는 주요 원인이 TV와 컴퓨터, 오락기 등에 있다고 말하는데 매번 방학이 끝난 후 검사해 보면 아이들의 시력이 현저하게 떨어진다고 한다.

부모들은 아이에게 좋은 공부 습관을 길러 주어야 하는데, 아래 방법부터 시작해 보기를 제안한다.

1. 너무 오랫동안 책을 보지 않게 지도하라.

책을 보는 것은 눈과 뇌를 많이 사용하는 일이다. 아이의 신경은 아직 발육이 덜 됐기 때문에 너무 오랜 시간 동안 집중하는 것은 좋지 않다. 책을 읽을 때는 30분이 가장 적당한데 길어도 40분을 넘겨서는 안 된다. 일정 시간 동안 책을 본 후에는 일어나서 조금 움직이거나 먼 곳을 바라보아 긴장된 눈과 뇌를 이완시켜 주는 것이 좋다.

2. 책과 눈의 거리를 적당히 유지시켜라.

눈이 물체와 가까워질수록 속눈썹 근육이 수정체를 조절해야 하는 각도도 점점 커진다. 그래서 물체와 안구 사이의 거리가 25센티미터보다 가까워지면 수정체의 조절도도 급격히 상승하여 눈의 빛 반사 상태가 점차 근시 쪽으로 발전하게 되는 것이다. 따라서 책을 읽을 때는 반드시 책과 30센티미터 정도의 거리를 유지하도록 해야 한다.

3. 바른 자세로 책을 읽도록 하라.

책을 읽을 때는 바른 자세를 유지해야 하는데 그래야 근육의 부담을 최소화시킬 수 있기 때문이다. 차를 탈 때나 길을 걸어갈 때, 누워 있을 때는 책을 보지 말아야 한다.

4. 밝은 곳에서 책을 읽어라.

빛이 너무 어두워 글자가 분명하게 보이지 않으면 어쩔 수 없이 책을 눈앞으로 가져오게 된다. 이렇게 되면 눈에 부담을 가중시키고 눈을 심하게 긴장시켜 근시가 되기 쉽다. 태양이 내리쬐는 곳에서 책을 보면 빛이 너무 강해 눈이 부시고 머리가 어지러울 수 있다. 가장 좋은 것은 빛이 왼쪽에서 비추는 것인데 이렇게 하면 글씨를 쓸 때 손이 빛을 가리지 않고, 책을 읽을 때도 그림자가 지지 않는다.

5. 손에 침을 묻혀 책장을 넘기지 않도록 지도하라.

책장을 넘길 때 손에 침을 묻히면 책에 있는 세균이 입으로 옮겨 오므로 주의해야 한다. 밥을 먹을 때 책을 보는 것은 좋지 않은데 먹으면서 책을 보면 두 일에 모두 집중할 수 없기 때문이다. 책을 볼 때 차를 마시는 것은 괜찮지만 찻잔의 위생에 주의해야 한다.

습관 56 수업 전에 충분히 준비하지 않는 우리 아이 나쁜 습관 고쳐주기

군대에서 가장 금기시하는 것은 준비 없는 전쟁이다. 충분한 준비 없이 전장에 나가면 '용맹'하다고 추앙받을지는 모르나 돌아오는 것은 참패뿐이다. 공부도 이와 마찬가지여서 수업 전에 준비를 하지 않으면 결코 수업의 질을 높일 수 없

다. 수업 전에 미리 준비하는 것은 해도 그만, 안 해도 그만인 것이 아니라 수업의 효율을 올리는 데 있어 가장 중요한 일 가운데 하나이다.

준비는 많은 것을 내포하고 있다. 간단한 예를 들어 보자. 그림동화 중 빨간 모자 이야기는 다들 잘 알고 있을 것이다. 소녀는 외할머니를 보러 갈 때 먼저 물질적인 준비, 즉 할머니께 드릴 선물을 준비했다. 길을 가다가 문제에 부딪히면 어떻게 해결해야 할지 마음의 준비도 해 두었다. 또 예전에 이리를 만났던 엄마의 경험을 전해 들음으로써 상식적인 준비도 마쳤다. 그러나 소녀는 엄마의 당부를 잊고 늙은 이리의 꼬임에 넘어가고 말았다. 빨간 모자 이야기가 우리에게 주는 교훈은 바로 무슨 일을 할 때 준비가 조금이라도 부족해서는 안 된다는 것이다. 그것이 실패의 원인이 될 수도 있기 때문이다.

수업을 듣는 것도 마찬가지다. 수업을 제대로 듣고 싶으면 물질적, 심리적 준비를 모두 해야 한다.

수업 시간을 엄격히 준수하여 절대 지각하지 말아야 한다. 지각을 하면 자신의 공부에 나쁜 영향을 끼칠 뿐 아니라 선생님과 친구들의 정상적인 수업까지도 방해하게 된다. 지각을 하지 않는 것은 규율을 잘 지키는 것이 아니라 자신의 교양을 드러내는 것이다.

수업 시간에는 쓸데없는 물건들을 최대한 치우고 그 시간에 필요한 것들만 책상 위에 올려 둔다. 이렇게 하면 필요한 자료를 가까이 둘 수 있어 공부할 때 편리하고 진도를 잘 따라갈 수 있다. 또 주의력을 분산시킬 만한 물건이 없으므로 다른 데 정신을 팔지 않고 수업에 쉽게 집중할 수 있다. 만약 책상 위에 지저분하게 물건들을 쌓아 두면 시선이 이리저리 분산되어 수업을 듣는 데 나쁜 영향을 끼치게 된다.

심리학자 손다이크(Thorndike)는 공부를 할 때 충분한 준비가 되어 있는지 아닌지에 따라 그 효과가 크게 달라진다고 했다.

예를 들어 전통춤에 관해 배운다면 그 종류에 대해 미리 조사를 해보는 것이 큰 도움이 된다.

이쯤에서 모두에게 새로운 문제를 제시해 보려고 한다. 대중 매체 교육은 현대의 정보기술과 과학적 교육 방법이 결합한 새로운 교육 형태이다. 이것은 수단과 형식에 있어 전통적인 교육 방법을 변화시켰을 뿐 아니라 관념, 과정, 방법, 선생님의 역할 등 여러 방면에서 교육에 새로운 개념을 부여했다.

경제의 세계화, 정보의 네트워크화가 진행됨에 따라 인터넷 교육은 점차 21세기 선진교육의 기초설비로 자리 잡고 있다. 그렇다면 어떻게 인터넷을 공부에 도움이 되도록 활용할 수 있을까? 이것은 새로운 문제로 모두가 한번 생각해 보아야 한다. 우리는 인터넷상에서 다른 방법으로는 얻을 수 없는 수많은 정보들을 얻는다. 그만큼 정보의 원천이 풍부하고 속도도 빠르다. 인터넷의 이러한 장점은 절대 무시할 수 없는 부분이다.

아이에게 인터넷을 이용해 수업을 준비하도록 시켜라. 이것은 적은 노력으로 큰 효과를 볼 수 있는 방법이다. 아이들은 대부분 인터넷에 흥미를 가지고 있다. 또 여기에서 지식을 획득하는 방법은 매우 참신하기 때문에 기억에도 오래 남는다. 요즘 대부분의 가정에는 컴퓨터가 한 대씩은 있다. 그것을 어떻게 효율적으로 활용하느냐는 부모들이 생각해 보아야 할 몫이다.

아래와 같은 방법을 써 보는 것도 좋을 것이다.

1. 아이가 휴식의 계획을 세울 수 있도록 도와주어라.

휴식의 계획을 세우면 아이는 더 규칙적으로 생활할 수 있게 된다. 그것이 몸에 배게 되면 공부에 집중하고 지각하지 않는 데도 도움이 된다. 또 지각을 하지 않으면 공부의 효율도 높아지므로 이것은 선순환의 출발점이라고 할 수 있다.

2. 자기 전 필기구를 검사하는 습관을 길러 주어라.

아이들은 매일 저녁 숙제를 마치면 필기구를 아무 데나 내팽개치고 공부를 끝내기 일쑤다. 결국 다음날 아침 시간에 쫓겨 연필을 챙겨 가지 않거나 노트를 집에 두고 가 정상적인 학업에 영향을 미치게 된다. 아이가 매일 저녁 필요한 물건을 모두 챙겼는지 검사하는 습관을 들이면 다음날 수업 시간에 공부에 전념할 수 있게 된다.

3. 수업 전에 예습하는 습관을 길러 주어라.

수업 내용을 예습하는 것은 마음속에 지식의 체계를 형성하는 것으로 수업을 들을 때 쉽게 이해할 수 있고 선생님의 여러 가지 질문에 대해 더 깊이 생각할 수 있게 해 준다.

4. 컴퓨터와 친해지게 하라.

컴퓨터의 기능은 날로 발전해 가고 있다. 그러므로 아이가 컴퓨터와 친해지게 하면 공부에 많은 도움이 될 것이다. 예를 들면 컴퓨터를 이용해 수업 내용에 대한 배경 지식을 미리 습득할 수 있다. 그러면 더 다양한 각도에서 수업 내용을 생각해 볼 수 있어 학습 효율이 크게 올라갈 것이다.

습관 57 복습을 하지 않는 우리 아이 나쁜 습관 고쳐주기

《논어》의 첫 구절은 "배우고 때때로 그것을 익혀라"이다. 이 말은 공부하는 데 있어 복습이 얼마나 중요한지 강조하고 있다.

물론 기계적으로 복습하거나 단순히 반복하여 암기만 해서는 안 된다. 각기 다른 각도, 중점, 목표를 가지고 반복해야 하는데 그러면 다양한 각도로 이해할 수 있기 때문에 점점 더 깊은 지식을 쌓을 수 있게 된다. 지식의 습득과 능력의 향상은 '온고지신'의 자세로 끊임없이 반복하는 가운데 더 높은 수준으로 발전하게 된다.

복습은 지식 습득 과정 중 중요한 부분이다. 지식은 잊혀지기 쉽기 때문이다. 따라서 배웠던 것을 최대한 잊지 않고 오래도록 기억하려면 복습은 필수이다. 복습은 이미 배웠던 지식을 새로 공부하는 것으로 지식에 대한 심화학습이라고 할 수 있다. 따라서 이것은 지식을 더욱 체계적이고 조리 있게 만들어 준다.

공자는 복습의 중요성에 대해 이렇게 말했다. "배우고 때때로 그것을 익히면 또한 기쁘지 않겠는가?", "옛것을 배우고 익혀 새로운 것을 익히는 데 본보기로 삼아라." 또한 독일 학자 디츠겐(Dietzgen)은 "복습은 공부의 어머니다"라고 말했다.

현대 교육심리학에서는 복습의 기능을 네 가지로 분류한다. 첫째, 지식을 체계화시킨다. 둘째, 지식을 더 깊이 이해하고 응용하는 데 도움이 된다. 셋째, 부족했던 부분을 보충해 준다. 넷째, 기본을 더 탄탄히 다져 준다. 어떤 아이들은 복습의 중요성을 무시하다가 낭패를 보기도 한다. 따라서 아이에게 복습의 습관을 길러 주고 그 방법을 지도하는 데 주의를 기울여야 한다.

공부를 못하는 아이들은 대부분 나쁜 공부 습관을 가지고 있다. 이런 아이들은 매번 공부를 할 때마다 잠깐 앉아 있다가 책을 찾고, 노트를 찾고 종이를 가져온다는 핑계로 금세 일어나 돌아다닌다. 이러한 습관은 사고를 표면에서만 머물게 할 뿐 심도 있는 공부를 하는 데 방해가 된다.

한 심리학 연구에 따르면 지식의 체득과 발현은 사고가 어느 정도 깊이를 가졌을 때 완성된다고 한다. 꾸준하고 집중력 있게 사고하지 않으면 사고는 근본적으로 깊은 수준에 도달할 수 없다. 이렇게 되면 지식을 이해하고, 문제를 분석하고 해결하는 능력에 중요한 사고 경험을 얻을 수 없게 된다.

중학생인 은수는 복습이 기억력을 높이는 데 도움이 된다는 사실을 알고 있다. 그래서 항상 열심히 복습한다. 하지만 은수는 기계적으로 반복하기만 하는데 이것은 옳지 않은 방법으로 쓸데없이 시간과 노력을 낭비하는 꼴이 된다. 은수는 열심히 해도 효과가 없자 더 이상 복습을 하지 않았고 결국 성적이 크게 떨어지고 말았다.

은수의 예는 복습하는 것 자체가 중요한 것이 아니라 올바른 방법으로 해야만 그 진정한 가치를 발휘할 수 있다는 사실을 보여 준다.

한 영어교육 전문가는 영어를 공부하는 것은 매우 힘든 일이라고 말한다. 그는 영어를 잘하려면 무조건 노력만 할 것이 아니라 요령이 있어야 하는데, 그것은 바로 '빈도'를 이용하는 것이라고 강조한다.

빈도를 적절히 이용하면 공부의 효율을 올릴 수 있다. 시간의 빈도를 줄여 짧은 시간 내에 집중해서 여러 번 반복하면 어감을 형성하고 영어를 유창하게 구사하는 데 큰 도움이 된다.

공부를 할 때는 중간에 멈췄다 다시 하면 안 되고 정해진 시간 내에 집중해서 해야 한다. 그래야 잊기 전에 복습할 수 있어 기초를 더 탄탄히 다지고 어감을 풍부히 할 수 있다.

아래의 방법으로 아이에게 좋은 습관을 길러 줄 수 있다.

1. 수업 전에 예습하도록 지도하라.

예습에 그렇게 많은 시간을 투자할 필요는 없지만 반드시 필요한 과정임에는 틀림없다. "처음 보면 낯설고 두 번 보면 익숙하며 세 번 보면 스승에게 물을 필요가 없어진다"라는 옛말이 있다. 수업 전에 예습을 하는 것은 '먼저 한 번 보는' 단계이다. 만약 예습할 때 모르는 문제가 나오면 표시를 해 두었다가 수업 시간에 선생님의 설명을 들으면 된다. 이렇게 하면 아이는 자신이 풀 수 있는 문제는 '누워서 떡 먹기'라고 느껴 쉽게 기억할 것이고, 풀지 못했던 문제도 '막혔던 댐이 터지듯' 술술 풀리게 된다.

2. 제때 복습하도록 하라.

복습을 하는 데도 규칙과 기술이 필요하다. 아이들이 가장 골치 아파하는 영어 단어 암기를 예로 들어 보자. 오늘 배운 단어를 외웠다 하더라도 하루나 이틀이 지나면 곧 잊어버린다. 에빙하우스의 망각곡선에 따르면 그날 배운 것을 바로 복습하고 이틀, 삼 일, 일주일, 3주의 간격을 두고 다시 복습하면 오래 기억할 수 있다고 한다. 이렇게 하면 잊었던 부분을 바로 찾아내어 보충할 수 있고, 또 앞의 내용과 연결하여 지금 배운 것을 확인하고 체계적으로 기억할 수 있다. 복습하는 과정에서는 단순히 노트에 몇 번 써 보는 것이 아니라 집중해서 암기해야만 며칠이 지나도 마치 방금 배운 것처럼 머릿속에 그 단어를 바로 떠올릴 수 있다.

3. 격려하고 일깨워 주어라.

아이가 복습하지 않은 것을 알았을 때는 반드시 아이에게 "복습했니?"라고 물어 복습의 중요성을 일깨워 주어야 한다. 복습을 할 때는 주변의 다른 일들은 신경 쓰지 말고 공부에만 집중해야 시간을 절약하고 효율을 높일 수 있다. 고도로 집중하면 모든 역량이 지금 하고 있는 일에 온전히 모아져 사고하기에 가장 적합한 상태에 놓이게 된다. 그렇게 되면 뇌가 더 효율적으로 정보를 활용하여 문제를 해결하는 데 도움이 된다.

4. 양적, 질적 변화에 대해 알려 주어라.

이것은 빵을 예로 들어 설명할 수 있다. 7개의 빵이 있다. 그런데 어떤 사람이 6개의 빵은 먹지 않고 7번째 빵만 먹는다면 어떨까? 아마 절대 배가 부르지 않을 것이다. 이렇게 양적 변화와 질적 변화의 규칙에 대해 설명해 주고 생활에서도 비슷한 현상이 있는지 찾아보게 하여 아이의 자각능력을 높여 주어라.

Luxury study habit 05
정세에 따라 유리하게 이끌고 인물에 맞게 교육하라

공부라는 보루를
자신에게 유리한 무기로 공격하라

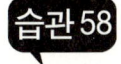 질문을 못하는 우리 아이 나쁜 습관 고쳐주기

아인슈타인은 "문제를 해결하는 것은 기술이다. 새로운 문제와 가능성을 제기하고 새로운 각도로 문제를 바라보는 데는 창조적인 상상력이 필요하다. 상상력이야말로 과학의 진정한 발전을 상징한다"고 말했다.

한 궁벽하고 외진 마을에서는 두 개의 방송밖에 들을 수가 없었다. 하나는 유명한 아나운서가 뉴스를 전해 주거나 유행가요 순위를 알려 주는 방송이었는데 청취율이 상당히 높았다. 다른 하나는 기상 소식을 알려 주는 방송으로 청취자가 그리 많지 않았다.

어느 날 저녁, 강한 회오리바람이 곧 마을에 불어 닥칠 것이라는 긴급한 경보가 내려졌다. 기상 방송국에서는 마을 주민들에게 빨리 대피하라고 방송했다.

그 방송을 들은 사람들은 얼마 없었지만 그들은 곧 협동하여 움직이기 시작했다. 어떤 사람은 마을 이장을 찾아가고 어떤 사람은 징을 치고 북을 울렸으며 또 어떤 사람은 마을의 또 다른 방송국에 전화를 걸어 주민들에게 대피방송을 해 줄 것을 부탁했다.

그러나 이장은 말했다. "우리 마을에는 여태껏 회오리바람이 분 적이 없었어요. 이 소식은 아마 기상 방송국이 오보한 것이거나 청취율을 높이기 위해 날조한 걸 거예요." 징을 치고 북을 울린 사람은 미치광이 취급을 당했다. 또 다른 방송국에서는 지금 유명 인사를 인터뷰하고 있는 중이라며 이 '생존이 걸려 있는' 소식을 전해 주려 하지 않았다.

결국 이 마을은 흔적도 없이 사라졌다.

이 이야기는 우리에게 세상을 자세히 관찰하여 닥쳐올 어려움을 예상하고 그에 대비하라는 교훈을 준다.

아이는 공부를 할 때 여러 가지 문제에 부딪힌다. 예를 들면 하나도 이해하지 못한 문제, 절반 정도 이해한 문제, 선생님이나 친구들이 제시했으나 자신은 발견하지 못한 문제 등이다. 이런 문제들 중에는 간단한 것도 있고 어려운 것도 있을 것이다. 의문이 있어야만 알고 싶은 욕망도 생기는 것이다. 그러나 오랫동안 시험을 위한 교육에만 속박되거나 선생님이 아이의 욕구를 무시하면 아이는 수업에 능동적으로 참여하지 못한다. 그리고 그런 욕구를 분출하지 못하면 아이에게는 여러 가지 심리적 장애가 생긴다.

아이가 심리적 장애를 극복하고 주동적으로 질문하게 하려면 우선 아이에게 질문의 중요성을 인식시켜 주어야 한다. 에디슨의 "내가 달걀을 부화시킬 수 있을까?", 뉴턴의 "사과는 왜 땅으로 떨어지지?" 등과 같은 과학자들의 사색과 탐구 자세를 배우도록 하고 '사고는 의문과 호기심에서 시작한다' 는 이치를 깨닫게 해 주어야 한다. 또 질문은 선생님이나 일부 학생의 특권이 아니라 누구나 자유롭게 할 수 있는 것이고 서로 질문하는 과정에서 모두가 함께 발전할 수 있다는 사실을 알려 줘야 한다. 또한 선인들의 말을 인용하여 적극적으로 질문하도록 격려할 수도 있다. "모든 위대한 발명은 하나의 사소한 질문에서 시작한 것이다", "금수가 사람보다 못한 점은 질문할 수 없다는 것뿐이다", "현명한 사람은 날카롭게 질문하고 어리석은 사람은 서투르게 묻는다", "사람의 힘은 하늘의 조화보다 뛰어난데 모든 일에 대해 질문할 수 있기 때문이다."

공자는 "마음속으로 분발하지 않으면 열어 주지 않고, 애태워하지 않으면 말해 주지 않는다"고 했다(공자가 제자에게 가르침을 줄 때의 상황을 말하는 겁니다). 부모는 아이가 '분발' 하고 '애태울' 때 주동적으로 질문할 수 있도록 이끌어 주어야 한다. 국어 공부를 예로 들어 보자. 아이가 예습을 하거나 처음 본문을 읽을 때 많은 문제에 부딪히게 될 것이다.

이런 문제들은 내용과 중심사상, 작문 방법에 관련된 것일 수도 있다. 아이들의 이해 능력은 각기 다르고 문제의 난이도 또한 다르다. 많은 아이들은 사람들이 자신의 질문에 주목해 주기를 바란다. 또 문제의 답도 얻고 싶어한다. 부모는 아이가 이런 욕구를 가지고 있을 때 용감하게 질문할 수 있도록 격려해 주어야 한다. 그러면 아이는 공부의 중요한 점과 어려운 점을 찾아내어 의문을 가지고 공부하고 질문을 통해 문제를 해결하게 될 것이다.

적극적인 분위기를 조성하는 것도 매우 중요하다. 민주적이고 화목한 집안 분위기는 아이들이 자유롭게 질문할 수 있도록 해 준다. 부모는 민주적인 방법으로 아이의 인격과 개성을 존중해 주고 함부로 다른 친구들과 비교해서는 안 된다. 또 아이가 내놓은 의견이나 관점에 대해서 무시하거나 비판해서는 안 된다. 아이가 계속해서 새로운 생각을 하고 자유롭게 질문하며 그 안에서 사고를 발전시킬 수 있도록 해 주어야 한다.

아이들은 의문을 가지고 공부할 때 한층 더 깊이 사고할 수 있고 더 예리하고 구체적인 질문을 할 수 있다. 아이가 이해하는 과정에서 질문하는 것은 중요한 내용에 대해 능동적으로 탐구할 수 있도록 만든다. 이렇게 하면 선생님은 질문하고 아이는 대답하는 낡은 교육 방식에서 벗어날 수 있다. 선생님 혼자서 질문을 도맡아 해서는 안 되고 아이들이 능동적으로 질문할 수 있게 해 주어야 한다. 모두가 학생이 될 수 있고 모두가 선생님이 될 수 있다. 서로 질문하고 대답하는 가운데 문제를 해결하는 분위기를 만들어 주면 아이들은 더욱 능동적으로 다가가 문제를 쉽게 해결할 수 있게 된다.

이런 방법을 써 보는 것은 어떨까?

1. 아이 스스로 문제를 해결하도록 격려하라.

질문의 목적은 문제를 해결하기 위한 것으로 질문한 후에는 반드시 답을 찾아야 한다. 아이가 처음 하는 질문은 비교적 간단하고 쉬울 것이다. 아이가 적극적인 자세를 유지하도록 해 주는 동시에 문제를 잘 분류할 수 있도록 도와주어야 한다. 그래서 문제에 따라 스스로 생각해 보거나, 자료를 찾아보거나, 다른 사람에게 묻는 등 적당한 방법을 택하도록 한다.

2. 문제를 분류하도록 도와주어라.

아이가 어떤 것은 자신이 한 질문이고, 어떤 것은 발견하지 못한 문제이며, 어떤 것은 자신이 해결할 수 있는 것이고, 더 깊이 생각해 보아야 할 문제는 무엇인지 고민해 보도록 도와주어라. 또 아이들이 질문을 하지 못할 때는 사고의 방향을 알려 주어 다른 각도에서 문제를 보고 질문할 수 있도록 도와주어야 한다.

3. 언어의 장애를 극복할 수 있도록 도와주어라.

만약 아이가 질문이 있는데도 망설이며 하지 못하고 마음이 다급해질수록 자신의 의사를 잘 밝히지 못한다면 심각하게 고민해 봐야 한다. 그것은 표현 능력이 부족하여 사고에도 영향을 끼친다는 의미다. 그렇기 때문에 질문을 하기 전에 자신이 어떤 문제를 물어볼 것인지 잘 생각한 후 최대한 간단하고 정확한 말로 표현하도록 해야 한다. 이렇게 하면 질문하는 능력을 길러 주는 동시에 표현 능력도 키워 줄 수 있다.

습관 59 목적없이 책 읽는 우리 아이 나쁜 습관 고쳐주기

미국의 유명한 학자 피터(Peter)는 이렇게 말했다. "독서를 하려면 우선 목적을 명확히 해야 한다. 목적이 명확할수록 자신감이 커지기 때문이다." 명확한 목적은 책을 읽는 데 가장 중요한 요소이다. 목적이 명확하면 책을 읽는 동기가 강화될 뿐 아니라 계획적으로 책을 선택할 수 있다. 일단 이런 습관이 생기면 독서의 효율을 올리는 데도 큰 도움이 될 것이다.

무조건 잡히는 대로 책을 읽으면 결국 남는 것도 없을 것이다. 잘못하면 끝없이 넓은 책의 바다에서 배가 좌초될 수도 있다. 엥겔스의 말은 이 같은 상황을 한마디로 설명해 준다. "계획 없이 책을 읽는 것은 정말 터무니없는 짓이다." 따라서 반드시 계획적으로 독서해야 한다. 또한 합리적으로 시간을 사용하는 법도 배워야 한다. 첫째, 계획에 따라 시간을 사용한다. 둘째, 시간을 투자한 일에 대해 정확히 검토하고 문제가 있으면 즉시 고친다. 이렇게 계속하다 보면 자연히 좋은 독서 습관이 생기게 될 것이다.

읽고 쓰는 것을 함께 해야 한다. '붓과 먹을 움직이지 않고서는 공부할 수 없다'는 것은 예나 지금이나 배움에 성취를 이룬 사람들의 공통된 습관이다. 책을 읽기 전 펜과 노트를 책 옆에 둔다. 책을 읽을 때 펜을 책과 하나처럼 여겨, 그릴 것은 그리고 베낄 것은 베껴 쓰고 기억할 것을 기억한다. 책을 읽은 후에는 필기한 것을 검토하여 부족한 점을 보충한다. 이렇게 하면 읽고 쓰는 습관이 자연스럽게 생길 것이다.

독서의 핵심은 사고에 있다. 독서할 때 사고하고 상상하지 않는 것은 책을 읽지 않는 것과 같다. 그러므로 절대 사고를 게을리 해서는 안 된다. 생각하며 읽는 습관을 기르려면 책을 읽을 때 대충대충 보고 지나치지 말고 깊이 생각하고 여러 각도에서 의문을 제기하면서 읽어야 한다. 책을 다 읽은 후에는 책을 덮고 무엇을 얻고 깨달았는지 깊이 생각해 본다.

한 영국학자가 쓴 《학습과 기법(學習與技法)》이라는 책에는 이런 말이 나온다. "독자들이 저지르는 보편적인 실수 중 하나는 '다른' 내용의 책을 '같은' 방법으로 읽는 것이다." 책마다 각기 다른 방법으로 읽기 위해서는 책을 읽기 전에 '왜 읽는가?'를 생각하는 동시에 '어떻게 읽을까?'도 생각해 보아야 한다. 사전은 독자에게 모르는 것이 있을 때 자문을 구할 수 있는 좋은 선생님이자 동반자이다. 그러므로 책을 읽기 전에 반드시 사전을 옆에 두고 의문이 생기면 찾아보는 습관을 길러야 한다. 아이들은 책을 읽고 작문을 할 때 모르는 글자나 이해하기 어려운 어구들을 접하게 된다. 이런 글자나 어구는 아이가 문장을 정확히 이해하는 데 영향을 미쳐 독서나 작문을 할 때 방해가 된다. 많은 아이들은 어려움에 부딪혔을 때 그냥 넘어가거나 생각해 보지 않고 통째로 외워 버린다. 아니면 부모에게 도움을 청하는 의존적인 태도를 보이는데 이는 아이의 독립적인 인격발전에 도움이 되지 않는다. 사전을 찾아보는 것은 문제를 해결하는 좋은 방법이다. 그렇다면 어떻게 해야 아이에게 이런 습관을 길러 줄 수 있을까?

첫째, 아이의 일을 무조건 대신해 주지 말고 아이 스스로 사전을 찾아 문제를 해결할 수 있도록 방법을 가르쳐 주어야 한다. 아이가 아직 사전의 사용법에 익숙하지 않을 때는 직접 가르쳐 주거나 시범을 보여 준다. 아이가 이해하기 어려운 생소한 글자나 어구를 접했을 때는 바로 답을 말해 주지 말고 사전을 가져와 함께 찾아보고 구체적인 상황에 맞춰 선택할 수 있도록 가르쳐 주어야 한다. 어떤 부모는 아이가 어떤 글자나 어구를 물어볼 때 귀찮아 하며 생각 없이 가르쳐 주거나 이렇게 쉬운 것도 모르냐며 아이를 꾸짖는다. 이것은 아이의 자립심을 형성하고 발전시키는 데 도움이 되지 않는다.

둘째, 학교에서 배우는 국어 과목과 연관시켜 사전을 사용하는 기본 방법을 가르친다. 예를 들면 가나다라 순서대로 글자 찾는 법을 알려 준다.

셋째, 옥편과 국어대사전을 구비해 둔다. 요즘은 교재를 편집해 만든 동의어, 유의어, 반의어 사전 등 초등학생용 사전들이 매우 다양하게 나와 있다. 그것들은 아이들이 사용하기에 매우 편리하지만 혼자 공부하고 독립적으로 사고하는 능력을 키우는 데는 큰 도움이 되지 않는다. 옥편과 국어대사전 등은 오랜 시간 사용되고 수정되어 온 믿을 만한 자료이므로 아이들을 위해 구비해 두는 것이 좋다.

이외에도 모르는 것이 있으면 선생님과 친구에게 허심탄회하게 물어보아야 한다. 고금의 대학자들 중 남에게 자문을 구하지 않은 사람은 없었다. 끊임없이 교류하고 절차탁마(切磋琢磨)하면 상승 효과가 생긴다. 영국 과학자 칼(Karl)은 《과학만보(科學漫步)》에서 이렇게 말했다. "가능하다면 함께 책을 읽을 좋은 벗을 찾아 서로 토론하면서 어려운 점을 해결해 나가는 것이 좋다. 토론은 모르는 사이에 감화되어 어려운 문제를 해결할 수 있는 가장 좋은 방법이기 때문이다."

좋은 독서 습관을 기르면 책을 꼼꼼히 보고, 반드시 읽어야 할 책만 읽게 되므로 시간을 낭비하지 않을 수 있다. 또 나쁜 책을 읽어 심신이 다치는 일을 피할 수 있다.

아래와 같은 방법을 제안해 본다.

1. 현재 수준에 맞는 좋은 것을 읽게 하라.

책의 바다는 끝없이 넓으므로 아이의 현재 수준에 맞는 책을 선택하여 심신의 성장에 도움이 되게 하는 것이 중요하다.

2. 필독서는 꼭 읽게 하라.

아이가 관심을 보이지 않더라도 꼭 읽어야 할 좋은 책들은 반드시 읽게 해야 한다. 시간이 지나면 아이도 분명 흥미를 가질 것이다.

3. 최대한 가장 좋은 책을 읽게 하라.

책을 선별하는 능력은 아이보다 부모가 훨씬 뛰어나다. 최대한 좋은 책을 골라 읽게 하라.

4. 독서 계획에 맞춰 읽게 하라.

무슨 일을 하든지 계획이 있어야 한다. 독서도 마찬가지이다. 계획에 빈틈이 없어야 이상적인 효과를 거둘 수 있다.

습관 60 꾸준히 공부하지 않는 우리 아이 나쁜 습관 고쳐주기

미국의 화가 고르키(Gorky)는 이렇게 말했다. "일에 완전히 몰두해야만 이상적인 궁전을 현실적인 궁전으로 변화시킬 수 있다." 다음은 토끼와 거북이의 또 다른 이야기이다.

토끼와 거북이는 술을 빚어 팔기로 하고 누가 더 술을 맛있게 빚는지, 누가 돈을 더 많이 버는지 겨뤄 보기로 했다.

토끼는 동작이 매우 빨라서 하루가 지나자 벌써 술을 다 빚고 맛까지 봤다. 그러고는 거북이가 아직도 느릿느릿 술을 빚고 있는 것을 보고 거북이를 비웃으며 자신이 빚은 술을 시장에 내다 팔았다. 그런데 토끼가 빚은 술은 시고 떫어서 한 항아리도 팔리지 않았고, 실망한 토끼는 어깨를 축 늘어뜨린 채 집으로 돌아올 수밖에 없었다. 그제야 거북이는 술을 막 다 빚었는데 그 은은한 향이 온 마을에 퍼졌다. 그러자 거북이가 시장에 술을 내놓기도 전에 사람들이 향을 맡고 달려와 거북이의 술을 모두 사 갔다.

　이 이야기는 어떤 일이든 기다림의 시간을 거쳐야만 이룰 수 있다는 진리를 깨닫게 한다. 사실 공부도 마찬가지이다. 평소에 착실히 노력하여 차근차근 실력을 쌓아 가야지 마음만 급해서 경솔하게 중도에 포기하거나 시험이 코앞에 닥쳤을 때 급하게 하면 아무 소용이 없다.
　성공하려면 착실해야 한다. 작은 물줄기가 모여 바다가 되고, 한 걸음이 쌓여 천 리를 갈 수 있는 것이다. '작은 물줄기'와 '바다', '한 걸음'과 '천 리'는 양과 질의 관계이다. 즉, 양의 축적이 없으면 질의 비약도 없는 것이다. 발전하고 싶다는 생각만 하고 실력을 쌓아 두지 않으면 절대 '비약' 할 수 없다.

　1999년 9월 6일, 북경 올림픽 심의 위원회에서 올림픽 휘장 디자인을 공개 모집한다고 선포했다. 이 소식이 발표되자 전 국민, 해외 동포, 국제 인사들까지 지대한 관심을 보이며 참여 의사를 밝혔다.
　올림픽 심의 위원회의 요구는 매우 까다로웠다. 디자인할 시간을 단 2주로 한정했고, 참가자들은 반드시 작품을 직접 북경으로 가져와야 하며, 참가비는 물론 여비도 스스로 해결해야 한다는 것이었다. 디자이너인 진소화(陳紹華)도 참가하기로 결심했다. 그는 다섯 개의 별이 다섯 개의 고리에 연결되어 있는 설계도에서 영감을 얻었고, 또 서로 맞물려 순조로움을 상징하는 중국 전통 민간 공예품 '중국결'에서도 형상을 채용했다. 또한 태극권을 하는 사람의 모양으로 도안을 만들어 중국 전통 체육문화의 정수를 표현했다. 진소화는 참가자들 중 단연 두각을 나타내어 '국수(國手 : 어떤 실력이 그 나라에서 제일가는 사람이란 뜻)'의 자리에 올랐고 단번에 세계가 주목하는 스타가 되었다.

사람들은 진소화를 행운아라고 생각했지만 그의 성공은 결코 하늘에서 떨어진 것이 아니었다. 그는 주변의 작은 일에도 주의를 기울이는 사람이었다. 그는 어떤 영감이 떠오르면 그것이 당장 필요한 것이 아니더라도 작은 수첩에 메모를 해 두었다. 또한 평소에도 미술의 기초를 착실히 닦아 두었다. 후에 그는 제6회 전국 미술대전, 제2회 전국 광고전 평면 창의 대상, 1992년 '중국 평면 디자인전' 포스터 모집 등에서 대상을 받았다. 이를 통해 우리는 진소화가 평소에 꾸준히 노력했기 때문에 중요한 순간에 실력을 발휘할 수 있었다는 사실을 알 수 있다.

새로운 것을 창조하는 것은 단번에 이룰 수 있는 일이 아니다. 평소에 꾸준히 노력해야 하는 것이다.
아래와 같은 방법을 써 보길 제안한다.
1. 기억의 황금기를 놓치지 마라.
유년기는 기억력이 가장 좋은 때이다. 이런 시기에 아름다운 문학 작품, 명언 등과 같이 다양한 언어들을 접하고 그것을 마음속에 쌓아 두고 느낄 수 있게 하라. 넓은 바다만이 큰 파도와 물보라를 만들 수 있다.

2. 적극적인 태도를 갖게 하라.

교육의 근본 목적은 사고하는 방법을 훈련시켜 사물에 대한 인식과 감정의 태도를 변화시키는 것이다. 이때 수동적인 태도에서 적극적인 태도로 변해야만 더 높고 새로운 경지에 도달할 수 있다.

3. 자신감을 키워 주고 인격을 단련시키라.

아이가 자신만의 공간에서 여태껏 쌓아 온 것들을 가지고 능동적으로 새로운 것을 창조하고 그것을 자신의 사상으로 변화시킬 수 있게 지도하라. 아이가 새로운 것을 창조할 수 있도록 격려하면 모르는 사이에 크게 발전할 것이다.

습관 61 참고자료를 잘 이용하지 못하는

우리 아이 나쁜 습관 고쳐주기

사전은 모르는 것이 있을 때 언제나 자문을 구할 수 있는 좋은 선생님이자 동반자이다. 책을 읽을 때는 반드시 사전을 옆에 두고 의문이 생기면 찾아보는 습관을 길러야 한다.

부모는 아이들이 옥편이나 사전을 찾는 데 익숙해지도록 훈련시켜야 한다. 또 사전 찾는 방법을 가르쳐 주고 정기적으로 검사하여 사전을 바르게 사용하는 습관을 길러 주어야 한다. 이렇게 되면 더 이상 아이에게 글자를 사용하는 방법을 가르쳐 줄 필요가 없어진다.

물론 좋은 습관을 기르는 데는 과정이 필요하다. 선생님은 아이가 강한 의지력으로 좋은 습관을 기르고, 최선의 결과에 도달할 수 있도록 격려해 주어야 한다.

일반적인 옥편이나 사전 이외에도 각 과목마다 전문적인 사전이 있는데 공부하면서 이런 자료들을 이용하면 공부에 큰 도움이 된다.

아이가 게으름을 피우지 않고 꾸준히 노력할 수 있도록 지도해야 한다. 순자는 이렇게 말했다. "중도에 포기하면 썩은 나무도 쓰러뜨릴 수 없지만 끝까지 포기하지 않으면 쇠와 돌에도 글자를 새길 수가 있다." 공부는 대단히 힘든 두뇌 노동이라 그 과정에서 여러 가지 어려움과 좌절에 부딪히게 될 것이다. 만약 꾸준한 마음이 없으면 이러한 어려움을 극복하지 못하고 결국 공부를 계속해 나갈 수도, 더 깊이 파고 들어갈 수도 없게 된다.

공부를 하면서 지식의 장애에 부딪힐 때 사전은 당신에게 가장 좋은 선생님이 될 것이다. 사실 사전을 사용하는 것 자체는 어렵지 않다. 중요한 것은 사전을 활용하는 습관을 기르는 것이다.

사전의 기능을 살펴보면 대체적으로 다음과 같다.

1. 어려운 문제를 해결해 준다.

공부를 하거나 어떤 일을 연구할 때 종종 어려운 글자, 중요 인물, 관련 사건, 전문 용어, 필요한 수치 등의 문제에 부딪히게 된다. 이때 관련 사전이나 백과사전 등 참고 자료를 찾아보면 문제는 쉽게 해결된다.

2. 공부의 문으로 안내한다.

혼자 공부하거나 과학적 지식을 연구할 때 백과사전 등 참고 자료를 이용하면 내용에 관련된 기본 지식을 이해할 수 있다. 또 그것은 더 심도 있게 공부할 수 있도록 도와주고 관련 지식을 이해하는 지름길이다.

3. 참고 자료를 제공한다.

공부를 하거나 연구할 때 그 과목의 기본적인 지식뿐 아니라 관련 과목의 학술 동태, 연구 수준, 발전 상황 등도 잘 파악해야 한다. 예를 들어 어떤 문제에 대해 국내에서도 많은 연구원들이 다양한 연구를 진행하고 있을 때 국외에서도 많은 학자들이 그와 같은 내용에 대해 더 새로운 결과를 발견할 수 있다. 혹은 다른 관련 연구 성과를 이용해 문제를 해결할 수도 있다. 국내외에서 출판된 연도별 참고 자료를 검색해 보면 최근의 연구 상황과 발전 동태 등을 알 수 있고 참고해야 할 책이나 논문 등의 자료를 찾을 수도 있다.

4. 시간과 노력을 절약해 준다.

각종 참고 자료는 공통적인 기능을 가지고 있는데 그것은 지식을 얻는 시간과 노력을 줄여 준다는 것이다. 그것들은 대량의 관련 문헌들을 모아 확실히 믿을 수 있는 함축적인 지식을 제공하고 있기 때문이다. 또한 일정한 순서와 과학적인 방법에 따라 배열되어 있어 빨리 찾을 수 있으므로 독자의 시간과 노력을 줄여 준다. 이로 인해 독자가 넓디넓은 책의 바다에서 적은 노력으로 필요한 자료를 빨리 낚을 수 있도록 도와준다.

아래와 같은 방법을 제안한다.

1. 모든 일을 꼼꼼하게 하는 습관을 길러 주어라.

부모는 아이에게 평소 모든 일을 꼼꼼하게 살펴보는 습관을 길러 주어야 한다. 그래야만 이해하지 못하거나 확실치 않은 문제에 대해 알고 싶어하는 욕구가 생기고 참고 자료를 더욱 중요시하게 된다.

2. 참고 자료를 눈에 띄고 쉽게 꺼내 쓸 수 있는 곳에 두어라.

참고 자료는 사람들을 편리하게 해 주는 도구이다. 그렇기 때문에 최대한 눈에 잘 띄고 꺼내 쓰기 쉬운 곳에 두어야 한다. 그래야만 더욱 잘 활용하는 습관을 기를 수 있다.

3. 자료를 빨리 찾는 방법을 훈련시켜라.

아이에게 자료를 빨리 찾는 방법을 훈련시켜 그 가치를 충분히 이용하고 시간을 절약할 수 있도록 해야 한다.

습관 62 주관이나 원칙없이 책을 읽는 우리 아이 나쁜 습관 고쳐주기

책에도 수준이 있다. 책을 읽을 때는 절대 남독(濫讀)하지 말고 우리에게 도움이 될 만한 명작들을 골라서 읽어야 한다.

진나라 승상 이사(李斯)는 평민 출신이었다. 하지만 순자의 '제왕지술(帝王之術)'을 공부해서 후에 진나라 재상의 자리에까지 올랐

다. 그러나 그는 조나라의 모함에 빠져 삼족을 멸하는 형벌을 받게 되었다. 형을 받기 전 이사는 아들에게 말했다. "예전처럼 너와 함께 개를 끌고 토끼를 잡으러 가고 싶구나, 그런 기회가 다시 올 수 있을까?"

이사의 이 말에는 만약 인생을 다시 선택하라면 관직의 길을 선택하지 않았을 것이라는 의미가 담겨 있다. 사실 관직에 오르는 것은 매우 의미 있는 일이다. 역사적으로도 한 나라를 이끌어 가려면 관료가 반드시 필요했다. 사마천은 이사가 순자의 '제왕지술'을 익힌 것은 의미 있는 일이라고 말했다. 그러나 만약 그가 '제왕지술' 뿐 아니라 순자의 사상―인의지도(仁義之道)―까지 배웠다면 이런 종말을 맞지는 않았을 것이다. 또 자신이 선택한 인생의 길을 후회하지도 않았을 것이다. 그렇다면 이사의 운명을 결정한 중요한 요소 중 하나는 그가 읽은 한 권의 책이라고 말할 수 있지 않을까? 많은 학자들은 이렇게 강조한다. "어떤 책을 읽느냐는 책의 종류를 선택하는 문제이자 인생의 길을 선택하는 문제이다."

성장기의 아이들은 새로운 지식을 갈망한다. 그들은 끝없이 넓은 세계에 호기심을 느끼고, 인류 역사의 발전과 변화 과정에 대해 알고 싶어한다.

그러나 요즘 아이들의 독서 상태는 걱정스러울 정도이다. 아이들은 교과서 외의 책을 읽을 때 맹목적이고 무분별하게 선택하고 실리를 목적으로 독서를 한다. 요즘 아이들은 실용적인 서적(대체로 영어, 컴퓨터, 경제, 법률 방면 등의 수험서적을 가리킨다)을 읽는데 독서 시간의 절반 이상을 투자하고 있다고 한다. 실용서적이 학생들 사이에서 유행하게 된 근본적인 이유는 바로 발전의 필요성에 있다. 자격증이 하나라도 더 있으면 심각한 취업난을 극복하는 데 유리하기 때문이다.

사실 독서의 효과는 정확히 말하기 어렵다. '유용한 책'은 우리에게 당장 필요한 도움을 줄 것이고 '우리가 좋아하는 불필요한 책'은 기쁨을 주는 동시에 우리 일생에 큰 영향을 미칠 것이다. 그렇기 때문에 지금 별로 소용 없다고 생각되는 책도 소홀히 해서는 안 된다. 어쩌면 그것이 자신도 모르는 사이에 그 효용을 발휘할지도 모르기 때문이다. 통계 자료에 따르면 현재 학문의 분야는 이미, 2000여 종에 달하고 과학 지식의 연 성장률도 10% 이상이라고 한다. 또 한편으로는 지식의 노화 속도도 빨라지고 있다. 포드(Ford)사의 수석전문가 루이스(Louis)는 이렇게 말했다. "지식 경제 시대에 당신의 직업은 우유와 같아서 일정한 유효 기간이 있다. 그렇기 때문에 계속해서 새로운 지식을 익히지 않으면 당신의 직업 생명도 빠르게 유효 기간에 도달할 것이다." 무엇을 읽고 어떻게 읽느냐는 각자에게 달린 것이다. 진정한 독서광에게는 '좋아서' 읽는 것이 '반드시' 읽어야 하는 것보다 훨씬 중요하다. 책 읽기 좋아하는 사람들에게는 아무리 설교해도 소용이 없다. 그러나 그것은 자신에게 적합한 책이어야 한다. 철학과 역사책을 읽으면 사고의 질을 높일 수 있고 과학 관련 도서를 읽으면 과학의 이치와 인문정신을 연결시키는 데 도움이 된다. 또 문학 서적을 읽으면 정확한 가치 판단과 선택의 기준이 생긴다.

독서는 금을 채취하는 것과 같다. 그래서 누군가는 사금(沙金)을 일어 만 권을 독파해야만 겨우 먹고살 만해지지만, 누군가는 돌에 손가락만 살짝 대면 금으로 변해 금세 대부호가 된다. 이러한 차이는 어떠한 독서법을 선택하느냐에 달려 있다. 책을 읽을 때마다 책에 완전히 '동화'될 필요는 없다. 왜냐하면 모든 책이 그것을 '흡수'할 만큼 가치가 있는 것은 아니기 때문이다. 책 읽기 좋아하는 사람은 이런 경험을 자주 할 것이다. 책을 읽기 전에는 그 책을 통해 새로운 지식을 얻길 바라지만, 책을 다 읽고 나면 이전에 흔히 보아 왔던 지식이라는 사실을 깨닫게 되는 일 말이다.

독서에 있어 가장 중요한 것은 사색이다. 독서는 꽃봉오리이고 사색은 과실이기 때문이다.

쇼펜하우어(Schopenhauer)는 '게으른 사람은 일목요연한 책을 좋아하고 진정한 독서광은 계속해서 생각해 봐야 이해가 되는 책을 좋아한다'라고 말했다. 고대 그리스의 한 철학자는 이렇게 말했다. "성찰하지 않는 삶은 가치가 없다." 이 말을 "사고하지 않는 독서는 의미가 없다"라고 바꿀 수 있지 않을까? 사색은 사람과 사람 사이뿐 아니라 사람과 책 사이의 거리도 좁혀 주어 새롭고 높은 고지에서 자연과 인생을 주시할 수 있게 해 준다.

그렇다면 책을 읽을 때는 반드시 '좋은 책'을 선택해야 하는데 '좋은 책'이란 어떤 것일까? '좋은 책'은 상대적인 것이라서 '천 명의 독자에게는 천 권의 햄릿이 있다'고 말할 수 있다. '좋은 책'은 누구나 생각하게 만들고 모두의 공감을 일으키는 것이어야 한다. 어떤 사람은 '책은 사람의 청각 속에 음률을 만들어 그가 작문을 할 때 자신도 모르는 사이에 그 음률을 따라가게 만든다'고 생각했다. 이 논리에 따르면 책을 읽을 때 얼마나 책에 '몰입'하느냐에 따라 작문의 등급이 결정되는 것이다. 또 책을 읽을 때는 책과 일정한 거리를 유지하며 자신을 작가와 평등한 위치에 두어야 한다. 그렇지 않으면 책을 읽는 사이에 자아를 잃을 수도 있기 때문이다.

아이에게 좋은 책을 고르게 하려면 아래와 같은 방법을 써 보는 것도 좋다.

1. 공부의 목적을 명확히 하도록 지도하라.

아이에게 자신의 공부 목적이 무엇인지 명확히 알도록 지도해야 한다. 그래야만 아이가 목표를 정해 책을 선택할 수 있고 독서 효과를 충분히 얻을 수 있다.

2. 독서 효율을 높이는 좋은 습관을 길러 주어라.

효율을 높이면 책을 읽을 때 더욱 집중할 수 있고 책 속의 귀중한 영양소를 충분히 흡수할 수 있게 된다.

3. 심미적인 안목을 키워 주고 도덕적 수양을 중시하라.

심미적인 안목을 높이고 도덕적 수양을 중시해야만 심신의 성장에 도움이 되는 좋은 책을 선택할 수 있다.

습관 63 메모를 게을리 하는 우리 아이 나쁜 습관 고쳐주기

아무리 옅은 잉크도 사람의 기억력보다는 뛰어나다. 잉크병은 비록 작지만 바다처럼 끝없는 지식의 보물을 담고 있고 원하기만 한다면 누구에게나 그 지혜와 힘을 나눠 줄 것이다.

모택동(毛澤東)은 책 읽기를 매우 좋아해서 중남해(中南海 : 중국의 국가 주석이 거처하는 곳)는 그야말로 온통 책 천지였는데 침실, 집무실, 식탁, 찻상 등 어딜 봐도 책이었다고 한다. 그는 책을 읽는 방법을 매우 중시해서 책 한 권, 문장 하나를 읽을 때도 중요한 부분에 밑줄을 긋고 동그라미를 치고 점을 찍는 등 표시를 했고, 책의 여백에도 문장에 대한 평어를 써 놓았다. 그래서 그가 읽은 책에는 평어와 설명 등이 빽빽하게 적혀 있었다.

우리도 아이들에게도 이런 습관―펜을 움직이지 않으면 책을 읽은 것이 아니다―을 길러 주어야 한다. 노신선생은 책을 읽을 때는 '눈, 입, 마음, 손, 머리'가 필요하다고 말했다. 책을 읽을 때 메모를 하면 쉽게 기억할 수 있을 뿐 아니라 책의 요점도 빨리 찾을 수 있다. 또 작문의 소재가 되는 자료들을 모을 수 있고 지식을 넓히고 종합적으로 분석하는 능력도 키울 수 있다.

러시아의 한 문학가는 '메모광'이라고 불렸다. 그는 "작가는 화가와 마찬가지로 항상 연필과 종이를 가지고 다녀야 한다"고 말하곤 했다. 어느 날 그는 친구와 함께 식사를 하러 갔는데 그 식당의 메뉴판이 매우 흥미로웠다. 그래서 그는 친구가 있다는 것도 잊은 채 연필과 종이를 꺼내 그 내용을 베끼기 시작했다. 친구는 매우 불쾌해 하며 물었다. "밥을 먹으라고 나를 부른 거냐, 아니면 메뉴판을 같이 베끼자고 부른 거냐?" 그는 급히 사과했고 그제야 친구의 화가 풀렸다.

그는 무엇 때문에 이 메뉴판을 베껴 쓴 걸까? 후에 그의 소설에 이 메뉴가 나오는데 이것은 소설의 향토적인 분위기를 더욱 돋보이게 하는 데 큰 역할을 했다. 톨스토이도 "항상 연필과 노트를 가지고 다니면서 책을 읽거나 말을 하다 마주치는 미묘한 물건이나 말들을 모두 적어 두어야 한다"고 말했다. 이러한 대문학가들의 경험은 우리에게 책을 읽을 때는 반드시 펜을 움직여야 한다는 사실을 알려준다. 책을 읽을 때 메모를 하면 많은 자료를 얻을 수 있고 표현력을 기르는 데 도움이 된다. 또 논리적이고 조리 있게 사고하는 훈련에도 도움이 된다. 그렇기 때문에 어렸을 때부터 메모하는 습관을 들이면 평생 도움이 된다.

수업 시간에는 반드시 필기를 해야 한다. 이는 지식을 전체적으로 체계 있게 파악하는 데 유용하고 복습을 할 때도 도움이 된다. 수업 시간에 필기를 하면 정신을 집중하여 수업을 들을 수 있게 된다. 대부분의 아이들은 필기를 할 줄 몰라 선생님이 말씀하신 것, 칠판에 쓰고 그린 것을 몽땅 적어 두어 필기를 수업 기록으로 만들어 버린다.

그렇다면 도대체 어떻게 필기해야 하는 것일까? 아래에 대입시험 수석을 한 학생의 필기법이 자세히 나와 있다. 그는 자신의 필기법을 세 종류로 분류했다. 첫째는 과목마다 전용 노트를 만들어 사용하기 편리하게 나누는 것이다. 둘째는 간단한 메모를 교과서와 노트에 붙이거나 끼워 넣어 부족한 내용을 보충하는 것이다. 셋째는 교과서에 직접 밑줄을 긋거나, 위아래 또는 양옆 여백에 간단하게 보충 설명을 쓰는 것이다.

주의해야 할 점은 수업 시간에는 수업을 듣는 데 더 열중해야지 필기를 하느라 수업을 듣지 못하거나 수업에 영향을 미쳐서는 안 된다. 매 시간마다 필기하고 수업이 끝나면 나중에 복습하기 쉽도록 즉시 정리해 놓는 습관을 들여야 한다.

아이에게 규칙적으로 일기를 쓰게 하라. 일기에는 그날 일어났던 일뿐 아니라 그 일에 대한 느낌도 적을 수 있다. 또 오랜 세월이 흐른 뒤에 다시 꺼내 보면 지난 일을 반성하고 미래를 준비하는 데 도움이 되며 글로 생각을 전달하는 능력도 키울 수 있다.

어떤 아이들은 이렇게 말할 수도 있다. "일기 쓰는 거 뭐

별거 있나? 그거 누가 못 써?" 그러나 사실 실천하려고 하면 매일 일기를 쓰는 일은 무척 어렵다. 하루라도 빼먹으면 일기라고 할 수 없다. 그렇다고 매일 장문의 일기를 쓸 필요는 없다. 하루 종일 있었던 일 중 새로운 이야기를 찾아 두세 줄만 써도 된다. 이야기가 길 때는 길게 쓰고 짧을 때는 짧게 쓰되 실제로 느낀 것을 적어야 한다. 일기는 글씨를 연습하는 좋은 방법이기도 하다. 일기를 쓰지 않으면 '아름다운 정서들이 모두 빗방울이 되어 허망하게 바다로 떨어지게' 된다.

아래와 같은 방법으로 책 읽는 좋은 습관을 길러 주자.

1. 목표를 정해 주어 맹목적으로 책을 베끼지 않게 하라.

명확한 목표 없이 되는대로 베끼기만 하면 공부에 도움이 되지 않을 뿐 아니라 헛수고만 하는 꼴이 된다. 부모는 아이가 어떤 책은 읽어도 되고 어떤 책은 안 되는지 가르쳐 주어 쓸데없는 데 힘을 빼지 않게 해야 한다.

2. 필기를 충분히 활용하게 하라.

적기만 하고 활용하지 않으면 무슨 소용이 있겠는가? 책을 보며 메모하는 것과 수업 시간에 필기하는 것은 광주리를 만드는 것과 같다. 하지만 그것을 사용하지 않으면 단지 '필기 바구니' 밖에 되지 않는다.

3. 일기를 꾸준히 쓰도록 지도하라.

일기를 쓰는 것 자체는 어렵지 않지만 꾸준히 쓰는 것은 굉장히 어렵다. 그래서 일기가 점점 '월기(月記)'가 되어 기대하는 효과를 얻지 못하게 되는 것이다. 일기를 다양하게 쓰기 위해서 일기장에 이런 항목을 만드는 것도 괜찮을 것이다. 친구나 선생님 친척 등 가까운 사람들의 이야기를 쓰는 '인물 스케치', 아름다운 자연 풍경을 묘사하는 '풍경 스케치', 자신의 생활, 사회, 인생에 대한 깨달음과 생각 등을 적는 '인생 스케치' 등.

습관 64 융통성 없는 우리 아이 나쁜 습관 고쳐주기

지식 수준이 높든 낮든 다양한 각도에서 사고할 수 있는 융통성만 있다면 충분하다. 융통성이 있으면 적극적으로 사고하고 항상 새로운 것을 창조하려 할 것이다.

폴은 얼음이 언 뉴펀들랜드의 해안에서 낚시를 하곤 했다. 오랜 경험으로 그는 '물고기를 잡아 얼음 위에 놓으면 바로 얼어 버리고 그것이 녹지만 않으면 며칠이 지나도 물고기의 맛이 변하지 않는'다는 사실을 발견했다. 그는 너무 신기해서 채소와 육류도 얼려 그 효과를 실험해 보았다. 그것들도 역시 예상했던 대로 오랜 시간이 지난 후에도 신선한 맛을 유지했다. 그 후로도 그는 계속해서 실험을 했고 마침내 식품의 신선도를 유지시키는 냉동 방법을 찾아내는 데 성공했다. 그는 이 결과를 '냉동법'으로 특허 신청했고 3,000만 달러를 받고 한 식품 회사에 이 특허권을 넘겼다.

폴은 어떻게 성공할 수 있었던 것일까? 그는 하나를 보고 열을 생각했다. '얼린 물고기가 신선함을 유지했는데 채소도 그럴까? 육류는 어떨까?' 융통성 있는 사고방식이 한 사람의 일생을 변화시킨 것이다. 이것은 절대 과장이 아니다.

'하나를 보면 열을 아는 것'은 유추의 한 방법으로 두 가지 다른 대상의 같은 속성을 연결시킴으로써 새로운 사실을 알아내는 것이다.

자동차는 현대 사회의 중요한 교통 수단으로 우리에게 편리함을 준다. 하지만 많은 사람들은 차에 타면 어지럽고 가슴이 답답하고 구역질이 난다고 호소한다. 이것은 '멀미' 현상으로 많은 사람들이 차 타기를 두려워하는 원인이 된다. 멀미를 유발시키는 원인은 매우 다양하지만 크게 심리적인 것과 생리적인 것으로 나눠볼 수 있다. 그런데 그 근본적인 원인은 사람들이 차를 탈 때 항상 창밖을 내다보는 데 있다. 달리는 차 안에서 창밖을 내다보면 빠르게 지나가는 사물들을 보게 되는데 짧은 시간 내에 그렇게 많은 것을 받아들이다 보면 어지러운 것이 당연하다. 스위스의 의사들은 이러한 현상에 주목했고 새로운 방식을 이용해 사람들의 주의력을 집중시키는 데 성공했다. 차에 탔을 때 한 사물에 몰두하게 하여 창밖의 사물에 방해받지 않도록 한 것이다. 그들은 선글라스가 눈을 보호하는 것과, 영상 신호가 사람의 시선을 끈다는 사실에 착안하여 화면이 달려 있는 안경을 개발해 냈다. 그것을 쓰면 안경 속의 풍경을 감상함으로써 어지럼증을 없앨 수 있게 되는 것이다. 이 신기한 안경은 많은 사람들의 멀미 증상을 해결하는 데 큰 도움이 되었다.

　사고의 방향을 계속해서 확대시키고 사물들 사이에 보편적인 관계를 성립해야만 하나의 발명에서 다른 발명으로, 하나의 성공에서 다른 성공으로 이어질 수 있다.

　아래와 같은 방법을 활용해 보자.

　1. 공통점을 찾게 하라.

　사물들 사이에는 항상 크든 작든 연관성이 있게 마련이다. 아이들이 이러한 연관성을 찾아내어 이 그물을 사용하면 편안하게 물고기를 낚을 수 있게 된다.

　2. 차이점에 주목하라.

　한 사물이 다른 사물과 구별되는 이유는 바로 차이점이 있기 때문이다. 열심히 관찰하여 그 미세한 차이점을 발견하면 그 발판을 딛고 계속해서 발전할 수 있게 된다.

　3. 융통성을 기르는 훈련을 시켜라.

　예를 들어 수학 문제를 풀 때 새로운 공식을 배워 문제를 풀면 응용된 문제를 또 풀게 하여 융통성을 길러 줘야 한다. 다른 과목도 같은 방법으로 연습시킨다.

　4. 사고의 도약을 칭찬하라.

　아이들은 종종 맹목적으로 남을 따르지 않고 기상천외한 방법과 신기한 창의력으로 새로운 아이디어를 내곤 한다. 이것은 매우 이상적인 일로 이에 대해 반드시 칭찬해 주어야 한다.

습관 65 대충대충 필기하는 우리 아이 나쁜 습관 고쳐주기

45분이라는 수업 시간 동안 배우는 내용은 매우 많기 때문에 필기를 하지 않고서는 그 지식들을 완전히 이해할 수 없다. 필기를 해야만 배운 내용을 잘 정리하고 지식을 더욱 견고히 다질 수 있으며 복습할 때 중요한 참고 자료로 삼을 수 있다.

정욱이는 똑똑한데다 기억력도 매우 좋았다. 그래서 언제부턴가 점점 자만하기 시작하여 수업 시간에 하나라도 놓칠까 전전긍긍하며 필기하는 친구들을 멍청하다고 놀리며 소용없는 짓이라고 비웃곤 했다. 자신은 기억력도 좋고 똑똑하니까 필기에는 신경을 쓰지 않아도 된다고 생각했기 때문이다. 친구들도 정욱이에게 반박할 수 없었는데 수업이 끝나고 배운 내용에 대해 말해 보면 정욱이는 필기를 열심히 했던 친구들보다 훨씬 더 정확하게 기억하고 있었기 때문이다. 시간은 이렇게 흘러갔고 시험을 보게 되었다. 그런데 정욱이의 성적은 겨우 중위권밖에 되지 않았다. 평소의 정욱이를 생각하면 상상도 할 수 없는 결과였다. 정욱이는 자신의 성적이 왜 그렇게 나왔는지 도무지 이해할 수가 없었다.

'기억은 엉망으로 써 놓은 글보다 못하다'는 옛말이 있다. 아무리 똑똑한 사람이라도 기억력에는 한계가 있다. 따라서

한꺼번에 많은 양을 기억할 수 없고, 오랫동안 기억을 유지시킬 수도 없다. 그러므로 성적을 잘 받고 싶으면 반드시 필기를 잘해 두어야 한다.

정리를 잘해 놓은 필기에는 요점이 명확히 드러나 있다. 그래서 한 번 보면 이번 과에서 더 깊이 생각해 보아야 할 부분이 어디인지, 더 중점적으로 공부해야 할 부분이 어디인지 등을 금방 알 수 있어 복습하는 데 시간을 낭비하지 않게 된다.

어떤 지식에 대한 선생님의 분석이나 개괄, 계속해서 생각해 보아야 할 문제에 대한 제시 등을 기록하는 것이 필기의 가장 중요한 목표이다. 이러한 내용들에 대해 필기를 잘해 두면 지식을 파악하고 이해하는 데 큰 도움이 된다.

어떤 아이는 필기를 굉장히 특색 있게 정리해 놓는다. 예를 들어 본문에 대해 이해한 것은 공책의 가운데 부분에 적고, 선생님의 질문은 모서리 부분에 필기해 두고 물음표와 같이 특수한 부호로 표시를 해 두는 것이다.

무엇을 많이 적어 두었다고 좋은 필기가 되는 것은 아니다. 필기를 할 때는 다다익선이라는 말이 적용되지 않는다. 만약 필기를 많이 해 놓긴 했지만 요점이 없으면 내용을 정확히 파악할 수 없게 된다. 또한 시간만 낭비하고 정상적으로 수업도 듣지 못하게 되어 쓸데없는 데 힘을 쏟은 꼴이 된다.

좋은 필기는 내용뿐 아니라 구성에도 신경 써야 한다. 수업의 요점과 선생님이 강조하신 부분까지 빠뜨리지 않고 필기해 두었더라도 잡초 무더기를 쌓아 둔 것처럼 엉망으로 써 놓으면 그 내용의 가치까지 떨어지게 되는 것이다.

　조리 있게 필기해 두면 지식을 더 체계 있고 견고하게 쌓는 데 도움이 된다. 이런 방법을 써 보는 것도 좋을 것이다. 먼저 본문의 표제를 눈에 띄게 쓴다. 그런 후 노트의 가운데에 중요한 점과 어려운 점을 기록한다. 그리고 노트의 양쪽을 비워 두면 언제라도 그 내용에 대한 보충 설명이나 스스로 이해한 내용, 의문점 등을 첨가해서 써 넣을 수 있다. 이렇게 하면 필기가 매우 일목요연하고 깔끔해질 것이다.

　논리적이고 깔끔한 필기의 또 다른 장점은 복습할 때 체계적인 개념을 세울 수 있다는 것이다. 또 어떤 각도에서 생각해 보아야 하는지, 어떤 문제들이 시험의 체크 포인트인지 한눈에 알아볼 수 있어 시간과 노력을 줄일 수 있다.

　정성 들여 쓴 글씨는 보기에도 좋을 뿐 아니라 사람의 기분도 좋아지게 만들어 자연스럽게 복습의 효율도 높아진다. 글씨를 정성 들여 예쁘게 쓰는 것도 필기를 조리 있게 하는 중요한 요건 중 하나로 필기의 형식미라 할 수 있다.

　아래와 같은 방법을 써 보길 제안한다.

　1. 과목마다 전용 필기 노트를 준비해 주어라.

　모든 과목마다 전용 필기 노트를 준비해 주어야 한다. 노트는 있어도 되고 없어도 되는 것이 아니라 교과서와 마찬가지로 수업을 할 때 꼭 필요한 도구이다.

　2. 필기 방법을 잘 설명해 주어라.

　필기는 요점이 잘 드러나도록 상세하면서도 간략하게 해

야 한다. 또 한눈에 알아볼 수 있도록 일목요연하게 쓰는 것도 중요하다. 글씨도 성의 없이 난잡하게 쓰지 말고 정성 들여 예쁘게 쓰도록 해야 한다.

3. 필기를 자주 정리하도록 하라.

수업 시간에는 시간이 부족하기 때문에 자세하게 필기할 수 없다. 그렇기 때문에 수업을 마친 후에는 반드시 다시 보충해서 정리해 두어야 한다. 또 내용도 한 번 써 놓고 고치지 않는 것이 아니라 새로운 지식을 알게 될 때마다 더 보충하여 완벽하게 만들어야 한다.

4. 필기 내용을 자주 보도록 하라.

아무리 필기를 잘해 놓았더라도 꺼내서 보지 않고 가방 속에 묵혀 두면 필기를 하지 않은 것이나 마찬가지다. 필기해 놓은 것을 자주 꺼내 보면 공부에 큰 도움이 될 것이다.

습관 66 체계적이지 않게 공부하는 우리 아이 나쁜 습관 고쳐주기

많은 아이들이 공부에 대한 체계적인 인식이 부족하다. 예를 들어 선생님이 어디까지 수업했는지, 집에 돌아가서 오늘 수업한 내용을 어떻게 복습해야 할지, 오늘 배운 것 중에 어떤 것을 이해하고 어떤 것을 이해하지 못했는지, 언제 이런 문제들을 해결해야 할지 등을 생각하지 않는 것이다. 이런 아이들의 가장 큰 문제점은 머릿속에 공부에 대한 틀이 형성되지 않아 선생님이 시키는 대로 따르기만 한다는 것이다. 한

반에 그렇게 많은 학생들이 있는데 선생님이 어떻게 모든 아이들의 구체적인 상황에 맞춰서 진도를 정해 줄 수 있겠는가?

영국에 이런 속담이 있다. "계획 없이 무조건 일만 하면 많은 노력을 들이고도 보잘것없는 성과만 얻게 된다."

학생들도 자신의 인생에 대해 계획을 짜야 한다. 중학교를 졸업한 후 어느 고등학교에 갈 것인지, 고등학교를 졸업한 후 어느 대학에 갈 것인지, 대학을 졸업한 후 대학원을 갈 것인지, 박사학위를 딸 것인지 등등. 마음속에 계획이 있어야만 이 이상을 실현하기 위해 전력을 다해 뛸 수 있다. 옛 선인들은 "세월은 물과 같아 한번 흘러가면 되돌아오지 않으니 오늘부터라도 뜻을 세워라"라고 말했다.

공부의 효율을 높이고 계획을 효과적으로 실행하려면 우선 자신의 의지를 통제하는 법부터 배워야 한다. 수업을 들을 때나 책을 읽을 때 항상 집중하여 쓸데없는 생각으로 사고를 방해하지 않도록 해야 한다. 동시에 기억은 금세 잊혀진다는 것에도 주의해야 한다. 에빙하우스의 망각곡선에 따르면 공부한 뒤 12시간 안에 복습을 하면 배운 내용을 빨리 기억할 수 있다고 한다. 또 3일 간격으로 복습을 하고 일주일 간격으로 한 번 더 하면 그 내용을 완전히 머릿속에 기억해 둘 수 있다고 한다.

이런 방법을 제안해 본다.

1. 망각의 규칙을 이해시켜라.

어떤 내용을 한 번 외웠다고 그것이 머릿속에 영원히 남는 것은 아니다. 지식을 견고히 다지려면 복습을 해야 한다. 기억은 처음에는 빨리 잊혀지다가 나중에는 점점 그 속도가 더디어진다. 한 조사에 따르면 어떤 내용에 대해 잘 기억해 두면 처음 5일 동안은 많은 양을 잊어버리지만 나중 5일은 처음보다 적은 양을 잊는다고 한다. 이 규칙에 따르면 처음에는 여러 번 복습하고 나중에는 적게 해도 된다는 뜻이다. 제방에 물이 새기 전에 보수를 해야지 무너진 후에 다시 지으려 하면 안 되는 것과 같은 이치이다.

2. 아이가 계획을 완성할 수 있도록 감독하라.

아이가 게으름을 피울 때 폭력을 써서는 안 된다. 그 대신 누가 먼저 단어를 암기하는지 내기하는 등의 방법으로 승부욕을 자극하여 아이가 계속해서 계획을 실행해 나갈 수 있도록 격려해야 한다. 이때 아이가 좀 더 '앞서' 갈 수 있도록 해 주면 자신감이 생겨 공부를 하고 싶어하게 될 것이다.

3. 아이가 계획을 짤 수 있도록 도와주어라.

월요일에서 금요일까지는 아침 자습과 방과 후 시간표를 잘 짜야 한다. 아침 자습 때는 기초적인 지식을 암기하거나 예습하게 하고 방과 후에는 주로 복습과 숙제 등을 하게 한다. 또한 중간에 쉴 수 있는 시간도 줘야 한다.

토요일과 일요일에는 정리식의 복습, 숙제, 가사 돕기, 글쓰기, 취미 활동 등을 할 수 있게 한다. 단, 계획을 너무 빡빡하게 세워서는 안 된다. 오히려 효율을 떨어뜨릴 수도 있기 때문이다.

습관 67 무턱대고 암기하는 우리 아이 나쁜 습관 고쳐주기

　내용을 무턱대고 기계적으로 암기하면 지식에 대해 깊이 있게 이해할 수 없다. 그런데 아직도 많은 아이들이 이런 실수를 저지르고 있다. 전통적인 학습 방법 가운데 이처럼 과학적이지 못한 것은 철저히 없애야 한다.

　우리나라가 WTO 가입한 후 대외문화 교류가 활발해짐에 따라 영어의 중요성이 높아지자 영어에 열을 올리는 사람들도 날로 늘어나고 있다. 그러나 많은 사람들이 '배우기만 하고 그 방법은 연구하지 않아' 영어 정복의 길을 한참이나 돌아가고 있다. 석사 연구생들을 예로 들어 보면 중고등학교 6년, 대학 4년 동안 영어를 배웠고 대학원 과정에서도 배우고 있으면서도 아주 간단한 말조차 자신 있게 하지 못하고 쓰기 능력도 중·고등학생 수준밖에 되지 않는다. 정말 부끄러운 현실이 아닐 수 없다.

　그 원인을 살펴보면 공부 방법이 과학적이지 않기 때문인 경우가 대부분이다.

　많은 사람들이 영어를 배울 때 무턱대고 기계적으로 단어를 암기하는데 이는 '단어＋어법 ＝ 영어'라고 생각하기 때문이다. 이렇게 착각하고 무조건적으로 단어, 어구, 어법 구조 등을 외우니 열심히 외우고도 생각이 나지 않아 말하거나 쓸 때 기껏해야 몇 마디만을 늘어놓을 뿐이다.

사실 영어를 공부할 때 새로운 단어나 어법이 나오면 당연히 암기하고 그 활용법을 익혀야 한다. 하지만 적당한 요령도 필요하다. 예를 들어 단어를 외운다면 계속해서 분석하여 중요 단어의 특징을 찾아내고, 단어 사이의 호응을 익히며, 단어를 활용해 본다. 또 연습을 통해 암기하는 단어의 양을 늘리고 반복해서 익힘으로써 기억에 오래 남을 수 있게 해야 한다.

영어 공부를 할 때만 이런 상황에 부딪히는 것은 아니다. 대부분의 사람들은 각각의 과목을 공부할 때 책에 있는 내용을 모두 외우기만 하면 일이 해결될 것이라고 착각한다. 사실 이것은 매우 어리석은 생각이다.

승환이는 매우 똑똑해서 항상 선생님의 귀여움을 독차지했다. 승환이의 공부 방법은 무턱대고 암기하는 것이라서 교과서의 모든 글자 하나, 어구 하나를 남기지 않고 다 외워 버렸다. 시험 때면 항상 좋은 성적을 거뒀고 주위 친구들의 부러움을 한 몸에 받았다. 이렇게 이 방법은 효과가 매우 좋은 것 같아 보였다. 그러나 중학교에 입학한 후 상황이 달라졌다. 초등학교 때는 과목 수가 적었기 때문에 외울 것도 적어 좋은 성적을 거둘 수 있었다. 하지만 중학교는 달랐다. 과목수가 훨씬 많았고 모든 과목에 많은 노력을 기울여야 했기 때문에 책의 한 글자, 한 줄을 모두 외우는 것은 거의 불가능한 일이었다. 그러나 승환이는 자신의 공부 방법을 바꾸지 않고 예전에 했던 대로 무조건 다 암기해 버렸다. 결과는 예상대로였다. 성적은 갑자기 뚝 떨어졌고 쉽게 다시 올라가지 못했다.

무턱대고 기계적으로 외우면 지식이 견고하지 못하고 외웠다 하더라도 실제로 그것을 활용할 수 없다. 교재의 내용을 정확히 이해하고 철저히 파헤쳐야만 자신의 것으로 만들 수 있다. 잘 이해하지 못한 것을 통째로 외울 뿐 깊이 파고들지 않으면 정확하게 외울 수 없어 이것저것 다 빠뜨리고 오답을 정답인 양 쓰게 된다.

낡은 교육 이념과 방식을 바꿔야 한다. 전통적인 교육에서는 지식을 전달할 때 '경험'의 전수만을 중시했을 뿐 '사람'의 발전은 소홀히 했다. 또 공부 방법은 생각하지 않고 학습의 결과만을 중시했다. 새로운 지식과 기능에 대해 이해할 때는 반드시 그 과정과 방법 또한 중시해야 한다.

그렇다면 아이들은 어떤 방법으로 지식을 얻는가. 무조건 통째로 암기한다? 연습 문제를 많이 풀어 본다? 아니면 스스로 탐구하며 문제를 발견하고 해결하는 과정 중에 배운다? 이런 방법상의 차이는 진정한 지식을 획득할 수 있는지의 여부를 결정하며, 앞으로의 발전에도 큰 영향을 미치게 된다.

100명의 아이를 조사한 결과 IQ가 특별히 높은 아이는 3%에 불과했고, 특히 낮은 아이도 2% 정도였다. 대부분의 아이들이 계발 가능성이 충분한 보통 수준에 속했다. 최근 한 연구에 따르면 아이의 지능과 성적을 높이는 데 가장 큰 장애물은 잘못된 학습 방법이라고 한다. 만약 아이에게 전혀 이해하지 못한 시를 무조건 암기하라고 시키면 어떤 결과가 나올까? 만약 아이에게 하루 종일 생각도 상상도 못하게 하고 문제만 풀게 한다면 또 어떤 결과가 생길까? 이런 교육 방식이 바로 '선생님은 수업하고 학생은 들으며 매해 학년만 올라가는' 아이들의 잠재 능력을 죽이는 수동적인 교육 방식이다.

부모들에게 아래와 같은 방법을 써 볼 것을 제안한다.

1. 예습을 하도록 도와주어라.

예습을 하면 배울 내용에 대해 기본 지식을 습득할 수 있고 또한 중요한 점, 어려운 점 등을 파악하고 수업을 들을 수 있어 수업의 효율이 더욱 높아진다.

2. 시험의 '개요'를 파악하게 하라.

개요를 위주로 복습하면 각각의 주제에 대한 이해와 풀이 능력을 높일 수 있다. 또 각 주제의 내용을 연관시켜 공부할 수 있어 종합적인 사고를 하는 데도 도움이 된다.

3. '책만을 완벽하게 믿는 것은 책이 없는 것만 못하다' 는 사실을 알려 주어라.

생각 없이 무조건 받아들이지 않도록 하라. 모든 문제에 대해 깊이 사고하고 의문을 가지고 탐구하도록 해야 한다.

4. 수업을 듣는 올바른 습관을 길러 주어라.

아이에게 생각하면서 수업을 듣는 습관을 길러 주어라. 또 기억을 도울 수 있도록 책 위에 자신만의 기호를 그려 놓도록 한다. 선생님의 설명을 주의해서 듣고 요점을 찾아내며 모르는 것이 있으면 질문할 수 있도록 지도해야 한다.

5. 아이가 공부한 내용을 이해하도록 도와주어라.

지식은 이해와 기억이 잘 결합될수록 튼튼해진다. 부모는 아이가 배운 내용을 이해할 수 있도록 도와주어야 한다. 완전히 이해한 내용만이 더 잘 기억되기 때문이다.

습관 68 모든 일에 체계적이지 못한 우리 아이 나쁜 습관 고쳐주기

체계를 갖추는 것은 공부나 생활에 큰 도움이 된다. 체계 있는 문장은 전달력이 뛰어나 작가와 독자들이 자유롭게 사상을 교류할 수 있도록 도와준다. 또 체계 있는 생활 습관은 성공의 가능성을 높여 준다. 체계 없이 건성으로 공부하면 높은 학습 효과를 기대할 수 없다. 많은 아이들이 숙제를 할 때 체계 없이 건성으로 하는데 이것은 매우 좋지 않은 습관이다.

일상생활 속에서 생각을 잘 전달하려면 체계와 질서를 갖추어서 말해야 한다. 그렇지 않으면 우리가 바라는 결과를 얻을 수 없을 것이다.

설명문의 작문법을 배울 때 대부분의 아이들은 설명 순서에 주의하지 않는다. 그래서 작문 내용은 체계 없고 난잡해진다. 그러면 글의 논리성이 떨어지고 전체 내용에 영향을 주어 시험 때 낭패를 보게 된다.

많은 아이들은 작문이 매우 어렵다고 생각하여 자신의 생각을 진실하고 매끄럽게 써 내지 못한다.

모든 것이 시간이나 공간처럼 명확한 체계를 가지고 있는 것은 아니다. 하지만 종이에 그것을 써 낼 때는 반드시 체계를 갖추어야 하는데 이러한 사고의 체계성은 객관적인 사물의 체계를 기초로 삼는다.

사고의 구체적인 내용은 사람마다 경험과 학식이 다르기 때문에 모두 같을 수는 없다. 예를 들어 농민은 가을바람 하면 수확을 떠올릴 것이고, 시인은 세월의 무정함을 떠올릴 수 있다.

체계 없는 사고는 작가의 사상을 진실하게 반영할 수 없고 독자로 하여금 작가의 생각을 쉽게 이해할 수 없게 만든다. 체계 있는 사고를 종이 위에 쓰면 문장이 되는데, 한편으로는 작가의 요구를 만족시키고 다른 한편으로는 독자의 요구를 만족시킨다. 또한 이것은 사람과 사람 사이에 감정을 성공적으로 연결시킨다.

숙제는 아이가 배운 내용을 얼마나 이해하고 있는지를 확인할 수 있는 도구이다. 그렇기 때문에 대충대충 성의 없이 해서는 안 된다. 깔끔하고 논리 정연하게 해야만 선생님이 그것을 보고 아이의 공부 상황을 이해하고 효과적으로 공부를 지도할 수 있다.

아래와 같은 방법을 제안한다.

1. 아이가 스스로 숙제를 검사하도록 도와주어라.

부모는 아이 스스로 잘못 쓴 글자는 없는지 논리정연하지 못한 곳은 없는지 자신의 숙제를 검토하도록 지도해야 한다.

또한 문제를 해결하는 것을 도와주고 숙제하는 태도를 바로 잡아 주며 이런 나쁜 습관의 폐단을 충분히 인식시켜야 한다.

2. 작문을 할 때 개요를 짜도록 가르쳐라.

개요를 짜면 사고가 체계 있고 명확해져 논리적으로 작문할 수 있게 된다. 따라서 아이에게 개요 짜는 방법을 알려 주어 좋은 문장을 쓸 수 있도록 도와주어라.

3. 아이가 생각을 정리하도록 도와주어라.

아이가 자신의 능력에 맞게 사고할 수 있도록 도와주어야지 억지로 생각을 끌어내게 해서는 안 된다. 작문을 하는 과정에서 사고를 정리하는 방법을 배우도록 하면 점차 더 자세하고 다양하게 사고할 수 있게 된다.

4. 모든 일을 끝까지 하는 습관을 들여 주어라.

어떤 문제가 풀리지 않더라도 끝까지 해내도록 시킨다. 또 숙제에서 틀린 부분을 발견하면 반드시 그것을 고치도록 시켜야 한다. 숙제를 끝낸 후에는 오락기 등 좋아하는 물건을 가지고 놀 수 있게 해 주는 것이 좋다.

습관 69 자신에게 맞지않는 공부법을 버리지 못하는
우리 아이 나쁜 습관 고쳐주기

모든 아이들은 자신만의 공부 방법이 있다. 하지만 자신에게 맞는 공부법을 찾아야만 공부효율도 올라갈 것이다. 그렇기 때문에 부모들은 반드시 아이에게 맞는 공부 방법을 찾아

주어야 한다.

　인주는 모 초등학교 3학년에 재학 중이다. 부모는 인주의 성적이 좋지 않아 항상 걱정이었다. 부모는 인주의 문제가 노는 것을 너무 좋아하기 때문이라고 생각했다. 부모님은 인주가 움직이기 좋아한다는 사실을 발견했다. 본문을 외울 때도 머리를 흔들고 말을 할 때도 계속해서 손을 움직인다. 또 만들기, 오락하기 등의 '활동'에 열중했다.

　부모와 선생님은 아이가 공부에서 실패하는 것은 지능과 노력이 부족한 탓이라고 돌리곤 한다. 그러나 우리 주변에는 지능도 좋고 열심히 노력하는데도 실패하는 사람들이 수두룩하다. 그렇다면 그들의 실패는 어떻게 설명해야 할까? 사실 아이의 성적은 지능과 노력 외에도 많은 요소들의 영향을 받는다. 그중에서도 아이의 성적에 가장 큰 영향을 미치는 요소는 바로 자신에게 맞는 공부법을 습득했는가, 하는 것이다.
　모든 사람에게는 자신에게 맞는 공부법이 있다. 따라서 사람마다 각자 다른 공부법을 가지고 있는 것이 당연하다.
　학교에서도 이런 상황이 있을 수 있다. 공부한 내용을 기억할 때 어떤 아이는 당시 선생님이 어떻게 설명했는지 기억한다. 또 어떤 아이는 선생님이 이 부분을 설명할 때 칠판의 어느 위치에 썼는지까지 또렷이 기억한다. 어떤 아이는 선생님이 하신 말씀, 칠판에 써 준 내용 모두 기억하지 못하지만 당시 선생님의 행동이나 동작을 기억할 수도 있다. 그들은 모두 각자에게 맞는 기억법으로 자신만의 공부를 하고 있는 것이다.

여기에서 우리는 아이들은 저마다 다른 특기를 가지고 있다는 사실을 알 수 있다.

여기서 세 가지 공부법을 소개하겠다.

첫째는 청각적인 방식으로 주로 '들으면서' 공부하는 것이다.

둘째는 시각적인 방식으로 주로 '보면서' 공부하는 것이다.

셋째는 운동 혹은 촉각적인 방식으로 주로 신체 운동이나 접촉을 하면서 공부하는 것이다.

모든 아이들은 자신에게 맞는 공부 방법이 있다. 어떤 아이는 시각적인 방법이 적합하고 어떤 아이는 청각적인 방법, 또 어떤 아이는 촉각적인 방법이 좋을 수 있다.

아이에게 버스타는 법을 가르쳐 준다고 해 보자. 우선 아이에게 말로 설명해 준다. "여기에서 북쪽으로 약 100미터 정도 갔다가 왼쪽으로 돈 후에 사거리가 나올 때까지 직진을 하고 오른쪽으로 돌아 다시 앞으로 150미터 정도 가면 슈퍼마켓이 나올 거야. 버스정류장은 슈퍼마켓 바로 맞은편에 있어." 만약 아이가 이 말을 들은 후 바로 이해한다면 그 아이는 청각적인 공부 방식이 맞는 것이다. 만약 아이가 이 말을 듣고 큰 소리로 "천천히 말해 봐요. 무슨 말인지 하나도 모르겠어요. 차라리 그림으로 그려 줘요"라고 말하면 이 아이는 시각적인 방식이 맞는 것일지도 모른다. 만약 아이가 들으면서 계속해서 방의 이리저리를 돌아다니며 당신이 말하는 것을 몸으로 '실천'하면서 길을 기억한다면 그 아이는 운동 혹은 촉각적인 방식이 맞는 아이일 것이다.

그러나 모든 아이들이 이 세 가지 방식만을 이용해서 공부하는 것은 아니다. 어떤 아이에게 정보를 이해하는 가장 좋은 방법은 책 읽기일 수도 있고, 또 어떤 아이는 자신의 손으로 만들어 볼 때 효과가 가장 좋을 수도 있다.

부모가 선택한 교육 방식과 아이 자신이 선택한 공부법, 자신에게 가장 맞는 공부 방식이 완전히 '일치'할 때 높은 교육 효과와 학습 효과를 거둘 수 있다.

그러나 우리의 교육은 종종 '한솥밥'을 먹는 것처럼, 아이들 저마다의 특징을 무시한 채 일률적인 방식을 택하곤 한다. 전통적인 학교 교육에서는 특히 고학년일수록 주로 청각과 시각의 방식을 사용해 왔다. 그렇기 때문에 시각과 청각의 공부 방식이 맞는 아이들은 공부를 잘할 수 있지만 운동이나 접촉의 공부 방식이 맞는 아이들은 어려움을 겪게 된다.

성적이 좋지 않은 많은 아이들은 종종 '돌머리'라는 꼬리표를 달게 된다. 사실 그들은 돌머리가 아닐 수도 있다. 그저 자신에게 맞는 공부 방법을 찾지 못해서 공부를 못하는 것일 수도 있다. 이런 아이도 자신에게 맞는 방식으로 공부를 하면 잘할 수 있다.

부모는 아이에게 가장 좋은 공부 방식을 찾아 주어야 한다. 그러기 위해서 아래의 방법을 사용하는 것도 좋다.

1. 아이의 일상적인 행동을 관찰하여 아이가 어떻게 공부하는지 파악하라.

물론 아이는 다양한 방식으로 공부할 수 있지만 분명 자신에게 가장 적합한 방식이 있을 것이다. 부모는 평소 아이를 잘 관찰함으로써 아이의 특징을 파악하고 아이에게 맞는 방법을 찾아 주어야 한다.

2. 자신에게 가장 잘 맞는 공부법을 이용하도록 도와주어라.

아이에게 맞는 공부 방식이 무엇인지 파악한 후에는 아이가 더 적극적으로 이 방법을 사용할 수 있도록 해 주어야 한다. 대부분의 아이들은 수동적이어서 선생님이 시키는 대로만 공부할 뿐 어떻게 해야 더 능동적으로 공부할 수 있는지 알지 못한다. 또 그들은 자신의 공부 방법을 반성하지 않는다. 그렇기 때문에 부모는 아이가 자신에게 가장 맞는 공부법이 무엇인지 알게 해 주고 시범을 보여 주어 그것을 활용할 수 있게 지도해야 한다.

3. 다양한 방법으로 공부할 수 있게 도와주어라.

자신에게 맞는 방법으로 공부하면 적은 노력으로 큰 효과를 볼 수 있다. 그러나 다른 방식을 사용하거나 배워서는 안 된다는 말은 아니다. 사실 아이가 모든 방법을 이용하고 발전시킬 수 있도록 도와주는 것이 가장 좋다.

습관 70 제때 잘못을 고치지 못하는 우리 아이 나쁜 습관 고쳐주기

사과가 있다. 처음에는 한구석에 곰팡이가 조금 피었을 뿐이지만 사람들이 전혀 신경을 쓰지 않아 결국 사과 전체가 썩어 버리게 된 것이다. 이것은 일상생활에서 자주 볼 수 있는 일로 문제가 아직 경미할 때 더 이상 커지지 못하게 막아야 한다는 교훈을 준다.

'천 리에 달하는 큰 제방도 개미구멍 하나로 무너진다' 는 이야기를 들어 보았을 것이다. 이것은 문제가 아직 경미할 때 더 이상 커지지 못하게 막고 잘못과 단점을 고치면 결과는 달라질 수 있다고 말해 준다.

진식이는 성적이 매우 좋아서 항상 선생님께 칭찬을 받는다. 방학 첫날 진식이는 친구 한수, 미주와 함께 놀러 갔다가 집으로 돌아오는 길에 사과밭을 지나게 되었다. 그곳은 아주 조용했고 사람도 없었다. 크고 맛있게 생긴 사과를 보자 그제야 진식이와 친구들은 피곤함과 갈증을 느꼈다.

진식이가 말했다. "우리 몇 개만 따 먹자. 아무도 안 보니까 괜찮아." 한수는 말했다. "이것도 도둑질이잖아. 안 돼!" 미주가 말했다. "사과 몇 갠데 뭐 어때? 다음부터 안 그럼 되잖아." 진식이와 미주는 요행을 바라는 마음으로 자신의 실수에 변명을 해 댔다. 그들은 이 작은 실수가 더 큰 잘못을 불러오게 된다는 사실을 알지 못한 것

이다.

결국 미주는 한수의 충고를 듣고 주인을 찾아가 돈을 주고 사과를 사 먹었다. 그러나 진식이는 사과를 몰래 따 먹으면서 이렇게 생각했다. '코앞에 공짜 사과가 널려 있는데 왜 돈을 내고 사 먹어? 정말 멍청하군.'

그 이후에도 진식이는 계속 사과밭에 가서 몰래 사과를 따 먹었다. 처음에는 조금 무섭기도 했지만 들키지 않자 점점 용기가 생겼다. 개학을 하고 진식이는 더 이상 사과밭에 가지 않았다. 그런데 어느 날부터 반 친구들의 물건이 하나씩 없어지기 시작했다. 사실 그것은 모두 진식이가 훔친 것이었다.

어느 날 오후 진식이는 숙제를 내러 교무실에 갔다. 선생님의 책상에는 만 원짜리 한 장이 놓여 있었다. 진식이는 주위를 살핀 후 재빨리 돈을 주머니 속에 넣었다. 그 후로 진식이는 점점 대담하게 도둑질을 했다. 친구, 선생님, 가족의 물건을 훔치는 것은 물론 모르는 사람의 물건에까지 손을 댔다. 그러던 어느날 진식이는 또다시 물건을 훔치다가 현장에서 잡혀크게 창피를 당했다.

사과를 훔치는 작은 일에서 시작했지만 실수를 고치지 않고 나쁜 버릇을 키운 진식이는 결국 범죄자로 전락하고 만 것이다. 이 이야기에서 우리는 작은 잘못을 제때 고치지 않으면 큰 잘못으로 이어진다는 교훈을 얻을 수 있다.

누구나 실수할 수 있다. 레닌은 어렸을 때 실수로 화병을 깨뜨리고 거짓말을 했다. 카네기도 어렸을 때 엄마의 돈을 훔친 적이 있다. 그러나 그들은 자신의 잘못을 알고 바로 고쳤기 때문에 위대한 인물이 될 수 있었다.

문제가 경미할 때 더 이상 커지지 않게 방지하려면 우선 자신의 잘못을 인식해야 한다. 자신의 잘못을 정확히 인식해야만 그것을 뉘우치고 고칠 수 있기 때문이다.

생활에 있어서만 그런 것이 아니다. 공부할 때도 마찬가지다. 많은 아이들이 단어를 하나 쓸 때마다 점을 찍는 것과 같이 작은 실수를 자주 범한다. 숙제를 할 때도 실수를 하고는 제때 고치려 하지 않는다. 그러다가 시험 때가 되면 습관적으로 평소에 하던 대로 문제를 풀어 실수투성이의 답안지를 내게 되는 것이다.

작은 실수는 고치기 쉽지만 큰 잘못은 바로잡기 어렵다. 천 리에 달하는 큰 제방도 개미구멍 하나로 무너진다. 만약 처음 구멍이 생겼을 때 바로 막았더라면, 사과가 막 썩기 시작했을 때 바로 처리했더라면, 진식이가 처음 실수를 했을 때 바로 고쳤다면 이 모든 일들이 벌어졌을까?

미세한 먼지가 기계를 고장 낼 수 있기 때문에 컴퓨터실에 들어갈 때는 반드시 신발을 갈아 신어야 한다. 이런 기본적인 상식은 아마 모두가 알고 있을 것이다. 3학년 컴퓨터 수업이 끝났고 아이들은 차례대로 나와 신발을 갈아 신었다. 한 남자 아이가 교실에서 나와 신발을 갈아 신을 때 선생님에게 물었다. "선생님, 우리는 다 신발을 갈아 신는데 선생님은 왜 안 갈아 신으세요? 선생님 신발은 안 더러워요?" 아이의 말을 들은 후 선생님은 자신의 신발을 바라보았고 아무 말도 할 수 없었다.

다음번 수업 시간에 선생님은 신발 위에 비닐을 씌웠다. 그리고 이 일을 반 전체 아이들 앞에서 이야기하며 자신의 잘못을 인정했다. 또 그 아이가 자신의 잘못을 지적해 준 것에 고마워하며 앞으로 친구들 사이, 선생님과 학생 사이에 서로 잘못이 있으면 지적해 주어 함께 발전해 나가자고 했다. 선생님은 이때부터 교실에서도 신발에 비닐을 씌웠고 아이들의 존경과 신임을 받았다. 만약 선생님이 변명을 대고 잘못을 인정하지 않았다면 결과는 달라졌을 것이다.

이 일은 사람은 누구나 실수할 수 있지만 그것을 제때 고치면 존중과 이해, 신임을 얻을 수 있다는 사실을 깨닫게 한다.

아이들에게 이런 습관을 길러 주려면 아래와 같은 방법을 써 보는 것이 좋다.

1. 부드럽게 타일러라.

북풍과 남풍이 누가 먼저 행인의 외투를 벗길 수 있는지, 누구의 위력이 더 큰지 시합을 해 보기로 했다. 북풍이 먼저 온 힘을 다해 차가운 바람을 불었다. 그러자 행인은 바람을 막기 위해서 외투로 몸을 더 꽉 감쌌다. 남풍이 나와 천천히 입김을 불자 순식간에 부드러운 바람이 불고 날씨가 따뜻해졌다. 행인은 날씨가 따뜻해지자 곧 외투를 벗어 버렸다. 결국 남풍이 이긴 것이다.

이처럼 부드러움이 엄격함을 이긴다. 부모는 아이를 꾸중할 때 부드럽게 타일러 아이가 마음 깊은 곳에서부터 자신의 잘못을 뉘우치고 그것을 고쳐야겠다고 결심하도록 해야 한다.

2. 설명해 주어라.

아이에게 작은 실수를 바로 고치지 않으면 큰 잘못으로 이어진다는 것을 설명해 주어라. 예를 들어 나무통 이야기를 해 주어도 좋다. 길이가 각기 다른 나무판으로 만들어진 물통이 있다고 치자. 이 물통은 가장 짧은 나무판의 높이가 물을 담을 수 있는 양을 결정한다. 다른 판들이 아무리 길어도 짧은 나무판 하나 때문에 물을 얼마 담지 못하는 것이다. 물을 많이 담고 싶다면 짧은 나무판을 먼저 다른 판들과 같은 길이로 고쳐야 한다.

이 이야기를 통해 아이는 작은 실수 하나가 전체 성적을 떨어뜨릴 수 있으므로 잘못을 바로 고쳐야 좋은 성적을 받을 수 있다는 사실을 알게 된다.

3. 격려해 주어라.

숙제를 늦게 내고 수업 시간에 소란을 피우는 등 이미 나쁜 습관을 가지고 있는 아이들은 이런 습관을 고치려 하다가도 의지력이 없어 똑같은 실수를 반복하곤 한다. 부모는 아이들이 실수를 고쳐 나갈 수 있도록 곁에서 지도하고 격려해 주어야 한다. 예를 들어 아이에게 자아 성찰 표를 만들어 줄 수도 있다. 표에는 품행, 규율, 숙제, 시험 성적 등의 항목을 써 넣어 매일 방과 후 부모가 '매우 잘함, 잘함, 보통, 노력

필요' 등으로 평가해 준다. 그리고 매주 한 번씩 점수를 결산하여 지난주와 비교해 본다. 발전이 있으면 상을 주는 것도 좋다.

4. 칭찬하고 위로해 주어라.

아이의 실수를 너무 지나치게 꾸짖어서는 안 된다. 특히 "넌 정말 바보구나!", "쓸모없는 놈 같으니!"와 같이 아이의 자존심을 상하게 하는 말을 해서는 안 된다. 또한 문제를 고칠 수 있는 방법에 대해 구체적으로 알려 주어야 한다. 그러면 아이는 적극적이고 능동적으로 실수를 만회하려 할 것이고 그 과정에서 더 많은 것을 배우게 될 것이다.

5. 아이의 좋은 친구가 되어 주어라.

부모는 아이의 자주성과 독립심을 존중해 주어 아이와 평등한 입장에서 의견을 교환해야 한다. 만약 아이의 고집이 세더라도 인내심을 가지고 가르쳐야지 명령하거나 훈계해서는 안 된다. 특히 폭력적이거나 강제적인 방법은 절대 삼가야 한다. 아이를 잘 이해하려면 배려심과 온화한 말투로 아이를 대해야 한다. 그래야만 아이와 감정적으로 교류할 수 있고 아이가 부모의 의견을 쉽게 받아들일 수 있을 것이다.

습관 71 필기하지 않고 예습하는 우리 아이 나쁜 습관 고쳐주기

'예습은 결선 전에 화력을 검사해 보는 것과 같다', '예습은 금메달을 따기 전에 치르는 예선과 같다.' 이렇듯 예습은 굉장히 중요한 과정이다. 그러나 같은 내용을 똑같은 시간을 들여 예습해도 효과에는 큰 차이가 있을 수 있다. 왜 그런 것일까? 그것은 손에 연필을 들고 있느냐, 들고 있지 않느냐에 달려 있다.

경미와 은하는 그림자도 떨어지지 않는 단짝 친구로 항상 함께 공부하고 함께 생활한다. 요즘 둘에게는 새로운 고민이 생겼는데 아무리 공부해도 은하의 성적이 오르지 않는 것이었다. 경미도 그 이유를 함께 생각해 봤지만 이유를 찾을 수 없었다. 그래서 둘은 과외를 해 보기로 했다. 선생님은 은하에게 더 많은 문제를 내 주었지만 별 효과가 없었다. 은하는 답답해 하면서 말했다. "내가 연필로 써 가며 공부하기 싫어하는 것을 빼고는 우리 둘이 공부하는 방법이 거의 똑같으니까 내 머리가 더 안 좋은 게 아닐까?" 선생님은 은하의 말을 듣고 문제점이 바로 여기에 있다는 사실을 알아챘다.

연필로 쓰며 공부하지 않으면 공부 효율이 크게 떨어지고 결국 결과가 달라지는 것이다. 예습을 할 때는 문장의 내용을 대략적으로 이해한 후 연필로 밑줄을 치고 설명을 써야 한다. 이때 밑줄과 설명은 자신의 생각이기 때문에 항상 정확한 것은 아니다. 따라서 고치기 쉽도록 연필을 사용해야 한다. '밑줄'은 내용상 중요한 부분에 친다. 읽고 나서도 중요한 점을 찾지 못하고 전체적인 흐름을 파악하지 못했다면 내용을 자세히 이해하지 못한 것이므로 다시 읽어 보아야 한다. '설명'은 자신이 이해한 내용과 자신의 의견을 써 놓는 것으로, 여백 부분에 써 놓는 것이 좋다. 자신의 생각이 정확한지 아닌지는 수업 시간에 확인할 수 있다. 이해하지 못한 문제가 있을 때도 적어 두었다가 수업 시간에 해결한다. 이렇게 해야만 완벽한 예습이라고 할 수 있다. 또 이렇게 자신이 이해한 내용들을 써 놓으면 예습도 되고 글쓰기 연습도 할 수 있어 일거양득이다.

예습을 할 때는 적극적인 자세로 해야 한다. 그래서 지식을 배우는 과정에서 새로운 것을 알게 되었을 때는 즉시 기록하여 예습의 효율과 지식의 활용 능력을 높여야 한다.

줄거리가 있는 내용에 대해서 예습할 때는 수업 전에 자세히 읽고 생각해 보아 수업 시간에 자신의 말로 바꾸어 말할 수 있도록 준비해야 한다.

그리고 수학을 공부할 때는 문제를 풀지 않을 수 없다. 수학적 지식을 이해하고 파악하려면 보고 생각하는 것 외에도 손으로 직접 문제를 풀어 보아야 한다. 그래야만 새로운 지식에 대해 더 깊이 이해할 수 있기 때문이다. 미리 문제를 풀어 보는 것은 시간을 낭비하는 것 아니냐고 생각할 수도 있다. 하지만 그것은 아직 이 방법의 효과를 느끼지 못했기 때문에 하는 말일 뿐이다.

한 선생님은 예습할 때 직접 문제를 풀어 보지 않는 아이들에 대해 이렇게 평가했다. "요즘 많은 아이들이 예습을 할 때 그냥 한번 훑어볼 뿐 직접 문제를 풀어 보려 하지 않아요.

예습해야 할 것들을 선생님이 대신해 주니까 겉으로 보기에는 무척 편해 보이지요. 하지만 그런 가치 있는 과정을 직접 경험해 보지 못하는 것은 사실 아이들 손해예요."

예습할 때는 사전이나 참고 자료 등을 이용하여 능동적으로 문제를 해결해야 한다. 또 그 과정에서 알게 된 내용과 의문점들을 기록해 두어 나중에 공부할 때 도움이 될 수 있도록 해야 한다.

아이들을 아래와 같이 지도해 보길 제안한다.

1. 예습하는 방법을 알려 주어라.

예습의 개요를 짜도록 도와주어라. 이렇게 하면 본문의 중요한 점들을 위주로 예습하기 편리하다. 아이가 본문에 대해 얼마나 이해했는지, 어떤 문제는 이해하지 못했는지 등 아이의 예습 상황을 파악하라. 대충 넘어간 부분에 대해서는 다시 한 번 꼼꼼하게 살펴보도록 하고 모르는 것은 표시를 해 두었다가 수업 시간에 더 열심히 듣도록 하라.

2. 예습한 것을 적어 두는 습관을 키워 주어라.

예습 필기는 교재나 사전, 참고 자료 등을 베껴 적어 놓은 것, 연습 문제를 풀어 놓은 것, 모르는 문제, 공부하면서 알게 된 내용 등을 포함한다.

3. 어려운 문제를 해결할 수 있도록 도와주어라.

아이가 예습을 하면서 어려운 문제에 부딪히면 아이와 함께 생각해 보고 토론하여 문제를 풀 수 있도록 도와줘야 한다.

4. 예습의 폭을 늘려 가도록 도와주어라.

이미 배웠던 지식과 교과서 이외의 내용들을 연결하여 새로운 지식을 얻을 수도 있다. 아이가 어떤 문제에 대해 생각할 때 '왜'라는 물음을 자주 던지며 자신의 생각을 적어 나가는 습관을 길러 주어야 한다.

습관72 폭넓게 예습하지 않는 우리 아이 나쁜 습관 고쳐주기

예습은 수업의 전주곡으로 수업을 구성하는 중요한 부분이다. 예습 방법은 여러 가지이지만 그 목적은 모두 아이 스스로 탐구하고 분석하며 혼자 공부하는 습관과 능력을 길러 주는 데 있다. 그렇기 때문에 만약 교과서에 있는 지식에만 국한되어 더 많은 내용을 공부하지 않는다면 예습의 진정한 목표에 도달할 수 없다.

어떤 아이들은 자신이 지식을 받아들이는 능력이 부족해서 성적이 나쁜 것이라고 생각하여 다른 아이들보다 먼저 수업 전에 예습하고 내용들을 이해해 둔다. 그들의 예습 계획은 학기 예습, 주중 예습, 하루 예습으로 세밀하게 나눠져 있다. 학기 예습은 새로운 책을 받아 본 후 교과서의 목록을 따라 대체적으로 훑어보는 것이다. 주중 예습은 훨씬 세밀하게 하는데, 책을 자세히 읽어 보고 이해가 안 되는 부분이 있으면 색연필로 표시를 해 두는 것이다. 하루 예습은 간단하게 20분 정도만 한다. 그들은 예습을 잘하기 위해서 매우 노력하지만 성적은 여전히 그저 그런 수준에 머물곤 한다. 이것은 정말 고통스러운 일일 것이다.

　그렇다면 무엇이 잘못된 것일까? 사실 그들은 매우 중요한 일을 잊었다. 예습을 할 때는 교과서의 제한적인 지식에만 국한되지 말고 폭넓게 공부하여 지식을 더욱 확장시켜야 한다. 만약 더욱 폭넓게 예습한다면 그들의 성적은 크게 오를 것이다.

　교과서를 기초로 하고 다른 자료를 참고하여 예습하려는 내용에 대한 지식을 더욱 확장시켜야 한다. 교과서 외의 참고 서적들을 많이 보면 교과서에 나오는 지식들을 더 깊이 이해하는 데 도움이 되기 때문이다.

　국어를 예로 들어 보자. 어떤 아이들은 수업 시간에 그다지 노력하지 않고서도 시험만 보면 성적이 잘 나와 많은 아이들의 부러움을 사곤 한다. 그렇다면 그들의 성공 비결은 무엇일까? 바로 교과서 외의 문학 서적들이 그들의 성공 열쇠이다.

　교과서 외의 문학 서적들은 시야를 넓혀 주고 언어를 풍부하게 해 준다. 또 사고를 발전시키고 마음을 정화시키며 건강한 개성을 펼칠 수 있게 하는 등 매우 중요한 역할을 한다. 구소련의 유명한 교육자는 이렇게 말했다. "교과서 이외의 다른 책을 전혀 보지 않는 아이들은 수업 시간에 이해할 수 있는 지식의 깊이가 매우 얕아진다. 또 모든 힘을 숙제를 하는 데 쏟아 버리면 숙제에 대한 부담감이 커져 교과서 외의 다른 책들을 볼 시간이 없어지는 악순환이 이어진다." 아마 누구도 그 악순환의 고리 속으로 들어가고 싶지 않을 것이다. 지식의 폭을 넓히는 것이 이 문제를 해결하는 유일한 방법이다.

예습을 할 때 책을 많이 보는 것뿐만 아니라 교과서의 지식을 완벽히 이해하는 것도 중요하다.

많은 아이들이 45분간의 수업이 성적을 결정한다고 생각하며 수업 전의 예습이 얼마나 중요한지는 간과한다. 예습을 철저히 하지 않으면 수업의 효율에도 영향을 미친다. '생각하면서 공부하고 의문을 가져라.' 예습할 때 눈, 머리, 입, 손을 모두 사용해야 문제가 쉽게 해결되고 많은 지식을 쌓을 수 있다. 깊이 있는 사고를 하고 의문을 가지고 수업을 들으면 능동적으로 문제의 답을 찾을 수 있다. 또 수동적으로 받아들이기만 하지 말고 적극적으로 지식을 탐구하는 태도를 가져야 한다.

아름다운 경치를 묘사하는 시나 문장을 예습할 때는 본문의 내용을 머릿속에 그려보는 것도 좋다. 손과 머리로 그 경치를 그려 보면 더 잘 이해할 수 있기 때문이다. 예를 들어 《봄(春)》을 예습할 때는 '봄풀 그림', '봄꽃 그림', '봄바람 그림', '봄비 그림', '봄맞이 그림' 등을 떠올려보는 것이다. 이렇듯 예습을 통해 지식을 형상화시킬 수 있는 것이다. 우언고사나 사물에 비유한 문장 등을 예습할 때는 그 주제와 중심 내용을 파악하는 것이 중요하다. 이렇듯 내용에 따라 다른 예습 방법을 사용하는 것이 중요하다.

예습을 통해 깊이 사고하는 습관이 길러지면 의문점도 많이 생기게 될 것이다. 이런 의문점 중에는 노력하면 쉽게 풀 수 있는 것도 있고 그렇지 않은 것도 있을 것이다. 풀리지 않는 문제가 있으면 그것을 알고 싶은 마음이 더 깊어질 것이다. 이때 부모와 선생님이 잘 이끌어 주고 지도해 주면 아이는 그것에 대해 더 쉽게 이해하고 받아들일 수 있게 된다.

아래와 같은 방법으로 좋은 습관을 길러 줄 수 있다.

1. 교과서 외 서적의 기능을 인식하라.

아이가 교과서가 아닌 다른 책을 본다고 꾸짖어서는 안 된다. 교과서 외 서적의 영향력은 점차 커지고 있다. 교과서에만 매어 있는 아이는 교과서 내용도 잘 파악하지 못할뿐더러 융통성도 없어져 공부와 사회생활에 있어서도 만족스럽지 못한 결과를 얻을 것이다.

2. 교과서의 내용을 심도 있게 이해시켜라.

대부분의 아이들은 어느 정도 생각하다가 그만둬 버리기 때문에 교과서 내용을 깊이 이해하지 못한다. 따라서 부모는 아이들이 더 깊이 있는 시각으로 내용을 바라보고 중도에 사고를 멈추지 않게 도와주어야 한다.

3. 내용에 맞는 자료를 찾을 수 있도록 도와주어라.

예를 들어 소비자의 합법적 권익 보호와 같은 내용을 예습한다면 관련 판례들을 찾아보도록 한다. 또 국어를 예습할 때는 각 과목의 내용과 관련 있는 고시, 성어, 속담, 전고(典故), 주변의 실례 등을 찾아보도록 한다. 이렇게 하면 시야를 넓힐 수 있을 뿐 아니라 이론과 실제를 연결시키는 능력도 길러 줄 수 있다.

  4. 예습에 그리 많은 시간을 들일 필요는 없다.

  예습할 때 정말 풀리지 않는 문제는 표시를 해 두었다가 수업 시간에 선생님의 도움을 받을 수 있다. 수업 전 예습에서는 중요한 점을 찾되 너무 많은 시간을 투자해서는 안 된다.

Luxury study habit 06

목표를 확립하고 주동적으로 행동하라

머리를 잘 써야 좋은 성적이 나온다

습관 73 능동적으로 공부하지 않는 우리 아이 나쁜 습관 고쳐주기

'주입식' 교육 방식으로는 미래를 짊어질 인재를 배출해 낼 수 없다.

'하늘이 나와 같은 재목을 낸 것은 필시 쓸모가 있음이다' 라는 말이 있다. 그러나 요즘 많은 아이들은 하루 종일 수심에 가득 찬 얼굴로 한숨만 내쉰다. 그들은 주위의 모든 것에 관심이 없고 자신감도 부족하다. 한마디로 말해 공부와 생활에 있어 능동적이지 못한 것이다.

세계적인 음악가 베토벤은 열한 살 때 아버지를 여의었고 스물여덟 살 때 청력을 잃었다. 그러나 그는 실망하거나 기죽지 않고 꿋꿋이 생활하며 계속해서 아름다운 작품들을 만들

어 냈다. 그는 친구에게 이런 편지를 쓴 적이 있다. '나는 운명을 이겨 내고야 말겠어. 그것은 나를 굴복시키려 하지만 나는 절대 쉽게 물러서지 않을 거야.' 퀴리 부인은 라듐 원소를 찾기 위해 4년 동안 온갖 고생을 다 했지만 그녀는 오히려 이 몇 년 동안이 '인생에서 가장 즐거웠던 시간'이라고 말했다.

요즘 많은 아이들은 공부의 목표가 명확하지 않다. '왜 공부를 하는가?' 라는 질문을 받았을 때 대부분의 아이들은 '부모님이 시켜서'라고 대답한다. 또 어떤 아이들은 '커서 좋은 직장에 취업하기 위해서'라고 말한다. 이런 아이들은 동기가 부족하여 수동적이고 소극적인 태도로 공부하게 된다. '더 좋은 회사에 들어가기 위해서'라고 답한 아이들은 명확한 목표가 없다고 말할 수는 없다. 하지만 그들의 목표는 진정한 공부를 위한 것이 아니라 공부를 수단으로 삼는 것일 뿐이다. 아이들이 능동적으로 공부하지 못하는 근본적인 이유는 공부의 목적이 명확하지 않고 구체적인 꿈을 갖고 있지 않기 때문이다.

정명이는 말을 잘 듣는 아이였다. 막 초등학교에 입학했을 때는 성적도 매우 좋아서 부모는 항상 정명이 자랑을 늘어놓기에 바빴다. 하지만 중학교에 들어가자 성적이 뚝 떨어졌고 정명이의 부모는 마음이 조급해지기 시작했다. 하지만 자신의 아이는 절대 말을 안 듣고 소란을 피우며 공부하기 싫어하는 아이가 아닌데 무엇이 문제인지 도무지 알 수가 없었다. 사실 그 이유는 어렵지 않게 찾을 수 있다. 초등학교 때는 선생님과 부모의 지도에 따르면 됐기 때문에 공부 잘하는 착한 학생이 될 수 있었다. 하지만 중학교는 초등학교와 다르다. 중학교 교육과정에서는 지식뿐 아니라 지식을 습득하는 방법도 배우도록 요구한다. '물고기를 잡아 주는 것' 과 '고기 잡는 법을 가르쳐 주는 것' 의 차이가 능동적이지 못한 정명이를 피해자로 만든 것이다.

입시 위주의 교육 제도 아래에서 아이들의 심리 교육은 체계적으로 이뤄지지 못했다. 그래서 아이들은 심리적으로 성숙하지 못하고 많은 약점들을 갖게 되었고 이것이 그들의 능동적인 학습에 영향을 미치게 된 것이다. 아이들에게 수업 시간에 능동적으로 질문하거나 자신의 의견을 발표하지 못하는 이유에 대해 물으면 대부분 이렇게 대답한다. '부끄러워서', '틀린 답을 말할까 봐', '책의 내용(선생님의 말씀)이 맞으니까', '잘난 체한다는 소리를 들을까 봐' 등등이다. 이러한 위축된 심리와 권위에 대한 맹종은 아이들이 공부하면서 질문을 통해 원인을 끝까지 알아내지 못하게 만든다. 또한 권위적인 관점에 대해 의문을 제기하거나 자신의 견해를 말하지 못하게 된다.

위와 같은 이유로 아이들은 능동적으로 공부하지 못하게 되고 그 결과 효율이 떨어져 성과가 낮아지는 것이다. 그래서 부모들은 보충 수업, 과외, 무조건적인 연습 문제 풀이로 뒤떨어진 성적을 끌어올리려고 하는 것이다. 어떤 부모나 선생님은 성적을 높이려고 아이에게 더 많은 스트레스를 주는데 이는 가출이나 자살과 같은 극단적인 선택으로 아이들을 내몰기도 한다.

과학 기술의 비약적인 발전에 따라 지식은 '폭발적으로' 증가했고 갱신 속도도 상당히 빨라졌다. 과학 기술의 발전에 따라 인류 사회 역시 신속히 발전했고 국제화 추세도 점점 더 심화되고 있다. 정치, 경제, 문화 등의 영역은 계속해서 변해 가고 경쟁은 날로 치열해지고 있다. 누구도 젊은 시절에 쌓아 놓은 지식으로 평생 동안 살아갈 수는 없다. 이 때문에 평생 교육이 필요한 것이다. 청소년 시기에 능동적인 공부 습관과 태도, 인격을 길러 놓으면 일생 동안의 공부에 도움이 된다. 계속해서 변화 발전하는 사회에 적응하려면 세계 조류와 맞서고, 적극적으로 발전하려는 자세를 가져야 하는데 이것은 일생의 발전에 기초를 다져 준다.

아래와 같은 방법으로 아이의 주동성을 키워 주어라.

1. 능동적으로 공부할 수 있는 분위기를 만들어 주어라.

분위기는 아이들을 은연중에 감화시킨다. 아이가 능동적으로 공부할 수 있게 하려면 먼저 그런 학습 분위기를 만들어 주어야 한다.

2. 아이가 능동적으로 공부하면 격려해 주어라.

아이가 적극적이고 능동적으로 공부한다면 이 태도를 유지해 나갈 수 있도록 격려해 주어라.

3. 능동적으로 공부할 수 있는 동기를 만들어 주어라.

공부를 할 때는 동기가 필요하다. 그것은 외부적인 압력에서 올 수도 있고 내부적인 요구에 의해서 생길 수도 있다. 강한 동기는 아이가 능동적으로 공부할 수 있는 원동력이 되므로 부모는 우선 아이의 특성을 잘 파악하여 아이에게 적합한 동기를 심어 줘야 한다.

습관 74 시간을 소중히 여기지 않는 우리 아이 나쁜 습관 고쳐주기

이 세상에서 가장 소중한 것은 무엇일까? '시간은 황금과 같으나 황금으로 시간을 살 수는 없다.' 시간은 우리의 생명이며 모든 것이다. 그러나 시간은 물과 같아서 한번 흘러가면 되돌아오지 않는다. 시간은 계속해서 흘러 우리의 손가락 사이로 빠져나가는데 그런 시간을 잡아 시간의 주인이 되는 사람만이 성공할 수 있다.

진나라의 명장 조적(祖逖)이 한밤중에 닭 우는 소리를 듣고 일어나 무예 연습을 한 이야기는 매우 유명하다. 조적은 어렸을 때 친구 유곤(劉琨)과 함께 열심히 무예를 닦아 위험에 빠진 조국을 구하기로 약속했다. 찬바람이 살을 에고 눈이 흩날리는 어느 날, 한밤중에 갑자기 닭이 울었다. 조적은 옆에서 자고 있는 유곤을 흔들어 깨우고는 말했다. "닭이 울었어. 빨리 무예 연습 하러 가자!" 아직 한 치 앞도 볼 수 없는 깜깜한 밤이었다. 옛날에는 '한밤중에 닭이 울면' 불길하다고 생각했지만 조적은 옷을 입으며 유곤에게 말했다. "한밤중에 닭이 우는 게 뭐가 나빠? 늦잠을 자지 않게 해 주는데." 둘은 검을 들고 밖으로 나가 열심히 무예 연습을 했고 바람을 가르는 칼 소리와 거친 숨소리만이 한밤중의 고요한 적막을 깰 뿐이었다. 온몸에서 땀이 흘러내려 발밑의 눈이 다 녹을 정도였다. 이때부터 둘은 더우나 추우나 비가 오나 바람이 부나 닭이 우는 소리만 들으면 일어나 열심히 무예 연습을 했다. 후에 그들은 조국을 위해 전장에 나가 싸웠고 큰 공을 세웠다.

요즘 조적과 같이 시간을 금처럼 여기는 아이들은 거의 없을 것이다. 대부분 꾸물대며 시간을 낭비해 버린다. 성공한 사람들은 모두 시간을 소중히 여긴다. 세월을 헛되이 보냈다고 후회하지 않으려면 '하루를 헛되이 보내지' 말고 '시간을 가볍게 여기지' 말아야 한다. 그러나 많은 아이들이 공부를 하면서 질질 끌고 꾸물대기 좋아하는 나쁜 습관이 있다. 이것은 자신의 시간을 낭비할 뿐 아니라 다른 사람에게도 피해를 줄 수 있다.

인생은 매우 짧아 눈 깜짝할 사이에 백 년이 지나간다. 그러나 백 살까지 살 수 있는 사람은 또 얼마나 되겠는가? 백 년을 산다고 하더라도 자는 시간을 삼 분의 일이라 하면 최소한 삼십 년을 자는 것이다. 필요한 음식을 먹는데도 십수 년이 흘러간다. 또한 제대로 몸을 움직일 수 없는 유아기나 노년기도 찾아온다. 이렇게 세세하게 계산해 보면 진정으로 공부하고 일할 수 있는 시간은 너무도 짧다. 이렇게 제한된 시간을 잘 활용하지 못하면 아무 일도 이뤄 낼 수 없을 것이다. '젊을 때 노력하지 않으면 늙어서 헛되이 슬퍼한다' 는 말이 그냥 나온 것이 아니다.

역사상 하루가 늦어 일을 그르치거나 큰 화를 입은 예는 수없이 많다. 1814년 6월 17일 나폴레옹은 프러시안 부대를 격파한 뒤 부대원들에게 하루를 쉬게 하고 6월 18일이 되어서야 영국군을 공격하기 시작했다. 결국 이 하루 동안 영국군에게 방어 시설을 구축할 시간을 준 꼴이 되어 18일 나폴레옹은 워터루에서 참패를 당했다. 상상해 보라. 만약 나폴레옹이 승리할 수 있는 기회를 놓치지 않고 계속해서 영국군을 공격했다면 유럽의 역사는 다시 씌어졌을 것이고 나폴레옹이 통치하는 프랑스는 더욱 강대해졌을 것이다.

'내일 또 내일, 내일이 어찌 그리도 많으냐. 평생 내일을 기다리다 만사가 다 어그러졌네.' 이 짧은 몇 마디 말은 선인이 천 번 꺾이고 백 번 부러져 가며 겪은 고단한 삶의 교훈이다. 선인들은 이 말을 교훈 삼아 '각고의 노력으로 학업에 힘써' 부지런히 배우게 된 것이다. 지금 우리는 그들보다 훨씬 좋은 조건에서 살고 있으니 1분 1초를 더 아껴야 하지 않을까?

어제는 추억을 가지고 묵묵히 사라지고, 오늘은 희망을 가지고 조용히 오며, 내일은 찬란한 빛을 깜빡이며 우리를 기다리고 있다. 어떤 사람은 여전히 추억 속에 묻혀 어제를 그리워하고, 어떤 사람은 환상에 취해 내일만을 동경한다. 우리는 정작 오늘을 잊고 산다. 오늘은 과거와 미래를 연결하는 고리로 오늘을 잘 살아야만 어제의 찬란함을 유지하고 내일의 꿈을 실현시킬 수 있다. 그렇기 때문에 가장 소중히 여겨야 할 것은 바로 귀중한 오늘이다!

시간을 소중히 여기는 아이로 기르고 싶다면 아래와 같은 방법으로 지도해 보라.

1. 계획을 짜도록 도와주어라.

아이와 대화를 하여 계획을 짜고 아이 스스로 계획을 완성시킬 시간을 정하게 하라.

2. 원인을 파악하라.

만약 아이가 주어진 임무를 완성하지 못하거나 질질 끌고 있다면 왜 그런 것인지 이유를 물어보고 원인을 찾아내어 적당한 방법으로 해결해 주어야 한다.

3. 임무를 완성하지 못했을 때는 적당한 벌을 주어라.

적당히 일깨워 주는 것은 좋지만 아이의 일을 대신해 주어서는 안 된다. 만약 아이가 임무를 완성하지 못했을 때는 적당한 벌을 주어 시간을 소중히 여기지 않은 대가를 치르게 하라.

4. '조금 있다가' 라는 부탁을 거절하라.

아이가 처음으로 당신에게 '조금 있다가' 라고 말했을 때 태도를 분명히 해야 한다. "안 돼. 공부를 다 마친 후에 TV를 봐야 한다."

습관 75 세상일에 무관심한 우리 아이 나쁜 습관 고쳐주기

'바깥세상의 일에는 아랑곳하지 않고 일심으로 성현의 글만 읽다.' 이런 시대는 이미 지나갔다. 아이들은 더 이상 구멍만 파는 두더지가 되어서는 안 된다. 땅을 뚫고 나와 신선한 자연의 공기를 마시고 활력 넘치는 생활을 하며 눈부시게 아름답고 다채로운 세상을 감상해야 한다.

어느 시험문제 중에 어려움을 극복한 경험에 대해 쓰는 것이 있었다. 절반 이상의 수험생들은 부모님이 모두 돌아가셨는데 그 슬픔을 딛고 열심히 공부하며 꿋꿋이 살아가고 있다고 적었다.

부모님이 돌아가신 것은 일생에 있어 정말 커다란 좌절이고 그 아픔을 이겨 낸 것은 진정으로 어려움을 극복한 것이라고 말할 수 있다. 하지만 우리 주변에 부모가 모두 없는 비참한 가정이 그렇게나 많은가? 조금만 생각해 보면 그것이 모두 지어 낸 말이라는 사실을 금방 알 수 있을 것이다. 그렇다면 수험생들은 왜 부모님이 돌아가셨다고 거짓말을 했을까? 많은 학생들은 어쩔 수 없다는 듯이 말한다. "우리 생활은 너무 편한데 무슨 좌절이 있겠어요? 그러니 어려움을 극복할 일은 더더욱 없죠." 요즘 우리 생활은 너무 평화롭고 안정적이어서 큰 어려움을 겪을 일이 거의 없는 것이 사실이다. 하지만 정말 어려웠던 적이 없었을까? 예를 들면 자신의 나약하고 자기 비하적인 심리를 극복했다든가 퇴직한 아버지와 함께 난관을 헤쳐 나간 것 등. 이것은 모두 우리 생활을 진실하게 그린 것들로 매우 심도 있는 소재라 할 수 있다. 생활을 관찰하는 눈이 부족하기 때문에 우리 주변에서 일어나는 일을 소홀히 여기는 것이다.

우리는 예리한 안목으로 세계를 보고 아름다운 것과 추한 것을 구별할 줄 아는 눈을 길러야 한다. 소위 '보는' 것은 자신을 사회의 가운데 놓고, 눈뿐 아니라 마음으로 사회와 인류를 느끼고 이해하는 것이다. 아이에게 관찰을 통해 생활 속 소재를 발견하고 그것을 풍부히 쌓아 두어 공부의 밑거름이 되도록 하라.

귀는 우리와 외부 세계를 연결해 주는 중요한 고리이다. 그렇기 때문에 많은 것을 주의 깊게 들어야 하는데, 대부분의 아이들은 이 점을 종종 소홀히 한다.

'씨앗이 싹트려면 공기가 필요하다.' 적극적으로 사회 활동에 참여하고 가정, 학교, 사회와 친목을 다지며 더 풍부하고 넓은 창조 공간을 개척해야 한다. '책을 통해 배운 것은 결국 가볍게 여겨질 뿐이다.' 책이나 교실에서 배우는 것은 추상적인 개념이다. 이론을 초월하여 스스로 체험하고 느껴야 한다.

아이에게 사회를 체험하고 느끼게 하고 싶다면 아래와 같은 방법을 써 보길 바란다.

1. 새로운 관념을 가져라.

바깥세상 일에 귀 기울이지 않으면 아무리 정성을 들여도 '쇠나 금을 자를' 수 없다. 경쟁이 치열한 현대 사회에서는 다양한 방면의 인재를 필요로 하므로 책만이 정답이라고 생각하는 이들은 설 자리를 잃게 될 것이다.

2. 충분한 시간을 주어라.

도행지 선생은 '아이들을 시간으로부터 해방시켜라'라고 말했다. 그러나 많은 부모들이 아이에게 시간이 생기면 그것을 점거하고 착취하여 쉴 시간을 모조리 없애 버린다. 아이를 끊임없는 시험에서 해방시켜 그들에게 자유롭게 인생과 창조 정신을 체험해 볼 기회를 주어야 한다.

3. 넓은 공간을 만들어 주어라.

도행지 선생은 또 '아이들을 공간으로부터 해방시켜라'라고 말했다. 그들에게 자유롭게 문제를 제기하고 세계와 친구가 될 수 있도록 하라는 뜻이다.

4. 실행력을 길러 주어라.

아이가 실행력을 보여 주면 반드시 칭찬해 주어야 한다. 그들의 장점을 최대한 살려 주고 조금 잘못했다고 해서 큰 소리로 혼내거나 아무 일도 못하게 막아서는 안 된다.

습관 76 편협하게 사고하는 우리 아이 나쁜 습관 고쳐주기

'가로로 보면 산마루요 옆으로 보면 봉우리라. 멀고 가깝고, 높고 낮음이 저마다 같지 않구나.' 어떤 사물을 한 가지

각도에서만 생각한다면 그 사물에 대해 전체적으로 이해하기 어려워진다. 하지만 여러 각도에서 생각해 본다면 다양하고 깊은 이해를 얻을 수 있고 편협성, 표면성 등을 극복하고 더 넓게 사고할 수 있다.

광활한 천지로 날아갈 수 있었던 앵무새 한 마리가 과일이 잔뜩 쌓여 있는 숲에서 굶어 죽었다. 우리는 이 문제에 대해 어떻게 대답할 수 있을까? 어쩌면 당신은 이렇게 생각할 수도 있다. 그 앵무새는 온실 속 화초처럼 어려움을 모르고 자라서 생존 능력이 없었다. 주입식 교육은 아이의 능력을 점점 떨어뜨릴 수밖에 없다. 살면서 근심이 너무 많아 편안한 죽음을 택했다. 당신이 어떻게 말하든 그렇게 생각한 정당한 이유만 댈 수 있다면 모두 정답이라 할 수 있다.

모든 사람의 생각이나 행동이 천편일률적이 되지 않도록 하기 위해서는 능동적으로 사고하고 다양한 각도에서 세상을 바라보아야 한다.

새로운 각도로 문제를 대할수록 우리가 이해할 수 있는 지식도 늘어나고 사고도 활발해진다. 새롭고 깊이 있는 견해가 있으면 자신의 생각을 나누며 선생님, 친구들과 함께 토론할 수 있다. 혹시 견해에 문제점이 발견되더라도 부끄러워할 필요가 없다. 이것은 우리의 생각이 아직 완벽하지는 않다는 것을 의미하는 것일 뿐이기 때문이다. 자신의 관점을 충분히 발표할 수 있는 자유로운 분위기에서 개성과 능력, 학업성과에 발전이 생긴다.

아래와 같은 방법을 써 보는 것이 어떨까?

1. 생활에서 훈련시켜라.

아이들은 이 다채롭고 넓은 세계에서 흥미와 호기심을 키워 나간다. 그러므로 부모는 다양한 문제를 제기함으로써 아이들이 새로운 사고를 할 수 있도록 단련의 기회를 주어야 한다. 육교 위에 아무도 상대해 주지 않는 거지를 보았을 때 아이는 어떤 생각을 할까? 세상 사람들의 냉정함을 비판할까? 아니면 거지의 안일함을 탓할까?

2. 수업 시간에 배운 지식을 통해 사고의 폭을 넓힐 수 있도록 훈련시켜라.

어떤 과목에서든 다양한 사고를 통해 사실에 대한 이해의 폭을 확장시켜 나갈 수 있다. 예를 들어 역사상 진시황은 폭군이었다. 그는 각종 가혹한 형벌을 제정했고 학문과 사상을 탄압했다. 그렇지만 아이들은 그에 대해 다른 관점을 가질 수 있지 않을까? 그는 중국을 통일한 봉건사회의 첫 번째 황제이다. 또한 그는 도량과 식견도 갖추고 있었다. 이렇게 한 가지 사실에 대해 다른 각도로 생각해 보도록 도와주어야 한다.

3. 참신한 글을 쓰게 하라.

아이들은 종종 자신의 작문이 새롭지 못하다고 투덜댄다. 사실 그것은 그들이 편협한 시각에 매여 문제를 새로운 각도로 서술하지 못했기 때문이다.

4. 너무 쉽게 틀렸다고 말하지 말라.

때로는 아이들이 생각해 낸 새로운 관점들이 터무니없고 괴상한 것일 수도 있다. 그럴 때 부모는 절대 아이를 다그치지 말고 칭찬할 만한 부분을 찾아야 한다. 그런 후 완곡한 어투로 틀린 부분을 지적해 주어 아이가 앞으로 천천히 고쳐 나갈 수 있도록 해 주어야 한다.

습관 77 연상을 못하는 우리 아이 나쁜 습관 고쳐주기

이 세상에 연상이 존재하지 않는 곳은 없다. 공부, 생활, 일 모든 것이 연상과 밀접한 관계를 맺고 있다. 연상하지 않으면 '하룻밤 만에 봄바람이 불어와 수천수만 그루 배나무에 꽃이 핀 듯하다', '해 뜨면 불꽃보다 더 붉어지는 강변의 꽃, 봄이 오면 쪽빛보다 더 푸르러지는 강물' 같은 표현이 나올 수 없다. 연상을 잘하지 못하면 우리의 세계는 활력을 잃고 칠흑 같은 어둠으로 변해 버릴 것이다.

한 광고 대회에서 역대 최고의 광고 카피가 탄생했다. 그것은 연상이 듬뿍 녹아 있는 한마디였다. '만약 연상(聯想)을 잃는다면 인류는 어떻게 살아갈 것인가?' 왜 이 간단한 문구가 영광을 차지하게 됐을까? 그 광고는 대단한 스타를 기용하지도 않았고 화려한 화면이 있는 것도 아니며 감동적인 배경음악이 깔린 것도 아니었다. 그것의 성공은 바로 그 문구 자체였다. 이 광고 카피는 쌍관수법(같은 발음의 다른 글자를 써서 의미를 숨기는 것)을 사용해서 한편으로 자신의 브랜드를 광고하고 한편으로는 절대 깨지지 않는 진리를 말하고 있다. 이것이 바로 성공 비결인 것이다.

연상이 없다면 세계는 어떤 모습으로 변할까? 아마 상상조차 할 수 없을 것이다.

잠수함은 현대 해군의 중요한 무기이다. 하지만 그것이 원래는 매우 육중한 물건이었다는 사실을 알고 있는가? 1893년 미국인 홀랜드(Holland)가 최초의 잠수함을 만들어 냈다. 그것은 커다란 고철덩어리인데다가 무거운 물건을 가득 싣고 해저로 침수해야 했다. 또 밑바닥에는 거대한 바퀴가 달려 있었다. 해저는 육지처럼 평평하지 않기 때문에 이 육중한 물건은 종종 뒤집히곤 했다. 홀랜드는 그것의 활동성과 안정성을 개선시키기 위해 계속해서 골똘히 생각해 보았지만 좋은 방법이 떠오르지 않았다. 어느 날 그는 친구들과 술을 마시게 됐는데 또 혼자서 고민에 빠져 있었다. 그러다가 그는 우연히 물 위에 던져진 병 하나를 보게 되었다. 그런데 그 병은 물 위에 너무나 안정적으로 떠 있는 것이었다. 알고 보니 친구 한 명이 장난으로 빈병을 물에 던진 것이었다. 이때 홀랜드는 막 꿈에서 깨어난 것 같았다. 술병이 물 위를 자유자재로 떠다닐 수 있다면 잠수함도 그럴 수 있지 않을까? 그래서 홀랜드는 그 원리를 이용하여 잠수함을 새로 개조하기 시작했다. 그는 무거운 물건 대신 물을, 바퀴 대신 프로펠러를 사용했고 현대의 잠수함은 바로 이렇게 탄생된 것이었다.

홀랜드의 성공은 연상의 결과이다. 그는 술병이 물에 뜨는 원리에서 잠수함을 연상했고, 이로 인해 잠수함은 크게 발전할 수 있었다.

연상은 사물 사이의 유사성에 근거하여 다른 유사성을 추측해 내거나 또는 이미 알고 있는 사물에서 모르는 사물을 추측해 내는 것이다. 이것은 우리가 배운 내용을 더 전반적이고 심도 있게 이해할 수 있도록 도와준다. 연상은 서로 전혀 관계가 없는 것 같은 사물들을 연결시켜 우리에게 무한한 사고의 세계를 열어 주고 시야를 더더욱 넓혀 준다.

예를 들어 벽돌 하나를 놓고 연상을 해 본다고 하자. 어떤 사람은 이렇게 생각할 수도 있다. '벽돌은 원래 진흙이었다가 강한 불에 구워져 딱딱하게 굳어졌으니, 오늘날의 젊은이들도 성공하고 싶다면 반드시 이 벽돌처럼 자신을 단련시켜야 한다.' 또 어떤 사람은 벽돌의 네모반듯하고 각이 져 있는 모습을 보고 '원칙을 고수하는 청렴결백한 인사들'을 연상할 수 있다. 또 어떤 사람은 벽돌은 기초를 다지고 길을 포장하고 담을 쌓을 수 있으니 '사회에 묵묵히 공헌하는 무명의 영웅들'이라고 연상할 수도 있다.

이런 연상을 거치면 아이들은 공부를 더 이상 무미건조하고 재미없는 일이 아니라 할 만한 가치가 있는 일이라고 생각하게 될 것이다.

연상은 생활 속에서 벌어지는 작은 일에서 큰 진리를 발견하게 해 주고 무한한 상상력을 펼칠 수 있게 하여 우리의 사고에 제한을 없애 준다. 또 협소하고 단조로운 것을 풍부하게 변화시키고 관련이 없는 것을 긴밀하게 엮어 문장을 깊이 있고 짜임새 있게 만들어 준다.

아이의 연상력을 키우려면 아래와 같은 방법을 사용해 보자.

1. 상상력을 훈련시켜라.

예를 들어 못을 보고 '비록 출신은 평범하지만 정련을 통해 재목이 된다', '자신의 처지에 복종하고 자기 자리를 굳게 지킨다' 와 같은 연상을 할 수 있다. 물론 반대로 연상하는 것도 가능하다.

2. 연상의 기교를 익혀라.

아이에게 '빠른 연상'을 훈련시킬 수 있는데 예를 들면 이런 방법이 있다. 아이에게 한 단어(예 : 원)를 제시하고 곧바로 세 개의 단어(예 : 과일, 머리, 지구본 등)를 생각해 내도록 한다. 이로써 아이의 사고가 민첩하고 변화 있고 독특해지도록 훈련시켜 연상에 대한 흥미와 열정을 품게 할 수 있다.

3. 작문을 하며 연상을 훈련시켜라.

작문은 연상을 훈련하기에 좋다. 아이에게 다양하게 연상할 수 있는 많은 문제를 내 줌으로써 자유롭게 사고할 수 있게 해 주어라.

4. 직접 경험해 볼 수 있는 기회를 만들어 주어라.

어떤 일이든 자신이 직접 경험해 보아야 더 자유롭게 연상할 수 있다. 훈련할 수 있는 무대를 넓혀 주어 연상 능력을 단련시킬 수 있도록 지도한다.

습관 78 반대로 생각하지 못하는 우리 아이 나쁜 습관 고쳐주기

한 철학자는 자신의 회고록에 이런 일화를 실었다. 어렸을 때 어머니가 그에게 문제를 하나 냈다. 정원에 있는 휜 나무를 어떻게 곧게 볼 수 있을까, 하는 것이었다. 그는 삼 일 밤낮 동안 생각한 끝에 결국 답을 찾아냈다. 그것을 곧은 나무라고 생각하면 되는 것이다! 이때부터 그는 역으로 생각하는 습관을 기르기 시작했고 결국 자신만의 특색이 있는 철학적 성취를 이뤄 냈다.

《한비자(韓非子)》에 이런 이야기가 실려 있다.

노나라에 사는 어떤 사람은 미투리를 매우 잘 만들었고 그의 부인도 견직물을 짜는 데 재주가 있었다. 그래서 그들은 함께 월나라로 가서 장사를 하기로 했다. 한 친구는 그를 말리며 이렇게 말했다. "가지 말게나. 실패할 걸세." 그가 물었다. "왜 그렇게 생각하지?" 친구가 대답했다. "자네는 신발을 잘 만들지만 월나라 사람들은 맨발로 다니지 않나. 또 자네 부인은 비단을 잘 짜지만 그건 모자를 만들 때 필요한 기술이 아닌가. 그런데 월나라 사람들은 머리를 풀어헤치고 다니니 모자를 쓸 필요가 없지. 자네와 자네 처의 기술은 월나라에서 쓸모가 없으니 어떻게 성공할 수 있겠나?" 그러나 그는 처음 마음먹은 대로 월나라로 갔고 몇 년 후 실패는커녕 큰 부

자가 되어 고향에 돌아왔다.

  역으로 생각해 보면 많은 일들이 의외로 쉽게 해결되곤 한다. 이 노나라 사람의 성공도 마찬가지이다. 상식적으로 생각하면 신발과 모자를 팔려면 그것을 필요로 하는 곳에 가서 장사를 해야 한다. 그것을 사용하지 않는 월나라로 간 것은 어리석어 보이기까지 한다. 하지만 그는 이런 습관적인 사고방식을 타파했다. 월나라 사람들은 신발을 신지 않고 모자를 쓰지 않기 때문에 오히려 그곳에 거대한 소비 잠재력이 있다고 생각했다. 월나라 사람들의 습관을 고치기만 하면 월나라는 최대의 시장으로 변하게 되는 것이다. 노나라 사람의 성공 비결은 바로 이렇게 역으로 생각하는 데 있었다.

  남쪽으로 가려는 사람이 북쪽으로 수레를 모는 것은 정말 우스운 일이다. 남쪽으로 가려고 하면서 북쪽으로 수레를 몬다면 어떻게 목적지에 도달할 수 있겠는가? 그러나 이렇게 완전히 반대 방향에서 자신의 목적에 도달하려고 노력하는 것이 '역으로 생각하기'의 시작이다.

  북경의 한 거리에 동시에 세 개의 재봉집이 문을 열었다. 세 집의 거리가 너무 가깝고 모두 기술이 좋아서 경쟁이 매우 치열했다. 그래서 그들은 손님을 유인하는 팻말을 붙이기 시작했다. 하루는 한 재봉사가 자기 가게 앞에 〈북경에서 재봉 기술이 가장 좋은 집!〉이라고 팻말을 붙여 놓았다. 다른 재봉사가 이 팻말을 보고 급히

'중국에서 재봉 기술이 가장 좋은 집!'이라고 팻말을 적어 다음날 문 앞에 걸었다.

　세 번째 재봉사는 두 집에서 경쟁적으로 이런 팻말을 내거는 것을 보고 마음이 조급해져 그날 장사를 접었다. 그는 이 문제 때문에 골머리를 앓았다. 한 사람은 〈북경에서 재봉 기술이 가장 좋은 집〉이라고 써 붙였고, 또 한 사람은 〈중국에서 재봉 기술이 가장 좋은 집〉이라고 썼으니 자기는 〈세계에서 재봉 기술이 가장 좋은 집〉이라고 써야 한단 말인가? 이건 너무 과장 아닌가? 이때 학교에서 돌아온 그의 아들이 걱정할 것 없다며 쉽게 문제를 해결해 주었다. 다음날 세 번째 재봉사는 아들이 가르쳐 준 대로 팻말을 써서 걸었고 이때부터 이 가게가 세 집 가운데 가장 번창했다.

　과연 팻말에 뭐라고 적었을까? 사실 세 번째 팻말에 적힌 말은 앞의 두 팻말보다 과장이 적었다. 〈이 골목에서 재봉 기술이 가장 좋은 집!〉

　'이 골목'은 바로 이 세 가게 중에 최고라는 것을 의미했다. 똑똑한 재봉사의 아들은 '전국'이나 '북경'보다 훨씬 작은 단위인 '이 골목'이란 단어를 선택했다. 역으로 생각했기 때문에 이런 묘안을 떠올릴 수 있었던 것이다.

　'역으로 생각하기'는 생활 속에서도 유용하게 쓰인다. 특히 습관적인 사고방식이나 틀에 박힌 방법으로는 풀리지 않는 문제가 있을 때 반대로 생각해 보면 의외의 결과를 얻을 수 있다.

영국의 한 유명한 작가는 소설이 잘 팔리지 않자 독특한 방법을 사용했다. 관례에 따라 소설의 내용이 얼마나 괜찮은지 선전하는 것이 아니라 신문에 구혼 광고를 낸 것이다. "본인은 젊고 건강한 청년으로 집안에 재산도 좀 있습니다. xx 소설의 여주인공과 같은 여인과 결혼하고 싶습니다." 그 후 이 소설은 날개 돋친 듯 팔려 나갔다.

사회는 발전을 거듭하고 있다. 그 안에서 살아남으려면 다양한 시각을 가질 필요가 있다. 어떤 직업에 종사하든 우리의 시야가 고정관념에 사로잡히는 것을 경계해야 한다. 때때로 다른 방향에서 사물을 바라보면 새로운 규칙과 특징을 발견할 수 있다. 커다란 흐름에서 작은 물줄기를 찾아내듯 불리한 상황에서 유리한 기회를 발견하는 것은 틀에 박히지 않은 판단력에 달려 있다. 자유로운 사고가 우리를 성공의 땅으로 이끌어 줄 것이다.

1. 반대로 생각해 보라.

반대로 생각해 보는 것은 새로운 것을 발견하는 지름길이다. 예를 들어 연기 없는 생선 냄비는 기존에는 냄비 밑면에만 있던 열원을 윗면까지 장착시킨 것뿐이다. 냄비의 구조를 역으로 생각해 얻어 낸 산물인 것이다.

2. 각도를 달리하여 방법을 찾아라.

수족관에 한 아이가 빠졌다고 가정해보자. 주변에는 수영을 할 줄 아는 사람이 단 한 명도 없다. 그렇다면 그 상황을 지켜보고 있을 수밖에 없을까. 수영을 할 줄 몰라서 그 수족관으로 들어가지 못한다면 여러 사람이 힘을 모아 수족관의 벽면을 깨는 것은 어떨까.

3. 단점을 장점으로 변화시켜라.

사물의 양면성을 이용하면 단점도 장점으로 변화시킬 수 있다. 수동에서 능동으로 불리함에서 유리함으로 바꾸는 것이다. 예를 들어 금속은 쉽게 부식되는 단점이 있다. 하지만 사람들은 이 원리를 이용하여 금속 분말을 만들거나 도금을 하는 등 단점을 역으로 이용했다.

습관 79 쓸데없는 일에 매달리는 우리 아이 나쁜 습관 고쳐주기

모든 일에는 여러 가지 측면이 있다. 우리는 각기 다른 각도에서 그것들을 관찰할 수 있다. 처음에는 안 좋게 생각한 일도 다른 각도에서 바라보면 좋은 면을 발견할 수 있다. 어떤 사람은 빗물이 옷을 적시기 때문에 비 오는 것이 싫다고 말한다. 하지만 다른 각도에서 보면 빗물이 농작물을 적셔주어 농민에게 많은 수확을 가져다주니 어떻게 나쁘다고만 할 수 있겠는가?

한 노부인은 하루 종일 근심에 쌓인 얼굴로 만나는 사람마다 붙잡고 자신의 인생을 한탄하곤 했다. 어느 날 한 도인이 부인에게 친절하게 물었다. "부인, 무슨 일이 있으십니까? 저에게 말씀해 주십시오. 어쩌면 제가 도와드릴 수도 있을 것입니다." 부인은 자신의 고민을 말했다. 부인에게는 두 명의 딸이 있는데 큰딸은 우산을 팔고 둘째 딸은 옷감을 판다. 노부인은 날씨가 맑은 날에는 아무도 우산을 사지 않을까 봐 큰딸 걱정을 하고, 흐린 날에는 아무도 옷감을 사러 오지 않을까 봐 둘째 딸 걱정을 했다. 그래서 그녀는 맑아도 걱정, 흐려도 걱정 하루도 기쁜 날이 없었다. 도인은 노부인의 이야기를 듣고 잠시 침묵한 뒤 말했다. "부인, 사실 당신은 매일 기뻐야 맞는 것입니다. 맑은 날에는 둘째 딸의 옷감이 잘 팔릴 테고 흐린 날에는 큰 딸의 우산이 잘 팔릴 것 아닙니까? 그렇게 생각하면 매일매일 기쁘지 않을까요?" 노부인은 이 말을 듣고 큰 깨달음을 얻었다. 그 이후로 부인은 하루하루 즐겁게 지냈고 맑은 날이나 흐린 날이나 언제나 즐거워했다.

일이 자기 뜻대로 되지 않을 때, 계속해서 걱정만 하면 아무것도 해결할 수 없을뿐더러 이후의 일에도 좋지 않은 영향을 미칠 수 있다. 이때 다른 각도로 생각해 보자. 이것은 좋은 약과 같은데 그 효과는 신기하기까지 하다. 쓸데없는 일에 매달리지 않고 모든 일을 너그럽게 받아들이게 되며 자연스럽게 눈과 마음이 밝아지는 것이다.

한 아이의 아버지가 있었는데 그에게는 특별한 재능이 있었다. 어떤 문제라도 그의 머릿속에 들어갔다 나오면 결과가 완전히 바뀌어 버리는 것이다. 그는 이것에 대해 대단한 자부심을 느꼈다. 그렇지만 요즘 그에게는 큰 고민이 생겼다. 그의 아들이 공부를 하면서 이것을 따라 하고 있는 것이다. '1+1=?' 과 같은 문제에서 아들은 정상적이지 않은 답을 구했다. 물론 이 문제에 다른 답안이 있을 수 있다. 하지만 수학적인 답안은 지정된 조건 하에서 찾아야 하므로 답이 정해져 있었다. 그러므로 아들의 대답은 정답이라 할 수 없었다. 이런 문제에 대해 쓸데없이 매달리는 것은 정말 의미 없는 일이다. 이것은 아이에게 새로운 것을 창조하는 정신을 가르치는 것이 아니라 사방이 막힌 골목으로 끌어들여 아이를 망치는 일일 뿐이다.

문제에 대해 깊이 생각하는 것은 좋은 일이다. 많은 사람들이 이렇게 해 왔기 때문에 우리의 생활이 지금처럼 편리해질 수 있었던 것이다. 만약 뉴턴이 '사과는 익으면 왜 땅으로 떨어지는가' 하는 문제에 대해 생각해 보지 않았다면 만유인력의 법칙을 발견하지 못했을 것이고, 아인슈타인이 깊이 사고하는 것을 좋아하지 않았다면 상대성 이론을 생각해 내지 못했을 것이다. 만약 선인들이 위험을 무릅쓰고 탐색하지 않았다면 인류는 아직도 '태양이 네모난 지구의 주변을 도는 것'이라고 생각하고 있었을지도 모른다. 그러나 그들은 쓸데없는 일에 몰두하지 않았다. 깊이 있게 사고하는 것과 쓸데없는 일에 몰두하는 것에는 본질적인 차이가 존재한다. 위인들의 사고는 논리에 따른 것으로 기정사실로 하여 연구한 것이다. 그러나 쓸데없는 일에 몰두하는 것은 논리를 위반하는 것이다.

사회는 창조적인 능력이 있는 인재를 요구하지 쓸데없는

일에 몰두하는 괴짜를 원하는 것이 아니다. 반드시 이 점을 분명히 해 두어야 한다.

공부를 할 때도 쓸데없는 것에 몰두해서는 안 된다. 노신 선생의 공부 방법에는 '뛰어넘기'라는 것이 있다. 어려운 문제를 만나면 깊이 연구하여 이해하도록 해야 한다. 하지만 이해하지 못하는 문제는 넘어갔다가 다시 되돌아와서 본다. 공부는 처음은 쉽고 나중은 어렵기 마련이다. 따라서 어려운 내용을 이해하고 앞으로 다시 돌아가서 보면 몰랐던 내용도 쉽게 이해되곤 한다. 책을 많이 읽으면 이해력이 좋아지고 지식이 쌓여 전에 이해하지 못했던 것들도 자연스럽게 알게 된다. 어려움을 만났다고 해서 그것을 고집스럽게 파고들면 오래된 문제를 해결하지 못할 뿐 아니라 새로운 지식도 배울 수 없게 된다.

한 사람이 어떤 작품을 깊이 이해하느냐 못하느냐는 그 사람의 독서량과 지식에 달려 있다. 청소년들에게 부족한 점이 바로 이것이다. 이 시기는 인생에 있어 감성, 기억력, 모방심이 가장 뛰어날 때이다. 사람들이 기억하고 있는 시구나 경전 등은 대부분 이 시기에 알게 된 것이다. 그런데 만약 배우는 모든 지식마다 쓸데없이 매달리면—왜 이 글자는 이렇게 쓰지 않고 저렇게 쓰지? 왜 이 단어의 뜻은 B가 아니라 A지?—시간을 헛되이 낭비하고 많은 우수한 작품들을 접할 기회를 잃게 되는 것이다. 이런 '회상(음미)식' 공부 방법은 공부하기 가장 좋은 시기를 허비하게 만든다.

학창 시절이 공부의 적기인 데는 이유가 있다. 학창 시절은 기억하고 모방하기에 가장 적합한 시기다. 이때 최대한 많은 지식을 쌓아 두면 천천히 깨닫고 적절히 나누어 소화시켜 그 지식을 평생 동안 사용할 수 있기 때문이다.

아래와 같이 제안해 본다.

1. 지나침은 모자람만 못하다.

아이들은 종종 이런 생각을 하곤 한다. '오늘 밤 안으로 이 문제를 꼭 풀겠어', '내가 시험에서 항상 그 애보다 못하다는 걸 인정할 수 없어', '나는 반드시 1등을 할 거야. 2등은 절대 용납할 수 없어.' 이것은 어떤 일을 성취하려는 스스로의 다짐으로 절대 나쁜 것이 아니다. 하지만 이것이 지나쳐서 쓸데없이 몰두하게 되면 스스로를 실패의 구렁텅이로 밀어 넣는 일이 된다.

2. 문제를 여러 각도에서 생각할 수 있도록 지도하라.

공부하면서, 생활하면서 어려운 문제에 부딪혔을 때 조금만 다른 각도에서 생각하면 문제가 쉽게 해결될 수도 있다는 사실을 알려 주어라. 한 가지 방법으로 해결되지 않는다고 해서 고민부터 할 필요는 없다. 어떤 결과에 도달할 수 있는 방법은 여러 가지이므로 조금만 다르게 생각해 보면 답을 쉽게 찾을 수 있을 것이다.

3. 강요하지 마라.

요즘 부모들은 아이에게 억지로라도 창조력을 길러 주려고 한다. 물론 이것은 사회 발전에도 도움이 된다. 하지만 모든 것을 역으로 생각하는 것이 '항상 좋은 것'은 아니다. 일단 아이에게 비정상적인 사고 방식이 형성되면 고치기가 매우 어렵기 때문이다.

4. 마음을 넓게 가지도록 하라.

아이들이 쓸데없는 것에 몰두하는 이유는 마음이 편협하기 때문이다. 넓은 도량을 가지는 것은 공부에 있어서 뿐 아니라 인간관계에 있어서도 매우 중요한 품성이다.

습관 80 상상력이 부족한 우리 아이 나쁜 습관 고쳐주기

상상력이 풍부하면 우리의 생활은 더 풍성하고 다채로워지며 지식에도 정통하게 될 것이다. 상상의 날개를 펼쳐 공부의 바다에서 자유롭게 날아보자.

엄마는 만두를 빚고 있고 다섯 살 된 딸은 작은 책상에 앉아 책을 보고 있었다. 딸이 갑자기 엄마에게 물었다. "별은 어디에서 오는 거야?" 엄마는 대답하지 못했고 이어 말했다. "한번 생각해 보렴." 딸은 엄마가 반죽하는 동작을 유심히 쳐다봤다. 엄마는 밀가루를 반죽해서 동그랗게 만든 다음 그것을 얇게 밀어서 만두를 빚었다. 그 과정을 지켜본 후 딸은 말했다. "별이 어떻게 만들어졌는지 알았어요. 달을 만들고 남은 걸로 만든 거야." 엄마는 딸의 이야기를 듣고 잠깐 멍하니 있다가 딸에게 입을 맞추며 말했다. "우리 딸, 정말 상상력이 좋구나." 아빠도 이 이야기를 듣고는 매우 기뻐하며 딸을 앞에 앉혀 놓고 여와가 진흙으로 사람을 만든 전설을 이야기해 주었다. 나중에 이 꼬마아이는 유명한 작가가 되었다.

아이들의 상상력은 끝이 없다. 사실 부모가 할 일은 별로 없다. 마음을 열고 아이를 자유롭게 해 주면 노력하지 않아도 아이의 상상력은 자연스럽게 발전할 것이다. 어렸을 때부터 상상력을 키워 주어야 한다. 상상력이 있어야만 창조력도 생기고 성공도 할 수 있다. 어른이 되어 상상력을 키워 주려 하면 한계에 부딪힐 수밖에 없다.

상상력은 라이트 형제가 나는 새를 보고 비행기를 발명한 것처럼 종종 현실적인 사물에서 촉발되기도 한다. 뉴턴은 사과가 땅으로 떨어지는 것을 보고 만유인력을 발견했다. 만약 상상력이 없었다면 모든 나무의 사과가 다 떨어져 없어져도 이 진리를 발견하지 못했을 것이다. 상상력은 창조의 근원이다. 그러나 현실에서 아이들의 상상력은 심한 제약을 받는다.

1980년대에는 아이들이 좋아하는 공상과학책을 아이들의 심신 건강을 해치는 독이라고 여겼다. 그래서 1999년 대입 작문시험에 공상과학 문제가 나오기 전까지 선생님과 부모들은 아이가 이런 공상과학 소설을 읽지 못하게 했다. 이름을 밝히지 않은 한 고등학생은 월간 〈과학세계(科學世界)〉 편집부에 편지를 써 고민과 억울함을 호소했다.

"이 편지는 우리 학교 168명 공상과학 마니아들의 목소리를 대

변하는 것입니다. 우리는 행복하지만 매우 고통스럽습니다. 제가 〈과학세계〉의 첫 번째 작품을 읽고 있을 때 선생님은 보지도 않고 그것을 던져 버리면서 '환상이 땅에 거꾸로 박히지 않게 조심해라!' 라고 말씀하셨습니다. 이 말은 제게 큰 충격이었고 매번 그것을 생각할 때마다 가슴이 아픕니다."

〈과학세계〉 편집자는 이 편지를 읽은 뒤 공개적인 편지를 써서 선생님과 부모님들에게 관용을 베풀어 줄 것을 호소했다. "어쩌면 당신이 무시하는 아이들이 내일의 에디슨, 쥴 베른(Jules Verne), 아인슈타인이 될지도 모릅니다."

'자유' 는 상상력을 발전시키는 가장 중요한 요소이다. 이런 자유는 시간, 공간, 행동, 사상에 있어서의 자유를 포함한다. 만약 어른들이 하늘은 둥글고 땅은 네모나고 바닷물은 푸르다고 가르쳐 주면 아이의 상상력은 없어지게 된다. 이런 것들을 말해 주지 않으면 아이에게는 상상의 공간이 생긴다. 아이들이 자유로울수록 그들의 상상력도 발전하게 되는 것이다.

아래와 같은 방법을 써 보는 것은 어떨까?

1. 놀이를 통해 상상력을 훈련시켜라.

부모는 아이의 상상력을 키워 주는 놀이에 적극적으로 참여해야 한다. 하지만 '주객이 전도' 되지 않도록 주의해서 아이가 주가 될 수 있는 상상의 공간을 남겨 주어야 한다. 또 아이 혼자서 놀 수 있는 기회도 주어 아이가 놀이나 다른 창작 활동에 구속받지 않고 상상력을 발휘할 수 있도록 해 주어야 한다.

2. 아이에게 '열려 있는' 문제를 내라.

아이에게 여러 가지로 답하도록 하여 상상력을 키워 줄 수도 있다. 예를 들어 아이가 지하철역에 수영장을 만들었으면 좋겠다고 말하면 부모는 "왜?"라고 물어본다. 아이는 어쩌면 이렇게 대답할 수도 있다. "만약 지하철에 수영장이 있으면 많은 친구들이 더울 때 멀리까지 가지 않고도 수영할 수 있잖아요!" 부모는 그 생각의 장·단점을 하나씩 일깨워 줘야 한다. 만약 지하철에 수영장을 만들면 무엇을 낭비하게 되고 어떤 불편함을 초래하게 되는지 알려 준 후 그래도 지어야겠느냐고 다시 물어보아야 한다. 만약 부모가 곧바로 "정말 별나구나. 지하철에 어떻게 수영장을 만드니?"라고 말해 버리면 아이의 흥미는 금세 사라질 것이다. 말할 필요도 없이 아이의 상상력 또한 고갈될 것이다.

습관 81 집중하지 못하는 우리 아이 나쁜 습관 고쳐주기

인생은 운전을 하는 것과 같고 아이는 그 차를 운전하는 기사다. 운전을 할 때 정신을 다른 데 팔면 되겠는가? 운전을 할 때 졸아도 되는가? 운전을 할 때 집중하지 않아도 되는가? 이 질문들은 대답할 필요도 없는 것들이다. 정신을 다른 데 팔고 주의를 집중하지 못하면 어떤 결과가 생길까? 방향을

잘못 잡아 길을 이탈했을 때 빨리 발견한다면 방향을 다시 되돌릴 수 있을 것이다. 하지만 이미 늦어 버렸다면 어떻게 될까? 역시 대답할 필요가 없을 것이다.

1942년 2월 8일 저녁 7시 말레이시아를 점령한 일본 군대는 싱가포르 서북부를 향해 진공을 개시했다. 일주일 후 영국군 총사령관은 당일 저녁 8시 30분경 무조건 항복을 선포했고 이때부터 싱가포르는 3년 6개월 동안 일본의 식민 통치를 받게 되었다. 이것이 바로 그 유명한 '싱가포르 함락'이다.

싱가포르 함락은 아시아 현대사의 이정표이다. 이 사건 이전에 영국 신문은 싱가포르를 '파괴할 수 없는 견고한 보루'라고 형용했다. '동방의 지브롤터(Gibraltar)'라고 불리는 싱가포르가 눈 깜짝할 사이에 일본군의 수중으로 들어가 버린 것이었다. 이것은 영국의 전투 노력과 대영제국의 명예에 있어 매우 큰 타격이 아닐 수 없었다. 당시 영국 수상 처칠 역시 이것은 '영국 역사상 가장 심각한 재난이며 가장 큰 규모의 투항'이라고 인정했다.

그렇다면 이 실패의 원인은 무엇일까? 바로 전쟁 중인 병사가 싸움터에서 정신을 다른 데 팔았기 때문에 일본군이 싱가포르를 점령하는 시간이 크게 줄어든 것이다.

'집중하지 못한 것'이 한 나라를 망하게 하다니! 깊이 생각해 볼 필요가 있는 문제이다.

모 명문 고등학교 3학년인 소리는 요 몇 달 동안 너무 긴장이 돼서 공부에 집중을 할 수가 없었다. 그래서 어쩔 수 없이 정신과의사를 찾아갔다. "저는 요새 공부에 집중이 안 돼요. 수업 시간만 되면 계속 쓸데없는 생각이 드는데 옆 친구가 집중해서 수업을 듣고 있는 걸 보면 또 마음이 조급해져요. 그런데 마음이 조급할수록 집중은 더 안 돼요. 그래서 요즘 성적이 계속 떨어지고 있어요. 원래는 반에서 10등 안에는 들었는데 지금은 15~6등정도로 떨어졌어요. 물론 명문 사립학교에 다니고는 있지만 계속 이러면 대학에 못 갈까 봐 걱정돼요. 제가 집중해서 공부할 수 있게 도와주세요."

소리는 보통 가정의 외동딸로 관대하면서도 엄격한 부모님의 가르침을 받고 자랐다. 소리는 어렸을 때부터 지금까지 공부에 있어 부모의 속을 썩인 적이 한 번도 없었다. 성적은 계속 상위권이었고 중학교 때도 전체 40여 명 아이들 중 5등 안에 들어 명문사립 고등학교에 들어갔다. 고등학교 때는 우등반에 들어가 경쟁이 더 심해지자 10등 안에 들었던 성적이 15~6등 쯤으로 떨어졌다. 그래서 소리는 매일 12시가 넘어서까지 공부를 했고 TV를 보거나 나가서 노는 것은 상상조차 하지 못했다.

천성이 강한 소리였지만 연일 더해 가는 공부의 압박과 치열한 경쟁은 소리를 지치게 만들었다. 그 결과 지나치게 긴장하여 수업 시간에 집중을 못하게 된 것이다.

집중해서 공부하려고 하면 할수록 정신이 산만해지고, 성적을 올리려고 할수록 등수는 떨어지고, 긴장하지 않으려고 할수록 쉽게 긴장한다. 그렇기 때문에 성적을 올리고 싶다면 우선 수업 시간에 집중하지 못하는 습관부터 극복해야 한다. 집중을 하지 않으면 선생님이 가르쳐 주는 귀중한 지식들을 놓치게 되는데 이것은 수업이 끝나고 아무리 오랫동안 공부하더라도 보충할 수 없다.

한 어머니가 중학교 2학년짜리 딸을 데리고 정신과에 왔다. 그러고는 매우 걱정스러운 얼굴로 의사에게 아이의 상황을 설명했다. "우리 애는 평소에 굉장히 얌전하고 수업 시간에 규율도 잘 지키는데 성적은 항상 안 좋아요. 초등학교 때는 억지로 그룹 과외까지 시켰죠. 중학교 때도 몇 과목은 과외를 했어요. 그래도 여전히 성적은 안 올랐어요. 최근 1년 새에는 더 안 좋아져서 시험 성적이 평균에도 못 미쳐요." 어머니가 말을 다 마치자 의사는 아이에게 직접 상황을 말해 보게 했다. 아이가 말했다. "저도 공부를 잘하고 싶어요. 그런데 수업 시간이나 숙제를 할 때 집중이 안 되고 자꾸 딴생각이 들어요……."

또 정신을 다른 데 팔아서 벌어진 일이다! 그 작은 일이 정말 이렇게 무서운 것인가? 이 나쁜 습관을 고칠 수 있는 좋은 방법이 없을까? 답은 있다. 아래에서 우리는 성공 사례들을 볼 수 있다.

한 초등학교의 20개 반 학생들은 친구들과 4명씩 한 조를 이뤄 책상에 둘러앉아 '학생토론'이라는 새로운 방식의 수업에 참여하고 있다. 선생님이 수업을 할 때는 열심히 듣고 선생님의 설명이 끝나면 친구들과 함께 토론을 한다. 이렇게 하니 아이들이 수업 시간에 정신을 다른 데 파는 현상이 많이 줄어들었다.

그렇다. 이 버릇은 고칠 수 있다. 아이들이 선생님의 행동에 따르고 토론에 적극적으로 참여하기만 하면 그 나쁜 습관은 아이로부터 점점 멀어질 것이다. 이런 나쁜 습관을 고치는 데 가장 중요한 것은 수업에 적극적으로 참여하는 것이다. 선생님, 친구들과 함께 토론하면서 공부하면 수업도 재미있어지고 효율도 올라갈 것이다.

아래와 같은 제안을 해 본다.

1. 수업 시간에 필요한 물건을 잘 준비하도록 시켜라.

어떤 과목에 무엇이 필요한지 수업 전에 미리 준비해 둔다. 교과서도 배울 부분을 펼쳐 놓고 예비종이 울리면 자리에 앉아 수업을 기다리게 하라. 한 과목당 수업 시간은 45분이다. 만약 종이 치고 나서야 교실에 들어와서 교과서와 준비물들을 찾으면 소중한 시간을 낭비하는 것으로 그 시간만큼 다른 아이들에게 뒤처지는 셈이 된다.

2. 장난감은 교실에 가지고 들어가지 못하게 하라.

책상위에 장난감들을 놓아 두면 집중력이 분산된다. 그들은 수업을 들으면서 계속해서 책상 위에 있는 장난감을 만질 것이고 공부에 온전히 집중할 수 없게 된다.

3. 평소에 집중하는 습관을 길러 주어라.

습관의 힘은 정말 커서 일단 어떤 습관이 생기면 자신도 모르는 사이에 이 궤도에 들어가게 된다. 만약 좋은 습관이라면 괜찮지만 반대라면 평생 그를 괴롭힐 것이다. 아이에게 집중하는 습관을 길러 주면 앞으로 큰 도움이 될 것이다.

4. 심리 치료를 해 주어라.

학년이 올라감에 따라 내용이 더욱 어려워지기 때문에 수업 시간에 선생님이 설명하는 내용을 이해하지 못하게 되고 아이는 점점 공부를 싫어하게 된다. 오랫동안 이렇게 되면 악순환이 계속 반복되는 것이다. 또 어떤 선생님과 친구들은 아이의 성적이 좋지 않으면 그들을 무시하고 부모는 심지어 아이를 때리기까지 한다. 이로 인해 아이는 자존심에 상처를 받고 점점 자신감을 잃게 되는 심한 심리 장애를 겪기도 한다. 그렇기 때문에 만약 아이가 집중하지 못하는 나쁜 습관을 가지고 있으면 절대 아이를 혼내지 말고 심리적으로 치료해 줘야 한다.

습관82 친구들과 교류하지 못하는 우리 아이 나쁜 습관 고쳐주기

교류와 자아 발전은 상호적인 것이다. 공부는 지식에 통달하는 과정이자 교류의 과정이다. 이것을 중시해야 진정한 공부의 목적에 도달할 수 있다.

대학교에 수석입학한 철희는 고등학교에 입학할 때만 해도 성적이 보통이었다. 선생님은 그런 철희를 '2류 그룹'으로 분류해 놓았

다. 부모님은 초등학교를 겨우 졸업하셨기 때문에 철희가 중학교에 들어간 이래로는 공부를 도와줄 수 없었다. 가정환경도 그리 좋은 편이 아니어서 참고서를 많이 사 볼 수도 없었다. 그런데 철희는 어떻게 수석을 할 수 있었을까? 그는 자신의 공부 비밀을 털어놨다.

철희네 집 거실 소파 앞에는 한국지도와 세계지도 두 장이 나란히 붙어 있다. 집에 돌아오자마자 철희는 소파에 앉아 이 지도를 보곤 했다. 손으로 한 도시를 가리키기만 하면 그 도시의 경도, 위도, 기후, 특산물, 환경, 교통, 역사연혁, 역사적 인물과 사건, 당시 벌어진 중대한 사건 등이 입에서 술술 흘러나왔다. 이렇게 작은 지도 하나로 지리, 역사, 정치 등 여러 과목을 한꺼번에 공부한 것이다.

이외에도 철희는 또 도표를 이용하는 것을 좋아해서 수학, 물리, 화학, 생물 등을 연결시켜서 공부했다. 철희의 이런 공부 방법은 대입시험 개혁이라는 상황에서 더욱 빛을 발했다. 대입시험의 '종합' 과목은 과목마다 독립적이었던 관례를 깨고 역사, 지리, 정치, 물리, 화학, 생물 등을 섞어 놓아 한 문제를 풀려면 여러 과목의 지식을 응용해야 했다. 이것은 철희가 평소에 쌓아 두었던 실력을 마음껏 발휘할 수 있는 기회였다.

대입시험을 잘 보려면 튼튼한 기초와 마음가짐도 중요하지만 여러 과목을 종합하여 공부하는 습관 또한 중요하다. 학습의 시야를 최대한 넓히고 통달하는 법을 배워야 하는 것이다. '종합' 한다는 것은 공부할 내용들을 따로 보고 죽은 지식을 배우는 것이 아니라 각 내용들 간의 연관성을 파악하는 것을 말한다. 이렇게 하여 한 가지 지식으로 다른 것을 유추해 낼 수 있어야 한다.

특히 최근 종합문제는 모든 과목의 지식들을 연계시킬 수 있어야만 풀 수 있다. 예를 들어 '서부 대개발'은 정치, 역사, 지리, 생물 등과 연결된다. 이런 문제는 지식의 폭과 종합적 분석 능력을 요구한다.

지식들 간의 교류만 중요한 것이 아니다. 사람들도 서로 교류하고 소통해야 한다. 사회생활을 하는 한, 사람은 고립될 수 없고 항상 다른 사람과 밀접한 관계를 맺어야 한다. 따라서 타인과의 조화 능력 여부가 한 사람의 인생의 성패를 결정할 수도 있는 것이다.

따라서 우리는 더 종합적이고 깊이 있게 지식을 이해하기 위해 다른 친구들과 협력하여 공부해야 한다. 선인들은 이렇게 말했다. '하늘의 조건은 땅의 이로움만 못하고 땅의 이로움은 사람들의 화합만 못하다.' 여기서 '화합'은 사람들 사이의 좋은 관계를 의미하는 것으로 어떤 일에 있어 성공하려면 무엇보다 '화합'이 중요하다는 뜻이다.

우리는 조화로운 인간관계에서 마음의 안정과 함께 사고의 민첩함, 학습 효과까지 얻을 수 있다. 우리 모두는 친구, 동료, 가족 등과 함께 일생을 보내게 된다. 한 철학자는 말했다. "내가 사과 하나를 가지고 있고 네가 사과 하나를 가지고 있을 때 그것을 교환하면 우리는 각자 하나의 사과를 가지게 된다. 하지만 나에게 한 가지 생각이 있고 너에게 한 가지 생각이 있을 때 그것을 교환하면 우리는 모두 두 가지 생각을 가지게 되는 것이다"라고.

그러나 어떤 아이들은 누군가가 자기보다 뛰어난 것을 인정하지 못하여 혼자 몰래 공부하길 좋아한다. 단체 생활을 하다 보면 자신은 공부하지 않으면서 다른 친구가 공부하는 것을 보면 비웃고 방해하는 아이들이 항상 있다. 사실 그들도 집에서 몰래 공부하면서 친구들이 자신의 '똑똑함'을 다시 봐주길 기대하는 것이다. 그들은 또 참고서를 잔뜩 사서 공부하면서도 친구들에게는 절대 빌려 주지 않는다. 이들은 스스로를 고립시키고 있는 것이다. 친구들과 생각을 교류하지 않고 마음을 나누지 않으면 생각이 편협해지고 공부와 생활에 스트레스와 고통만 가져올 뿐이다.

선생님과도 많은 교류를 해야 한다. 선생님은 말하고 학생은 듣는 것은 일방적인 전달일 뿐이다. 지식을 깊이 이해하려면 쌍방, 다자간의 교류가 필요하다. 학생들은 주동적으로 선생님과 교류하고 토론해야 한다. 다른 사람의 의견을 진지하게 듣고 서로 협력하여 문제를 해결하는 것도 사실 다른 사람과 교류하는 일종의 사교 능력이다.

관련 부서의 조사에 따르면 현재 우리나라 청소년 중 약 20%가 심리적으로 발육이 덜 됐거나 건강하지 못하고, 18%~35%는 공부에 어려움을 겪고, 공부를 싫어하거나 두려워하고 수업에 빠지는 등 공부에 적응하지 못한다고 한다. 또 심리적으로 문제가 있는 초등학생은 약 13%, 중학생은 15

%, 고등학생은 19%, 대학생은 25%에 달하고 그중 12%의 아이들은 정신 질환까지 앓고 있으며 5.9%는 각종 신경증과 기타 심리적 질병을 앓고 있다고 한다.

이상의 놀라운 사례와 통계는 많은 부모들에게 아이의 심리 상태를 이해하고 의사소통하는 것이 얼마나 중요한지 알려 준다. 부모는 화목한 집안 분위기를 만듦으로써 감정과 정서가 자유롭게 발산될 수 있는 해방구를 남겨 주어야 한다. 또 아이와의 감정 교류를 통해 아이의 고민을 들어주고 또 그것을 해결할 수 있게 도와주어 아이가 건강하게 자랄 수 있도록 해 주어야 한다.

아래와 같은 방법을 써 보는 것도 좋다.

1. 다른 사람의 장점을 볼 수 있게 하라.

아이에게 다른 사람의 장점을 보고 적극적으로 그것을 배우게 하면 원래 가지고 있던 자신의 장점에 또 하나의 장점을 더하는 것이 된다. 이렇게 하면 아이는 다른 사람을 인정함으로써 포용력을 갖게 되고 점점 완벽한 사람이 되어 갈 수 있다.

2. 자신의 의견을 잘 전달할 수 있게 하라.

문자뿐 아니라 구술 능력도 매우 중요하다. 이를 훈련시키기 위해서는 질문을 많이 하게 하고 그날 배운 것을 종합해서 설명해 보도록 하거나 학교에서 있었던 일들을 말하게 하라. 이렇게 하면 구술 능력과 함께 새로운 것을 창조하는 능력도 길러 줄 수 있다.

3. 수업 시간에 적극적으로 발표하도록 격려하라.

수업 시간에는 적극적으로 발표하게 한다. 또 모르는 부분이 있으면 수업이 끝난 후 즉시 선생님이나 친구들에게 물어본다. 그러면 내용에 대해 좀 더 깊이 이해하고 기억할 수 있으며 주의력도 기를 수 있다.

4. 시야를 넓혀 지식에 통달하도록 하라.

역사와 국어, 정치의 내용을 연결시키거나 수학과 대수(代數)의 모자 관계를 연결시키는 등 다른 과목 간의 상호 연관성에 주의하면 내용을 더 깊이 이해할 수 있다.

5. 체계적으로 공부하도록 지도하라.

여태껏 배웠던 내용들을 하나하나 모두 연결시켜 규칙을 찾아보도록 시킨다. 예를 들어 교과서의 머리말이나 목록을 보고 이 책의 대략적인 맥락을 살펴보게 하고 흩어져 있는 작은 지식들을 체계적으로 연결해 보도록 한다.

습관 83 남의 공부법만을 따라하는 우리 아이 나쁜 습관 고쳐주기

다른 사람의 경험을 보고 교훈으로 삼아야 한다. 그러나 맹목적으로 무조건 모방하면 공부에 나쁜 영향만 끼치게 된다.

어느 날 미국의 한 호텔 안내 데스크에 손님이 한 명 걸어왔다. 그는 화가 잔뜩 나서 안내 데스크에 있는 종업원에게 물었다. "종업원 한 명이 나와 말다툼을 했어요. 누가 옳고 누가 틀린지 당신이

판단하시오. 뭐 때문에 싸웠는지 묻지 말고 누가 잘못한 것인지만 말하시오!" 종업원은 물었다. "저더러 그 사람이 어떻게 했는지 들어 보지도 않고 시비를 가리라고 하시는 겁니까?". 손님은 말했다. "그가 어떻게 했고 내가 어떻게 했는지는 신경 쓰지 마시오." 종업원은 속으로 이 사람이 술에 취한 것이 틀림없다고 생각했다. 그는 어깨를 으쓱하며 말했다. "좋습니다. 저는 손님보다 그 종업원에 대해 많이 알고 있습니다. 저보고 시비를 가리라고 하시면 그가 맞았다고 말하겠습니다." 손님은 그 말을 듣고는 방으로 갔고 짐을 챙겨 호텔을 나가 버렸다.

E.M 스테이틀러(1863~1928)는 열세 살 때 이 호텔에서 일을 하기 시작했다. 당시 안내 데스크에서 일했던 종업원 조장도 열여섯 살이 채 안 됐다. 그는 이 모든 상황을 본 후 항상 가지고 다니는 노트에 이렇게 적어 두었다. "손님이 항상 옳다." 후에 이 말은 미국 서비스업계에서 가장 기본적인 수칙이 되었다.

우리 나라 호텔은 외국의 경험을 배울 때 하드웨어를 중시하는 반면 상대적으로 소프트웨어는 소홀히 한다. 건설은 중시하지만 보수는 경시하며, 평소의 일은 중시하지만 지속적인 훈련은 경시한다. 훈련을 시킬 때도 서비스 기교만을 중시할 뿐 서비스 이념은 경시한다. 예를 들어 '손님이 항상 옳다' 는 개념을 처음부터 주입시키지 않아 종업원이 손님의 '잘못' 을 따지고 심지어 손님과 '말다툼' 을 한다고 치자. 그러면 호텔의 하드웨어가 아무리 일류이더라도 손님은 절대 만족하지 못할 것이고 불쾌한 기억으로 남아 다시는 그 호텔을 찾지 않을 것이다. 여기에서 알 수 있듯이 우리는 다른 사람의 경험을 배울 때 반드시 그 핵심에 주의를 기울여야 한다.

한 선생님이 학생들에게 단편소설의 5가지 기준에 대해서 설명했다. 첫째는 간결, 명쾌함. 둘째는 종교적인 의의와 경향. 셋째는 남녀 간의 애정. 넷째는 사회 현실 반영. 다섯째는 인류의 긍지와 고귀한 자질 묘사였다.

다음날 학생 중 한 명이 선생님의 기준을 엄격하게 지켜서 글을 한 편 써 왔다며 봐달라고 부탁했다. 선생님은 그 글을 보고 놀라 눈이 휘둥그레졌다.

〈 "오, 하느님!" 공작 부인이 말했다. "내 다리를 만지지 말아요!" 〉

이것은 비록 우스운 이야기이지만 많은 것을 시사하고 있다. 만약 우리가 다른 사람의 경험을 제대로 이해하지 못하고 맹목적으로 베끼기만 한다면 우스운 결과만 초래하게 될 것이다. 공부를 할 때도 가끔 이런 상황이 벌어지곤 한다. 예를 들어 어떤 아이는 공부를 잘하는 친구가 산 참고서를 보고는 공부에 도움이 되는지는 생각해 보지도 않고 온갖 방법을 다 써서 똑같은 것을 구한다. 또 어떤 아이는 광고나 책의 포장만 보고 무조건 믿고 샀다가 낭패를 보기도 한다. 대입 시험 직전의 서점에는 수험생들의 지푸라기라도 잡는 심정을 이용하는 문제집이 판을 친다. 이름도 'XX 최종점검' 등 그럴 듯하게 지어서는 학생들의 마지막 귀중한 시간을 이런 쓰레기 같은 책에 낭비해 버리게 만든다.

아이를 아래와 같은 방법으로 교육해 보라.

1. 이야기를 통해 설득하라.

재밌거나 우스운 이야기를 해 줌으로써 그 속에서 교훈을 얻도록 해 주어라. 한 부부가 있었다. 남편이 부인에게 말했다. "어떻게 된 거야? 만두 속이 덜 익었잖아." 부인이 말했다. "요리책 보고 만든 건데… 책에는 4인분 만드는 방법이 나왔는데 우리는 둘뿐이잖아요. 그래서 양념도 반만 하고 익히는 시간도 책에서 말한 것보다 반을 줄였죠."

2. 유머 있게 가르쳐라.

가장 좋은 교육 방식은 유머 있게 가르치는 것이다. 열 살짜리 꼬마아이가 매번 때려 부수기만 하는 TV 무협극에 완전히 빠져 버렸다. 하루는 아이가 장난감 총에 반해 사 달라고 떼를 쓰기 시작했다. 이미 집에는 아이의 장난감이 산더미처럼 쌓여 있었는데도 말이다. 아빠는 말했다. "아들, 네 군비 지출이 너무 커. 우리 군비를 조금 감축하는 게 어떨까?" 아이는 크게 한바탕 웃었고 그 이후로는 더 이상 장난감 총을 사 달라고 조르지 않았다.

3. 옛날이야기로 깨우쳐 주어라.

아이에게 주제와 맞는 옛날이야기를 들려 주어라. 그리고 다른 사람의 장점과 자신의 단점을 모르고 무조건 따라 하기만 한다면 웃음거리밖에 안 된다는 사실을 알려 주어라. 오래전, 월나라에 두 명의 여자가 있었다. 한 명은 매우 아름다운 서시라는 여자였고 또 한 명은 아주 못생긴 동시라는 여자였다. 동시는 서시의 아름다움을 부러워하여 항상 서시가 하는 대로 따라서 행동했다. 서시는 명치가 아픈 병이 있었는데 아플 때마다 항상 손으로 가슴을 누르며 미간을 찌푸렸다. 동시는 서시의 이런 모습이 아름다운 줄 알고 서시를 따라 하며 길거리를 돌아다녔다. 그러나 행인들은 동시의 그런 모습을 보고 놀라 숨어 버렸고 그녀를 쳐다보지 못했다.

4. 독립적인 사고 능력을 길러 주어라.

아이가 독립적으로 사고하지 못하는 것은 질문을 할 줄 몰라서이다. 아이의 질문 능력을 길러 주려면 아이가 스스로 사고할 수 있도록 해 주어야 한다. 최대한 지식의 폭과 생각의 갈피를 넓혀 토론할 수 있는 여지를 주면 자신만의 공부 방법을 습득할 수 있을 것이다.

5. 자신감을 키워 주어라.

한 아이가 엄마의 생일을 축하하기 위해 그림을 한 장 그렸다. 그런데 그림을 그릴 때 조심하지 않아 물감이 하얀 벽으로 튀어 버렸다. 아빠가 집으로 돌아와서 이것을 본 후 다짜고짜 아이를 혼냈다. "누가 벽에다 물감을 칠하라고 했어? 벽이 지저분해졌잖아. 그림을 왜 그렸어!" 이런 말을 하면 아이는 자존심에 큰 상처를 입는다. 올바른 방법은 먼저 아이를 칭찬해 주는 것이다. "정말 멋진 그림인데." 이렇게 하면 아이는 자신의 행동에 자부심을 느끼게 된다. 그런 후에 집을 지저분하게 하면 안 된다고 타이르고 항상 조심하라고 말한다. 그러면 아이는 자신도 모르는 사이에 자신의 잘못을 깨닫게 되고 자존심도 지킬 수 있다. 아이의 자신감을 지켜주어야 어떤 일을 하든 다른 사람을 무조건 따라 하지 않게 된다.

습관 84 끈기 없는 우리 아이 나쁜 습관 고쳐주기

숙제를 하거나 선생님이 내 주신 일을 할 때 많은 아이들이 인내심이 없어 깊이 연구하지 않고 수박 겉핥기식으로 조금 해 보다가 곧 그만둬 버린다. 또 어떤 아이들은 미술과 음악을 좋아하다가도 어떤 타격을 받거나 그것이 '단순 노동'이라고 느껴지면 곧 흥미를 잃고 다른 것으로 관심을 돌린다. 이런 나쁜 습관은 아무 일도 해낼 수 없게 만든다.

그리스 신화에는 사자의 몸에 여자의 얼굴을 하고 두 쌍의 날개를 가진 괴물인 스핑크스가 나온다. 그는 길가의 암석 위에 앉아 지나가는 사람들에게 수수께끼를 냈다. "처음엔 다리가 네 개이고 그 다음엔 두 개였다가 마지막엔 세 개가 된다. 다리의 수가 가장 많을 때 가장 약하다. 이것이 뭘까?" 이 수수께끼는 많은 사람들을 당황스럽게 만들었고 대답하지 못한 사람들은 죽임을 당했다. 후에 오이디푸스가 답을 맞혔는데 답은 '사람'이었다. 스핑크스는 부끄러워하며 물에 빠져 죽었다.

우리는 이 신화에서 커다란 교훈을 얻을 수 있다. 사실 모든 지식은 의문을 끊임없이 제기하고 해결해 나가는 과정 속에서 얻어진다. 이 수수께끼에 답을 하지 못한 사람들은 스핑크스의 패장이나 포로가 되고 죽임을 당했다. 그러나 오이디푸스는 계속 고민하고 연구한 끝에 스핑크스를 정복하고 진정한 영웅이 되었다. 수수께끼는 머리를 쓰는 것을 싫어하는 사람들에게 있어 두려운 존재이고 심지어는 재앙과도 같다. 하지만 의지가 강한 사람들에게는 오히려 기쁨이고 창조의 가능성을 의미하기도 한다.

어떤 아이들은 지식에 대한 호기심과 탐구 정신이 부족하다. 지식을 깊이 이해해야만 그것을 잘 활용할 수 있다. 조금 해 보고 금세 그만둬 버리는 습관은 반드시 고쳐야 한다.

'활용할 수 없는 책'을 읽기 싫어하는 아이들이 있다. 그들은 책을 대충 읽어 그 안에 담긴 지식을 음미하지 않은 채 통째로 삼켜 버린다. 그래서 원하는 정보만 쏙쏙 흡수하는 것이다. 이런 아이들은 가만히 앉아 차분히 책을 읽지 못하며 집중하지 못하고 성실하지 못하다. 어려움을 두려워하고 요령만 피우며 단번에 모든 것을 이루고 싶어하고 순서에 따르길 싫어한다.

아이에게 끈기 있게 공부하는 습관을 길러 주려면 아래의 방법부터 시작해 보라.

1. 끝까지 파고드는 적극성을 길러 줘라.

아이들은 어떤 일의 내막을 캐기 좋아한다. 이것은 호기심과 지식 탐구욕의 표현으로 아이가 머리 쓰기를 좋아한다는 뜻이다. 부모는 '끊임없이 질문하는' 아이를 귀찮다고 여겨서는 안 된다. 가장 좋은 방법은 함께 생각해 보되 아이가 스스로 해결할 수 있는 것은 해결하게 하고 그러지 못하는 것은 가르쳐 주거나 함께 자료를 찾아보는 것이다.

2. 자신에게 '왜'라는 질문을 많이 던지도록 시켜라.

공부할 것이 너무 많기 때문에 아이들은 그저 그것이 뭔지 아는 데 만족하고 지나가 버린다. '왜'라는 중요한 질문을 잊은 채 말이다. 부모는 아이가 매일 공부를 마친 후 스스로에게 '왜'라는 질문을 던지고 사고를 통해 합리적인 답안을 이끌어 낼 수 있도록 도와줘야 한다.

3. 한 가지 문제에 대해 여러 가지 답을 찾도록 시켜라.

선생님이 내 준 숙제에는 한 가지 답과 해법만 있는 것이 아니다. 아이가 숙제를 마쳤을 때는 일반적으로 하나의 답만을 써 놓는다. 이때 부모는 아이에게 또 다른 답안이나 방법이 있는지 생각해 보도록 시켜야 한다. 시간이 허락한다면 나머지 답을 다른 종이에 써 보는 것도 좋다.

4. 사전이나 참고 자료를 찾아보는 습관을 길러 주어라.

사전과 참고 자료는 '말 없는 선생님'으로 공부를 할 때 매우 큰 도움이 된다. 일반적인 옥편이나 사전 외에도 각 과목에는 전문적인 참고서가 있다. 부모는 아이가 이런 참고 자료를 많이 이용할 수 있도록 지도해야 한다. 부모 스스로 아이에게 모범을 보여 모르는 글자나 어구가 나왔을 때 '말 없는 선생님'에게 물어본다. 또 아이와 함께 옥편이나 사전을 찾는 시합을 하는 것도 좋다.

5. 아이와 서로 문제를 내서 시험을 보라.

시간을 내서 온 가족이 둘러앉아 시험을 본다. 어떤 내용에 대해 아이와 부모가 서로 문제를 내는 것이다. 범위는 미리 정해 놓아 모두 준비할 수 있게 하고 문제를 낸 사람이 정확한 답도 알고 있어야 한다.

습관 85 학습내용을 정리하지 않는 우리 아이 나쁜 습관 고쳐주기

시험을 망친 후, 시합에서 진 후, 심지어 공지 사항을 지키지 못했을 때도 우리는 무엇을 잘못했고 어떻게 고쳐야 하는지 정리해 두어야 한다.

용수는 매일 수업 전에 열심히 예습한다. 또 수업도 집중해서 듣고, 집에 돌아와서 숙제를 마친 후 곧바로 새로운 과목을 예습한다. 하지만 매번 시험 전에 복습을 할 때면 배웠던 것들도 생소하고 심지어 언제 배웠는지도 기억나지 않는 것도 있다. 유권이는 머리가 좋고 사고력이 뛰어나 평소에 쪽지 시험을 매우 잘 본다. 하지만 '큰 시험'에서 여러 단원을 연결시키는 문제가 나오면 항상 틀린 답을 쓰고 만다. 그러고는 늘 시험지를 받아 보고 나서야 깨닫는다. "아! 이것과 저것이 관계가 있는 거였구나……."

이 두 학생의 문제점은 요즘 중학생들에게서 보편적으로 찾아볼 수 있다. 공부하는 데 필요한 중요한 능력이 부족한 것이다. 이는 '다시 기억하여 종합' 하는 능력으로 이것은 공부에 직접적인 영향을 미친다.

회고는 의식적인 회상이자 재현으로 효과적인 기억 방법이다. 만약 이미 외웠던 지식을 다시 생각해 보지 않으면 시간이 흐른 뒤에 용수와 같이 기억해 내지 못하거나 틀리게 기억하게 되는데 이것이 바로 망각이다. 용수와 비교해 보았을 때 유권이는 그래도 다시 기억해 보기까지는 했다. 하지만 이 단계까지만 머물렀을 뿐 지식을 구조화, 체계화시키지 않았다. 특히나 배운 것을 총정리함으로써 문제 분석, 문제 해결 능력을 기르지 않았기 때문에 종합적인 문제는 '소화하지 못한' 것이다. 공부는 '다시 기억하고 종합' 하는 데 있다고 해도 과언이 아니다. 즉 '다시 기억' 하는 것을 위주로 하고 '종합' 하는 것에 무게를 두어야 한다. 스스로 종합해 보는 것은 공부에 있어 직접적인 비약을 가져오고 아이의 지식 체계를 더 완벽하게 만들어 준다. 또 지식의 내용을 더 확실하게 해 주며 아이가 '멀리 앞을 내다보며' 전체적으로 지식을 이해하는 데 도움이 된다. 동시에 종합하는 과정에서 아이는 지식들 사이의 내재된 연관성을 발견하게 될 것이고 이것은 아이의 학습 응용성과 종합 운용능력에 큰 도움을 줄 것이다.

또한 경험을 종합하여 교훈으로 삼는 것은 일상생활에서도 매우 중요하다. 한 판매 사원은 우수한 판매 실적을 거두면서도 과거의 실패를 반성하는 것을 게을리 하지 않았다. 성공과 실패의 경험 속에서 얻은 교훈을 종합하여 앞으로의 일에 도움을 얻고자 한 것이다. 그 결과 그는 우수한 판매 실적을 계속해 이어 나갈 수 있었다. '실패는 성공의 어머니다.' 실패의 교훈이 없다면 앞으로의 성공도 없을 것이다.

인걸이는 의료 장비 판매원이다. 그는 강한 태도만이 고객의 주의를 끌어 지갑을 열게끔 할 수 있을 거라 생각하여 이렇게 말하곤 했다. "고객님, 이 설비는 너무 낡았습니다. 저희 제품을 쓰시면 근무 시간이 하루하루 줄어들 겁니다." 그러나 고객은 화를 내며 반박했다. "당신 말을 어떻게 믿소?" 인걸이는 오히려 이를 기회로 여기고 계속해서 말했다. "제 말을 증명해 드릴 수 있습니다." 그러면서 그는 장황하게 말을 늘어놓기 시작했다. 하지만 그는 곧 말을 멈출 수밖에 없었다. 고객은 이미 화가 잔뜩 나 있었기 때문이다.

이런 일이 있은 후에도 인걸이는 실패의 교훈을 한 번도 생각해 보지 않았다. 단지 이 고객이 너무 완고한 것일 뿐 자신의 방법은 틀리지 않았다며 합리적인 건의를 받아들이지 않았다. 그러다가 결국 여지없이 참패를 당하고 말았다. 여러 번의 실패를 거친 후 인걸이는 어쩔 수 없이 실패의 교훈을 종합해 보기 시작했다. 그는 자신을 거절했던 고객들이 경쟁사의 제품을 샀다는 사실을 알게 되었다. 그제야 인걸이는 자신의 판매 방법에 문제가 있다는 사실을 깨닫게 되었다.

그래서 인걸이는 곧 고객의 감정을 생각하지 않는 판매 방법을 버리고 고객의 의견과 생각을 묻는 방식으로 바꿨다. "고객님, 의료 설비를 바꾸실 생각이 있으십니까? 그렇게 하면 매일 몇 시간을 절약하실 수 있습니다. 몇 주간 시험 사용으로 증명해 보일 수도 있습니다. 관련된 자세한 얘기를 들으시겠습니까?" 이런 질문식의 방법을 사용하자 협상이 매우 순조롭게 진행됐고 인걸이는 결국 성공적으로 상품을 팔 수 있게 되었다.

만약 인걸이가 여전히 이전의 경험들을 종합하지 않고 자신의 방법을 바꾸지 않았다면 고객들은 그의 판매 방식을 받아들이지 않았을 것이고 그의 판매 실적은 영원히 같은 수치를 기록했을 것이다. 과거의 경험을 종합하는 일은 이렇게 중요하다.

강자는 좌절에 부딪혔을 때 경험을 종합하여 자신의 부족한 점과 약점을 극복하기 때문에 강자인 것이다. 위대한 작가 노신도 방황한 적이 있고 신대륙을 발견한 콜럼버스도 번민한 적이 있었다. 또 위대한 물리학자 갈릴레이도 굴복한 적이 있었고 괴테, 베토벤은 심지어 자살을 결심하기까지 했다. 그러나 그들은 결국 굳은 신념으로 진리를 향해 갔다. 이런 자아와의 싸움에서 좌절을 겪은 후 교훈을 종합하는 것은 매우 중요한 일이다. 실패는 결국 실패이다. 그 가운데 반드시 잘못된 점과 실수가 있을 것이다. 그것을 교훈으로 삼아 자신을 되돌아보면 그만큼 현명해질 수 있다.

아이들을 아래와 같은 방법으로 지도해 보라.

1. 아이가 스스로를 이해하도록 도와줘라.

아이가 자신이 어떤 성격인지 어떤 공부 방법이 적합한지 충분히 이해하게 해 줘라.

2. 아이에게 자주 물어봐라.

어떤 분야에 대해서는 아이들이 어른보다 유식하다. 부모는 이 점을 이용해 그 분야에 대해 아이에게 자주 물어본다. 그러면 지식을 배우는 동시에 아이가 지식을 종합하게 할 수 있다. 요즘 많은 부모들이 아이에게 영어를 배우는 것도 그런 맥락이다.

3. 가사 노동으로 지능을 키워 줘라.

가사 노동과 지능의 관계에 대해 알고 있는 사람은 드물다. 사실 모든 노동은 지능적인 요소를 포함하고 있다. 어떻게 밥을 지어야 시간을 절약할 수 있는가, 어떻게 음식을 해야 맛있고 보기에 좋을까, 청소를 할 때는 무엇을 먼저하고 무엇을 나중에 해야 할까, 어떻게 바닥을 닦아야 깨끗할까 등등. 복잡한 노동일수록 지능이 더 필요하고 경험과 교훈을 종합할 수 있게 준다.

습관 86 규칙을 세우지 않고 공부하는 우리 아이 나쁜 습관 고쳐주기

공부할 때 규칙을 정해 놓으면 학습 효율이 높아지고 단시

간 내에 많은 것을 얻을 수 있다. 그 반대라면 많은 시간을 공부에 투자하고도 헛수고만 하는 꼴이 된다.

규칙은 사물 자체의 고유한 연결 관계로 이를 충분히 인식하고 이용해야 한다. 어떤 아이는 평소에 많은 노력을 하지만 항상 성적이 좋지 않다고 불평한다. 그 원인은 아이가 공부의 규칙을 정확하게 이해하지 못했기 때문이다. 배운 내용들이 대뇌의 활동 규칙에 따라 한 걸음씩 나아가고 그것이 쌓이면 견고한 기초가 다져지게 된다. 이때 순서에 따른 원칙을 지켜야 하는데 먼저 숙독한 후 자세히 생각해 보는 것이다. 숙독은 전제이고 자세히 생각해 보는 것이 관건이기 때문이다. 또 공부를 할 때는 합리적으로 머리를 쓰고 일을 하다가 휴식도 취해야 공부 효율을 높일 수 있다. 반대로 시간을 잘 안배하지 못하면 아무것도 배울 수 없을 뿐 아니라 항상 피곤함만 느끼게 된다.

과연 공부에는 지름길이 있을까. 한 대입 수석자의 말을 빌리면 공부는 칼을 가는 것과 같아서 헛수고하지 않는 것이 지름길이라고 한다. 좋은 학습 규칙은 헛수고하지 않고 칼날을 오래 쓸 수 있도록 해 준다.

많은 아이들은 자신에게 적합한 학습 규칙을 찾지 못하고 다른 사람의 방법을 무조건 베끼거나 계속 '바보' 같이 공부한다. 자기 나름으로 열심히 공부하는 아이가 있다. 항상 선생님을 따라다니며 질문하고 매일 모든 과목마다 20개 정도의 문제를 풀며 밤늦게까지 공부를 한다. 하지만 성적이 오르기는커녕 오히려 떨어지기까지 한다. 왜 그럴까? 그 이유는 그가 문제를 푸는 '양'에만 집착할 뿐 '질'에 대해서는 전혀 신경 쓰지 않기 때문이다. 많은 문제를 풀지만 다시 정리하는 일이 없다. 그러니 매번 비슷한 유형의 문제가 나올 때마다 선생님한테 물어보는 것이다. 그렇기 때문에 문제를 풀 때는 몇 문제를 풀었느냐보다 어떻게 풀었느냐가 더 중요한 것이다. 또 다 풀고 난 후에는 반드시 정리해야만 효과가 있다. 쉬지 않고 계속해서 공부할 필요는 없지만 공부를 하는 시간만큼은 수확이 있어야 한다. n개의 0이 모인다고 해도 결과는 역시 0이지만 0.0001이 모이면 결과는 달라진다. 이렇듯 아주 작은 것이라도 모이면 커지는 것이 이치이다. 어떤 아이들은 자신에게 맞는 공부 방법을 찾지 못해 여기저기 물어보고 다른 사람을 모방한다. 어떤 아이는 공부 잘하는 친구가 매일 새벽 2시까지 공부한다는 말을 듣고 자기도 따라 했다가 성적이 오르기는커녕 건강이 나빠져 결석까지 하게 되었다. 공부의 규칙은 사람마다 다르기 때문에 자신에게 적합한 것이 가장 좋다.

 올바른 공부 방법이 있어야만 공부 규칙을 세울 수 있다. 공부 방법과 규칙의 종류는 굉장히 많은데 중요한 것은 어떻게 그것을 이용하는가이다. 어떤 사람은 '오랜 세월 부지런히 공부 만하고 무조건 암기하고 통째로 삼켜 버려' 자기 것으로 소화시키지 못한다. 그들은 공부의 목적이 선인들의 귀중한 경험을 자신의 지식으로 만드는 데 있다는 사실을 결코 알지 못한다. 무조건 암기하는 것은 책에 있는 유용한 지식들을 무용지물로 바꿔 버리는 결과를 낳는다. 공부하기 좋아하는 사람은 '죽은' 것과 '살아 있는' 것 사이의 모순과 통일의 변증법적 관계를 이해하고 있다. 한편으로는 열심히 공부하고 몰두하여 기본 지식을 이해하고 다른 한편으로는 독립적으로 사고하여 책 속의 지식을 자신의 살아 있는 지식으로 만든다. 이것은 우리가 하루에 세끼 밥을 먹는 것과 마찬가지다. 비록 우리가 먹는 음식은 '죽은' 것으로 만든 것이지만 위장의 소화와 흡수를 거쳐 '살아 있는' 유기체의 일부분이 되는 것이다. 이런 우화가 있다.

옛날에 어떤 사람 두 명이 살찐 돼지 앞에 서서 어떻게 하면 이 돼지의 살을 자신의 살로 바꿀 수 있을까 고민했다. 두 사람은 의견이 달라 논쟁하기 시작했다.

갑 : "가장 확실한 방법은 돼지를 죽여서 그 살을 먹는 거야."

을 : "안 돼, 죽은 돼지를 먹을 수는 없어. 죽은 돼지가 어떻게 살아 있는 살로 변하겠어?"

그래서 을은 돼지 앞에 가서 손으로 만져 보고 냄새를 맡아보았다. 이것이 돼지의 살을 자신의 살로 변하게 하는 가장 좋은 방법이라고 생각했기 때문이다.

갑이 옳은 것은 그가 '죽은' 것을 '살아 있는' 것과 연결시켜 생각했기 때문이다. 그러나 을은 기계적으로 '죽은' 것과 '살아 있는' 것의 상호 대립적인 면만을 보았기 때문에 그것이 일정한 조건 하에서는 전환될 수 있다는 것은 보지 못했다.

이외에도 공부를 하거나 일을 함에 있어 일과 휴식의 변증 관계를 잘 이해해야 한다. 시간을 과학적으로 잘 안배하면 시간의 주인이 될 수 있다. 하루, 일주일, 한 달, 일 년, 심지어 몇 년 동안 무엇을 공부하더라도 마음속에 일정한 규칙을 가지고 평소 공부, 일, 휴식을 적절히 분배하여 당겼다 늦추었다 해야 한다. 일이나 공부를 할 때 효율을 높이기 위해서는 집중하고 온 신경을 기울여야 하듯 쉴 때나 놀 때도 가벼운 마음으로 휴식하여 피로를 없애 주는 것도 중요하다.

아래와 같은 방법을 써 보는 것도 좋다.

1. 우선 공부의 목적을 확실히 해 주어라.

공부의 목적이 명확해야만 학습의 규칙을 찾을 수 있다. 용진이는 영어를 매우 좋아하지만 성적은 별로다. 왜일까? 자세히 분석해 보니 단어 양이 너무 부족한 것이 문제였다. 이때부터 용진이는 매일 10개의 단어를 암기하기로 했다. 이렇게 계속 공부하자 영어 단어의 조어법에 규칙이 있다는 것을 발견했고 그래서 한 단어를 외우면 여러 개의 단어를 한꺼번에 외울 수 있게 되었다.

2. 성공의 경험을 종합하라.

성공의 경험을 종합하는 것이 가장 현명한 방법이다. 성공의 경험은 아이의 적극성을 더 자극시켜 준다. 학습 규칙을 종합하는 것은 하나의 성공에서 다른 성공으로 이어지는 것과 같다.

3. 질문을 많이 하게 하라.

어떤 사실에 의문을 품지 않고, 선생님이나 친구들에게 물어보지 않으면 아이의 견문은 좁아지고 제자리걸음만 하게 될 것이다.

습관87 목표 없이 공부하는 우리 아이 나쁜 습관 고쳐주기

공부를 할 때 적절한 목표 설정이 중요하다는 것은 누구나 아는 사실이다. 그만큼 강한 동기가 생겨 발전하려는 마음에 자극을 주는 것이 바로 목표이기 때문이다. 또 그것을 달성한 후에 느끼는 강한 성취감은 앞으로 더 많이 발전할 수 있게 해 준다.

미국에서 초빙되어 온 유능한 인력자원전문가가 교육을 시작하기 전에 먼저 십여 명의 참가자에게 질문을 하나 던졌다. "자동차를 운전하던 사람이 주유소에 갔다면 뭘 하고 싶어서 간 것일까요?" 운전 중에 주유소에 들렀다면 뻔한 것 아니겠는가. "기름 넣으려고요." 반 이상의 사람들이 이렇게 대답했다. 선생님의 실망스러운 눈빛에서 모두는 이것이 선생님이 기대한 답이 아니라는 것을 알 수 있었다. 그래서 "잠깐 쉬려고", "먹을 것을 사려고" 등 몇 개의 대답이 더 나왔다. 심지어 "화장실에 가려고"라는 대답까지 나왔다.

깊이 생각하던 그는 말을 길게 '돌려서' 했다. "만약 오늘 사람 수가 더 많았다면 누군가 이렇게 말했을 겁니다. '빨리 주유소를 떠나 계속해서 가던 길을 가기 위해서' 라고. 일을 하러 가는 것이든 쉬러 가는 것이든 말이죠." 그는 학생들의 어리벙벙한 표정을 보고는 다시 설명했다. "무슨 일을 하든 모든 사람들은 일정한 목표를 가져야 하며 이 목표는 반드시 원대한 것이어야 합니다."

무슨 일을 하든 목표가 있어야 한다. 그것이 구체적이든 추상적이든 말이다. 아마 공부의 목표는 자주 변할 것이다. 그러면 최소한 일정한 시간 내에 현재의 공부가 어디로 가고 있는지는 알아야 한다. 어쩌면 누군가는 앞으로 일자리를 선택할 수 있는 기회를 더 늘리고, 조건을 좋게 하려고 공부를 하는 것일지도 모른다. 또 어떤 사람은 인생을 다시 선택하기 위해서 공부를 하기도 한다. 그러나 추상적인 목표를 구체화하여 그것으로 전체 공부의 과정을 이끄는 것이 무엇보다 중요하다.

공부의 목표를 구체화하는 동시에 공부의 내용도 규범화시켜야 한다. 공부는 한편으로 개인의 능력을 향상시키기 위한 것이지만, 또 한편으로는 사회에 진출하기 위한 준비 과정이기도 하다. 일정한 목표 아래서는 몇 년 내의 공부 체계를 확정 지을 수 있고, 이 시기의 모든 선택은 그것을 풍부하고 충실하게 한다. 대학에 입학할 때 과를 선택하는 것과 마찬가지로 자신의 전문적인 방향을 위해 공부의 체계를 규범화시키는 것이다.

컴퓨터에 남다른 재능이 있는 한 학생이 자신의 공부 경험을 소개했다. 그는 어렸을 때부터 컴퓨터를 좋아해서 학교 수업을 마치면 주로 컴퓨터 공부를 했다. 그는 스스로 하나의 목표를 세웠다. 컴퓨터 프로그래밍 대회에서 상을 받는 것이다. 목표가 생기니 동기가 생기고 방향이 생겼다. 그래서 그는 매 일분일초를 아꼈다. 우선 학교 공부를 마친 후 더 많은 시간을 투자하여 컴퓨터 프로그램 작성과 네트워크 설계를 공부했다. 게으름을 피우지 않고 이렇게 계속 열심히 공부하고 노력한 결과 최근 3년 동안 전국 중학생 컴퓨터 프로그래밍 대회의 상을 거의 모두 휩쓸었다. 그는 목표를 실현했고, 우수한 성적으로 공부를 마칠 수 있었다.

공부의 목표를 달성하려면 반드시 좋은 학습 태도를 가져야 한다. 왜냐하면 목표가 좋고 내용이 좋더라도 학습 태도가 바르지 않으면 공부에 대한 열정이 지속되기 어렵고 결과적으로 공부 성과도 기대했던 것에 미치지 못할 것이기 때문이다.

성적을 올리고 싶다면 반드시 목표를 설정해야 한다. 소위 '적당'이라는 것은 너무 높지도 낮지도 않은, 자신의 실제 상황에 부합하는 정도를 가리킨다. 만약 목표가 너무 높으면 목표에 도달하지 못하여 자신감을 잃게 되고 성적은 더 떨어지게 된다. 간단한 예를 들어 보자. 어떤 아이는 평소 모든 과목의 성적이 7, 80점밖에 되지 않는다. 그런데 이번 기말고사에서는 큰맘 먹고 모든 과목에서 95점 이상을 받겠다는 목표를 정했다. 이 목표는 실제에서 너무 벗어난 것이다. 그가 시험 전에 쉬지 않고 밤낮으로 죽도록 공부해도 갑자기 중위권에서 상위권으로 뛰어오를 수 있는 가능성은 그다지 크지 않다. 현실이 그의 실패를 증명하고 있다. 그렇다고 목표를 너무 낮게 잡아서도 안 된다. 예를 들어 평소 모든 과목에서 90점 이상을 받는 아이가 이번 기말 고사에서 90점만 넘자고 생각하는 것은 목표를 너무 낮게 잡은 것이다. 이런 목표는 그다지 큰 격려가 되지 않고 추동력을 갖지 못한다. 그러므로 목표를 설정하는 의미가 없다.

아래와 같은 방법으로 아이에게 목표를 만들어 주길 제안한다.

1. 아이의 상황에 적합한 목표를 찾아 주어라.

아이가 어떤 것에 흥미를 보이는지 충분히 관찰해야 한다. 아이는 어떤 지식이 자신에게 주는 의의를 발견했을 때 자신의 능력을 마음껏 펼칠 수 있다. 요환이는 어렸을 때부터 모형비행기 조립하는 것을 좋아했다. 엄마는 이 점을 유심히 관찰했다가 각종 모형 만들기 대회에 참가시켰다. 엄마의 격려 하에 많은 상을 휩쓴 요환이는 결국 항공대학에 입학했다.

2. 스스로 목표를 설정하도록 격려하라.

아이들은 격려와 신임을 받으며 공부하면 지식을 쏙쏙 흡수한다. 작은 격려와 칭찬 한마디가 아이에게 강한 동기를 주기 때문이다. 아이를 믿고 어렸을 때부터 스스로를 관리하는 좋은 습관을 길러 주어라.

3. 적당한 목표를 설정하게 하라.

목표가 너무 높거나 너무 낮아서도 안 된다. 자신의 수준에 맞게 목표를 설정해야 한 걸음씩 발전해 나갈 수 있다.

올바른 습관이 명품자녀를 만든다

명품공부습관 87가지

초판 1쇄 찍은 날 | 2008년 2월 26일
초판 1쇄 펴낸 날 | 2008년 3월 4일

지은이 | 친위
펴낸이 | 서경석
편집장 | 오태철
책임편집 | 정은경
편집 | 김동화

펴낸곳 | 도서출판 청어람
등록번호 | 제1081-1-89호
등록일자 | 1999. 5. 31.
어람번호 | 제3-0049호
주소 | 경기도 부천시 원미구 심곡1동 350-1 남성B/D 3F (우) 420-011
전화 | 032-656-4452 팩스 | 032-656-4453
http://www.chungeoram.com
E-mail:eoram99@chollian.net

ⓒ 친위, 2008

ISBN 978-89-251-1186-5 (03820)

※ 파본은 구입하신 서점에서 교환하여 드립니다.
※ 이 책은 도서출판 청어람과 저작자의 계약에 의해 출판된 것이므로, 무단
  전재 및 유포·공유를 금합니다.